Wenn du wüßtest, was Gott dir zugedacht...

WOLFHART SCHLICHTING

Wenn du wüßtest, was Gott dir zugedacht…

Rundfunkpredigten

Mit einem Vorwort
von Oswald Bayer

FREIMUND-VERLAG

Die Deutsche Bibliothek – CIP-Einheitsaufnahme

Schlichting, Wolfhart:
Wenn du wüßtest, was Gott dir zugedacht ...! :
Rundfunkpredigten / von Wolfhart Schlichting.
Mit einem Vorw. von Oswald Bayer. –
Neuendettelsau : Freimund-Verl., 2000
ISBN 3-7726-0213-4

©: Freimund-Verlag, Neuendettelsau 2000
Titelbild: „Schneereste / Winterabend" von Andi Schmitt
Umschlaggestaltung: SaM, Sascha Müller-Harmsen
Druck: Freimund-Druckerei, Neuendettelsau

Inhalt

Vorwort von Professor Dr. Oswald Bayer   7

2. Sonntag nach dem Christfest, 3. Januar 1988
Der Friede vom Himmel (Jesaja 61,1–3.10 f.)   9

2. Sonntag nach dem Christfest, 3. Januar 1993
Ihr werdet finden (Johannes 1,43–51)   17

1. Sonntag nach Epiphanias, 8. Januar 1989
Siehe, das ist Gottes Lamm (Johannes 1,29–34)   25

2. Sonntag nach Epiphanias, 14. Januar 1990
Wo wir stehen (Hebräer 12,12–25)   31

3. Sonntag nach Epiphanias, 22. Januar 1995
„Lebendiges Wasser" (Johannes 4,5–14)   37

4. Sonntag nach Epiphanias, 1. Februar 1987
„Wenn Du es bist, Herr ..." (Matthäus 14,22–33)   45

Sonntag Estomihi, 1. März 1992
Das Hohe Lied der Liebe (1. Korinther 13,1–7)   51

Sonntag Okuli, 3. März 1991
Folge mir nach (Lukas 9,57–62)   59

Sonntag Okuli, 10. März 1996
„Für Gott geeifert" (1. Könige 19,1–13a)   67

Ostermontag, 12. April 1993
Über die Bach-Kantate: „Bleib bei uns" (Lukas 24,13–35)   75

Sonntag Jubilate, 10. Mai 1987
Gottes neues Zeitalter (Johannes 16,16–23)   85

Sonntag Jubilate, 10. Mai 1992
Daß Jesus der Christus ist (1. Johannes 5,1–4)   93

Sonntag Jubilate, 2. Mai 1993
Bald werdet ihr mich sehen (Johannes 16,16–23)   99

Sonntag Kantate, 23. April 1989
Loblieder singen (Jesaja 12)   107

Sonntag Kantate, 13. Mai 1990
Kantate (Psalm 137,1–4)   113

Christi Himmelfahrt, 12. Mai 1988
Botschaft aus dem All (Offenbarung 1,4–8)   119

Sonntag Trinitatis, 29. Mai 1994
„Gott macht von sich reden" (Epheser 1,3–14)   127

1. Sonntag nach Trinitatis, 9. Juni 1996
„Christus, der Herr" (5. Mose 6,4–9)   135

9. Sonntag nach Trinitatis, 27. Juli 1986
Christsein heute (Philipper 3,7–11)   143

10. Sonntag nach Trinitatis, 4. August 1991
„Unter der Wolke" (1. Korinther 10,1–13)   151

11. Sonntag nach Trinitatis, 30. August 1992
Reich an Erbarmen (Epheser 2,4–10)   159

13. Sonntag nach Trinitatis, 13. September 1987
Das Ende der Einsamkeit (Markus 3,31–35)   167

15. Sonntag nach Trinitatis, 11. September 1988
Es gibt einen Ausweg (Galater 5,25 – 6,3.7–10)   175

15. Sonntag nach Trinitatis, 23. September 1990
Gottes gute Schöpfung (1. Mose 2,4–9.15–17)   183

16. Sonntag nach Trinitatis, 22. September 1996
„Werft euer Vertrauen nicht weg!" (Hebräer 10,35–39)   189

21. Sonntag nach Trinitatis, 20. Oktober 1991
Das Besondere tun (Matthäus 5,38–48)   197

21. Sonntag nach Trinitatis, 5. November 1995
„Bleibt in meiner Liebe" (Johannes 15,9–12)   203

Drittletzter Sonntag im Kirchenjahr, 9. November 1986
Wofür lebe ich? (Römer 14,7–9)   211

Vita des Autors   219

Vorwort

Bibeltexte gehören nicht ins Museum, sondern ins Ohr. Denn durch sie redet der lebendige Gott. Und weil er lebendig ist, will er auch heute reden. Er tut dies aber nicht unvermittelt vom Himmel herab, sondern gebraucht dazu irdische Boten, unsere Zeitgenossen.
Wolfhart Schlichting predigt den Bibeltext als Zeitgenosse. Er spricht im Namen des lebendigen Gottes seine Hörerinnen und Hörer als solche an, die Tagesschau sehen und Zeitung lesen – aber auch als solche, die Bölls „Billard um halbzehn" gelesen, Rembrandts Emmaus-Bild gesehen oder Bachs Kantate „Bleib bei uns ..." gehört haben könnten. Seine Predigt besucht sie über den Rundfunk zuhause, im Gefängnis oder im Krankenhaus; sie bringt das Wort des lebendigen Gottes in den Tages- und Lebenslauf.
Dies geschieht, indem der biblische Text mit unserer gegenwärtigen Situation zusammengesprochen wird – oft in eindrucksvollen einzelnen Szenen des Alltags wie einer kurzen Begegnung im Treppenhaus, die dann aber doch keineswegs alltäglich bleibt. Der Prediger fällt nicht mit der Tür ins Haus, sondern entfaltet den Bibeltext im Gespräch. Die Hörenden werden nicht überrannt. Vielmehr werden sie mit ihrer Erfahrung beteiligt und erhalten Zeit zur Antwort.
Ist der Prediger auf diese Weise behutsam, so bleibt er doch nicht unbestimmt. Er kommt durchaus zur direkten Anrede, die Chance des Rundfunks nutzend: „Das ist der Vorzug des Rundfunks", heißt es in einer der Predigten, „daß ich Ihnen persönliche Fragen stellen kann und Sie mir nicht antworten müssen."
Diese Freiheit wird auch der Leserin und dem Leser dieses Buches gelassen.

Oswald Bayer

2. Sonntag nach dem Christfest, 3. Januar 1988
Der Friede vom Himmel
Jesaja 61,1–3.10 f.

Mir fiel dieser Tage ein Gedicht in die Hand, einer der anklagenden politischen Texte, die in den letzten zwanzig Jahren veröffentlicht wurden. „Neujahr im Knast" heißt es und versetzt in eine Zelle, „wo man sonst niemand hört, nur sich und das Sausen im Ohr" – in der Neujahrsnacht aber auch den „Krach" von „draußen" und im Radio die Rede des Kanzlers. Das Gedicht will den Kontrast aufweisen zwischen Festrede und Wirklichkeit. „Ihm ist wohl der Frieden in den Himmel gestiegen", höhnt es.[1] Hier, im Knast, kommt nichts davon an. Das wird Ihnen während der Feiertage wohl kaum durch den Kopf gegangen sein. Vielleicht bei den Fürbitten in der Kirche wurde daran gedacht; oder eine Initiativgruppe hat dort eine Feier veranstaltet.
Oder Neujahr im Krankenhaus – Knochen zerschmettert bei einem Unfall: Werde ich jemals wieder richtig gehen können? Kann ich die Arbeit wieder aufnehmen im neuen Jahr? Aber vielleicht finden Sie: Bei mir zu Hause ist es noch schlimmer; wir haben gemeinsam auch ein Spital, und manchmal ist es ärger als in einem Gefängnis.
Ja, schön hat er geredet! Aber mir ist damit nicht geholfen. Das „glückliche, friedvolle, erfolgreiche neue Jahr" – mir steht nichts davon in Aussicht.
Ist womöglich auch der Bibeltext, den ich nun vorlesen werde, mit so einer Neujahrsrede zu vergleichen? Ich zweifle, ob der zornige, junge Schriftsteller, der „Neujahr im Knast" beschrieb, den Ansprachen der Politiker gerecht wird. An diesem Text aber zielt seine Kritik ohne Zweifel vorbei; denn hier steigt einem der Friede nicht „in den Himmel"; er kommt umgekehrt vom Himmel auf die Erde und gelangt sogar bis in den Knast.

Hören Sie, was beim Propheten Jesaja im 61. Kapitel steht! Zunächst die ersten drei Verse:
„Der Geist des Herrn ist auf mir, weil der Herr mich gesalbt hat. Er hat mich gesandt, den Elenden gute Botschaft zu bringen, die zerbrochenen Herzen zu verbinden, zu verkündigen den Gefangenen Freiheit, den Gebundenen, daß sie frei und ledig sein sollen; zu verkündigen ein gnädiges Jahr des Herrn und einen Tag der Vergeltung unseres Gottes, zu trösten alle Trauernden, zu schaffen den Trau-

---
[1] Joh. Schenk in: „Von großen und von kleinen Zeiten", Fischer-tb 5124, 1981, S. 310 ff.

ernden zu Zion, daß ihnen Schmuck statt Asche, Freudenöl statt Trauerkleid, Lobgesang statt eines betrübten Geistes gegeben werden, daß sie genannt werden ‚Bäume der Gerechtigkeit', ‚Pflanzung des Herrn', ihm zum Preise."

Die Richtung ist eindeutig. Hier spricht nicht ein Guru, der die Gedanken in höhere Sphären entführt. Der hier das Wort ergreift, weiß sich von Gott gesandt zu allen „Pechvögeln" und zu den Depressiven, in Kliniken und ausdrücklich auch in den Knast. Wenn Sie sich elend fühlen, dann ist er auch bei Ihnen zu erwarten. Das ist die Botschaft dieses ersten Sonntags im neuen Jahr: Von Gott, vom Himmel, steigt etwas herunter in Ihre Stube. Ein Bote Gottes, der genau diesen Auftrag hat, tritt bei Ihnen ein. Vielleicht ist es ein unsichtbarer Engel. Oder ein guter, lichter Gedanke. *„Der Geist des Herrn ist auf mir"*, sagt er. Was Gott meint, vorhat und in Gang bringt, flutet auf Sie zu. Der Himmel besucht Sie und rührt Sie an.
Sie fühlen sich elend? Da fällt Ihnen etwas Gutes ein: Es zeigt sich ein Ausweg; daran hatten Sie gar nicht gedacht. Sie sind traurig? Aber auf einmal sind Sie „drüber weg"; Sie haben es überwunden. Es wird Tag in Ihrer Seele. Sie haben wieder Lust auszugehen. Sogar eine Melodie kommt Ihnen in den Sinn. Das kommt wohl vor. Und ein Besuch kann der Auslöser sein.
Schwieriger ist das andere: Man kann als Besucher im Knast ja nicht ohne weiteres zu einem Häftling sagen: „Komm mit!" Und ob das neue Jahr ein „gnädiges Jahr" sein wird, wer wagt es, darüber sichere Aussagen zu machen? Wer weiß, was ein Erlaßjahr nach jüdischem Gesetz war, wird sagen: So etwas wird das neue Jahr mit Sicherheit nicht bringen. Schuldenerlaß, Wiederherstellung der Lage vor 50 Jahren – das ist bei uns nicht vorgesehen.

Jesus: die Erfüllung ohne „Wenn und Aber"

Es stellt sich also die Frage: Wer darf so eine Rede halten? Wer ist dazu autorisiert? Wer so spricht, müßte in der Lage sein einzugreifen. Er müßte etwas ändern können. Sonst darf man seine Worte vergessen. Wenn „nichts dahinter" ist, dann steigt einem bei solchen Worten zwar nichts „in den Himmel", aber was ankommt, wirkt eher wie eine Verhöhnung. Was mir das neue Jahr bringt, kann ich mir ein Stück weit selbst ausrechnen. Und wie lange Sie „sitzen" müssen, das hat das Gericht entschieden. Die ärztliche Diagnose läßt sich auch nicht wegreden.
Wir fragen also: Wer sagt das eigentlich? Und wie meint er es? Dahinter steckt natürlich die weitere Frage: Kann man es ihm abnehmen?

Der Friede vom Himmel

Diese Rede, beziehungsweise ein wichtiges Stück von ihr, steht zweimal in der Bibel: zuerst im Alten Testament und dann, zitiert, noch einmal im Neuen. Bei einem Besuch in seiner Heimatstadt übernahm Jesus in der Synagoge eine Lesung aus den Prophetenbüchern. Er las aus diesem Abschnitt vor. Die Anwesenden warteten gespannt, wie er ihn auslegen würde.

Von seiner Auslegung ist nur ein einziger Satz erhalten geblieben. Aber dieser Satz sagt alles. Jesus sprach: *„Heute ist dieses Wort der Schrift erfüllt vor euren Ohren."* Das heißt: Er ließ die Sache nicht in der Schwebe, wie man es normalerweise tut. Mir scheint, das ist unsere Art, mit solchen Aussagen umzugehen – und mit der Religion überhaupt: Wir lassen es in der Schwebe. Wir sagen nicht ganz ja und nicht nein dazu. Wir finden es gut und ermutigend, aber nicht ganz real. Mehr oder weniger gehört es für uns in die Kategorie der Träume. Mit „Träumen" sind dabei hoffnungsvolle Vorstellungen gemeint, die man hegt. So etwas „braucht" man; wie sollten sonst die Zwänge und Verdrießlichkeiten zu ertragen sein, alles Langweilige und Ärgerliche, woraus unser Leben größtenteils besteht? Streng genommen müßte man sagen, solche Reden sind nicht wahr; doch so streng darf man es nicht nehmen.

Aber da „spielte" Jesus „nicht mit". Bei ihm blieb nichts in der Schwebe. Er formulierte einen kurzen, klaren Satz. Das war seine Auslegung. *„Vor euren Ohren"*, sagte er, *„ist dies erfüllt"*. *„Vor euren Ohren"* – das heißt: hier und jetzt. Möglicherweise drehte sich jemand um; fragende Augen mögen durch die Synagoge geirrt sein. Es war jedoch nichts Ungewöhnliches zu sehen. Kein roter Teppich rollte herein, auf dem ein Unerwarteter käme: jemand, auf den man hoffen könnte, der etwas voranbringt. Es hing auch keine Großleinwand von der Empore herab, wie einmal in einer Ost-Berliner Kirche. Das Bild auf der Leinwand zeigt zwei Männer: zwei Männer am Verhandlungstisch.[2] Sie haben erfolgreich verhandelt. Die Weltöffentlichkeit atmete auf. Das Abrüstungsabkommen ist unterzeichnet. Die dankbare Gemeinde blickte während des Gottesdienstes zu diesen beiden Männern auf, den mächtigsten der Erde. Das war einmal etwas Neues.

Dergleichen fehlte in der Synagoge von Nazareth. Außer den gewöhnlichen Besuchern war nur Jesus anwesend. *„Aller Augen waren auf ihn gerichtet"*, steht im Evangelium. Wenn überhaupt, mußte bei ihm die Erfüllung liegen. Nur Er selbst konnte der Erfüller sein. Das behauptete er.

Und ich behaupte es jetzt auch. Ich rege nicht an, daß wir austauschen, wie uns zumute ist im Blick auf das begonnene Jahr, oder daß wir diskutieren, welche Gesichtspunkte wir in den Vordergrund rücken wollen.

---

2 Gorbatschow und Reagan.

Jesaja 61,1–3.10 f.

In dieser halben Stunde wiederholt sich, möchte ich sagen, was sich damals in der Synagoge von Nazareth abspielte. Jesus, der mehr oder weniger, jedenfalls dem Namen nach, bekannt war, ergriff das Wort und sagte einen unglaublichen Satz. Man hätte vor Freude aufspringen können, wenn man ihm glaubte. Denn darauf hat man gewartet; alle Welt wartet darauf. Wenn eine dankbare Gemeinde, Kerzen in der Hand, mit feuchten Augen zum Bild der Unterzeichner des Abrüstungsabkommens aufblickt, bleibt doch noch viel Wenn und Aber. Hier dagegen steht ein Wort ohne Wenn und Aber.
Damals nahmen es ihm die Leute nicht ab. Jetzt sind Sie an der Reihe. Wollen Sie es ihm glauben oder nicht? Lassen Sie es nicht in der Schwebe! Das paßt nicht zu Jesus. Er tritt immer aus dem Schwebezustand heraus und redet eindeutig. Er erwartet auch eine eindeutige Reaktion. Ja oder nein? Die Synagogen-Besucher in Nazareth sagten nein. Dabei blieb es für sie.

Glauben bringt Freude

Aber, um ja zu sagen, müßte man wissen, wie er diese Dinge erfüllt. Wie geht es vor sich, daß ihm der Friede nicht in den Himmel steigt, sondern auf dieser noch jetzt und bis auf weiteres ziemlich friedlosen Erde Fuß faßt? Er ist *„gesandt, den Elenden gute Botschaft zu bringen"*. Auf welche Weise tut er das?
Ich will mit einem extremen Beispiel beginnen: Einer hängt zwischen Leben und Tod; der Todeskampf zieht sich hin. Er ist noch bei Bewußtsein. In dieser Lage fängt er ein Gespräch mit Jesus an: „Ich kann mich nicht beklagen, ich hab' kein Recht dazu. Ich empfange, was meine Taten wert sind. Aber Du – Du hängst am Kreuz und hast nichts Unrechtes getan. Das läßt sich überhaupt nicht vergleichen: Ich leide und muß sagen, ich habe es nicht anders verdient; aber Du leidest auch und klagst nicht einmal. Du hast von einem Reich gesprochen. Ich fange an, daran zu glauben." „*Jesus, gedenke an mich, wenn Du in Dein Reich kommst!"* (Lukas 23,41 f.). Jesu berühmte Antwort lautete: *„Heute wirst Du mit mir im Paradiese sein"* (Vers 43).
Nicht, wie die Zuschauer redeten: *„Steig herab von deinem Kreuz!"* (Matthäus 27,40). Beide starben am Kreuz. Aber einer bekannte: „Ich bin selber schuld; ich muß mir Vorwürfe machen." Ihm sagte Jesus: „Gott wirft dir nichts mehr vor. Du kommst mit mir. Bei Gott ist Platz für dich." Das war die gute Botschaft. Hier wurde nicht mehr vertröstet auf eine Zukunft, in der es vielleicht keine Todesstrafe mehr geben wird. Sondern ein Menschenherz wurde noch während seiner letzten Schläge mit

unbändiger Freude erfüllt. Da lebte etwas auf, was nicht mehr sterben konnte.
Diese Freude zieht sich wie ein roter Faden durch die Geschichte. Immer dann, wenn man diese Prophetenworte nicht als Ausdruck dessen nahm, was eigentlich gut und wünschenswert wäre und was man zukünftig anstreben sollte, sondern es Jesus glaubte, daß sie erfüllt seien, brach Freude aus. Ein Brief ist uns erhalten geblieben, den ein Apostel aus dem Gefängnis schrieb. Darin steht die Aufforderung. *„Freut euch in jeder Situation. Ich kann nur wiederholen: Freut euch!"* (Philipper 4,4).
Es war keine Rede von Amnestie. Der Mann lag in Ketten. Die Freude mußte einen anderen Grund haben. Solche Briefe wurden immer wieder geschrieben, auch in unserem Jahrhundert. So werden Gefangene frei, nicht erst, wenn der Strafvollzug ausgesetzt oder die Bastille gestürmt wird. Ich hörte von Lobgesängen berichten, die im großen Frauengefängnis in Addis Abeba erklingen, und hatte selbst einen Kugelschreiber in der Hand, dessen Griff die seit zehn Jahren inhaftierte Witwe Gudina Tumsas, eines äthiopischen Märtyrers[3], mit den Worten umstickt hatte: „Ein feste Burg ist unser Gott." So äußert sich innere Freiheit im Knast. Wenn Gott das Herz erfüllt, dann lebt man überall wie in einer Burg, in einem Schloß. Ich könnte auch von Sterbenskranken erzählen, denen Christus die Seele erfüllt hat, es werden ihnen „Lobgesänge statt eines betrübten Herzens gegeben werden".

Kleider für die Seele

Ich habe vorhin nur die ersten drei Verse aus Jesaja 61 vorgelesen. Aber wenn wir nun fragen, auf welche Weise Jesus diese glanzvollen Zusagen erfüllt hat und wie man sich davon überzeugen kann, tun wir gut, die Verse 10 bis 11 noch dazuzunehmen:
„Ich freue mich in dem Herrn, und meine Seele ist fröhlich in meinem Gott; denn er hat mir die Kleider des Heils angezogen und mich mit einem Mantel der Gerechtigkeit gekleidet, wie einen Bräutigam mit priesterlichem Kopfschmuck geziert und wie eine Braut, die in ihrem Geschmeide prangt. Denn gleichwie Gewächs aus der Erde wächst und Same im Garten aufgeht, so läßt Gott der Herr Gerechtigkeit aufgehen und Ruhm vor allen Heidenvölkern."
Wer entlassen ist, ist nicht auch schon erlöst. Mein Onkel hat mir erzählt, daß ihn nach der Entlassung aus russischer Kriegsgefangenschaft noch jahrzehntelang die Schrecken der sibirischen Lager in Träumen verfolgten. Die Seele behält, was wir vergessen möchten; sie befreit sich

---

3 Generalsekretär der Äthiopisch-Evangelischen Mekane-Yesus-Kirche, ermordet 1979.

Jesaja 61,1–3.10 f.

nicht so schnell. Ihren vielgepriesenen Selbstheilungskräften halten Selbstzerstörungskräfte wohl ungefähr die Waage. Wir können, obwohl befreit, Gefangene böser Erinnerungen bleiben. Und das sogenannte Leben in Freiheit ist für manche Strafentlassene nicht das, wovon sie träumten.
Man spricht von „gesellschaftlichen Zwängen". Das sind unsichtbare Mächte. Manchmal herrscht eine Atmosphäre, in der man glaubt, kaum atmen zu können. Man bringt kein Wort hervor. Jede herzliche Regung erkaltet. Obwohl man alle Rechte genießt, wird doch die Freude erstickt. Es ist nicht so einfach, glücklich zu sein.
Erinnern Sie sich noch an die Jahre, als die ersten Raumfahrten die Weltöffentlichkeit in Spannung hielten und wir nachts am Fernseher saßen, um die Mondlandung zu beobachten? Damals interessierten wir uns für die Ausrüstung der Astronauten. Wir hörten von den Raumanzügen, in denen sie sozusagen ein wenig Erdatmosphäre in den Weltraum begleitete. Man muß so etwas um sich herum haben, sonst kann man dort nicht am Leben bleiben. Der Mensch ist auf Sauerstoff und auf die Erhaltung bestimmter Temperaturen angewiesen, laienhaft gesprochen.
An diese Raumanzüge habe ich mich erinnert, als ich von „Kleidern des Heils" las, das heißt von rettender Kleidung. Ohne sie würde man umkommen. So ein „Mantel der Gerechtigkeit" ist Überlebensbedingung. Und diese Kleidung gibt es.
Das heißt: Die Seele kann geschützt werden gegen das, was sie verstört. Gottes Gegenwart hüllt sie ein. Daher kommt es, daß man frei reden kann, wo man sonst eingeschüchtert wäre; daß man rein bleiben kann, wo durch Nachrede und Mißtrauen die Atmosphäre verunreinigt ist. „Meine Seele" bleibt „fröhlich" – trotz allem. Sie hält aus, was man angeblich nicht aushalten kann. Ich bin gewissermaßen „im Himmel" mitten auf Erden.
Und woraus kann Freude entspringen im Unerfreulichen? Nicht aus dem Erträumen des Besseren. Das vermag aufzuputschen. Aber bei Erfolglosigkeit sackt man enttäuscht zusammen. Das Träumen versöhnt nicht mit der Wirklichkeit. Froh wird – und bleibt – vielmehr der, der die Anwesenheit Gottes wahrnimmt. Das ist das Geheimnis des Glaubens, daß man die Wirklichkeit umhüllt sieht von der Gegenwart Gottes, aus der unvergleichliche Freude entspringt.
Kleidung dient aber nicht nur als Schutz, sondern auch als Schmuck. Man kann sich vorteilhaft kleiden; dann stellt man etwas dar. Gott in seiner großen Barmherzigkeit, heißt es hier, putzt uns festlich heraus. Wir könnten gar nicht erscheinen im Paradies, oder wie man dieses Ziel nennen will, nach dem jeder sich sehnt – so „wie wir beisammen sind". Aber er macht es möglich.

Der Friede vom Himmel

Was Jesus Christus in Wirklichkeit war, wird uns sozusagen als Schmuck angehängt. Wir sind „mit fremden Federn geschmückt", aber sehr gut geschmückt; wir prangen darin und ziehen glänzend ins Himmelreich ein. Der Glanz Christi fällt auf uns wie damals auf jenen hingerichteten Verbrecher, den er ins Paradies mitnahm. Das ist die „Erfüllung".
Wie sangen wir an Weihnachten?
„Des sind wir froh,
froh, froh, froh!
Benedicamus domino!"
Das wäre die normale Reaktion.
Aber vielleicht sagen Sie: „fremde Federn"? Nein, das will ich nicht! Mir ist nicht wohl, wenn man mir anrechnet, was ich nicht verdient habe. Das verstehe ich. Aber es ist nur der eine Aspekt.
Auf der anderen Seite steht die Erfahrung, daß Freude einen Menschen verändern kann. Die Freude ist wie eine gute Aussaat in die Seele. Daraus wachsen erfreuliche Früchte. „Denken Sie an Ihren Garten", sagt der Prophet. Wenn man ihn unbebaut läßt, wuchert Unkraut. Nutzpflanzen muß man ansäen und den Boden bearbeiten. Es wird wohl auch mit unserer Seele so sein. Das Richtige wächst selten von selber. Ich fürchte, man kann sich auf die Heilungskräfte der eigenen Seele nicht immer verlassen. Das könnte sehr trügerisch sein.
Aber Gott sät etwas Gutes hinein. Dann kann das Erwünschte wachsen. Der Herr „*läßt Gerechtigkeit aufgehen*". Das möchte ich für Sie und mich im neuen Jahr erbitten.
Ich spreche jetzt einen bekannten Liedvers aus dem 18. Jahrhundert, den ich immer in der Kirche bete, bevor der Gottesdienst beginnt:
„Mache mich zum guten Lande,
wenn dein Samkorn auf mich fällt.
Gib mir Licht in dem Verstande
und, was mir wird vorgestellt,
präge du im Herzen ein,
laß es mir zur Frucht gedeihn" (EG 166,4).
Amen!

2. Sonntag nach dem Christfest, 3. Januar 1993
Ihr werdet finden
Johannes 1,43–51

Haus Nummer sieben in einer Straße in meinem Gemeindebezirk. Ein Altbau, Eingang von der Seite. Neben der Tür stehen viele Fahrräder. Es scheint, daß hier jüngere Leute wohnen, vielleicht Studenten. Die Haustür ist offen. Ein altmodisches Treppenhaus mit gedrechseltem Geländer. Ich suche an den Wohnungstüren die Namen, läute, läute ein zweites Mal. Offenbar ist niemand zu Hause. Da kommt eine junge Frau die Treppe herauf. Ich grüße: „Ich bin der Pfarrer und suche die Mitglieder der Gemeinde. Sind Sie vielleicht evangelisch?" – „Nein, ich gehöre nicht dazu, ich bin aus der Kirche ausgetreten." – „Wieso denn das?" frage ich. – „Ich habe keine Beziehung dazu." – „Glauben Sie an Gott?" frage ich weiter. – „Nein." – „Aber das ist doch keine Kleinigkeit – ob man an Gott glaubt oder nicht. Darüber müßte man doch reden!" – „Durchaus. Bei Gelegenheit. Aber jetzt habe ich keine Zeit." Grüßte und verschwand im Treppenhaus.
Ich spinne das Gespräch in Gedanken weiter. Ob es einmal zustande kommt? „Sie haben keine Beziehung zum Glauben. Aber diese Beziehung müßte wohl herzustellen sein! Das ist doch etwas Wichtiges!"
Ein Wort aus der Weihnachtsgeschichte geht mir in diesem Zusammenhang nach: das Wort „finden". – *„Ihr werdet finden"*, hieß es da aus heiterem beziehungsweise nächtlichem Himmel. Das setzt voraus, daß man auf der Suche war, etwas vermißte, vielleicht verloren hatte. Die Hirten suchten, was ihnen verheißen war. Das Heil, die *„große Freude"*, eine Erfüllung, *„die allem Volk widerfahren wird"*. Und dann heißt es: *„Sie fanden"*; *„sie fanden das Kind in der Krippe liegen"*. Und sie sahen es als den *„Heiland"* an, und sie waren froh. Auch in unserem Sprachgebrauch kommt dieses Wort vor. Wenn zwei sich glücklich in die Arme fallen, sagen wir: „Die haben sich gefunden." Oder wenn sie heiter und mühelos harmonieren. Welch ein Glücksfall in einer Welt voller Konflikte! Glücklich, wer jemanden „findet", mit dem er sich versteht!
Aber nach einiger Zeit entsteht mitunter der Eindruck: Es war doch nicht der Richtige; wir passen vielleicht doch nicht so ganz zusammen. Immer bleibt zu wünschen übrig. Natürlich liegt das auch an mir selber: Ich lasse zu wünschen übrig. Konflikte entstehen und halten immer länger an. Wir verletzen einander. Dann tut es uns bald wieder leid. Werden wir noch einmal zusammenfinden? Der Engel versprach etwas, das nichts mehr zu wünschen übrig läßt.

Johannes 1,43–51

Ein Weihnachtslied lädt ein:
„*Wer sich fühlt beschwert im Herzen,*
wer empfind't
seine Sünd
und Gewissensschmerzen,
sei getrost: hier wird gefunden,
der in Eil
machet heil
die vergift'ten Wunden" (EG 36,8).
Das war die schöne Weihnachtsgeschichte. Weihnachten, wo man träumt und glaubt wie Kinder. Aber kann man nicht später die Beziehung dazu verlieren? Und sie ist gar nicht so leicht wiederzufinden.
Der folgende Bericht aus dem Johannes-Evangelium dreht sich um das „Finden", das im Leben entscheidende Bedeutung hat. Von drei Personen ist die Rede. Der Leser wundert sich, daß ihre Begegnungen durchweg mit diesem Wort beschrieben werden. Das scheint beabsichtigt zu sein. So zufällig sich diese Begegnungen allem Anschein nach ergeben haben, für die Beteiligten waren sie eine Offenbarung:

„Jesus wollte nach Galiläa gehen. Er findet Philippus und spricht zu ihm: ‚Folge mir nach!' Philippus war aus Bethsaida, der Stadt des Andreas und Petrus. – Philippus findet Nathanael und spricht zu ihm: ‚Wir haben den gefunden, von dem Mose im Gesetz und die Propheten gesprochen haben. Jesus, Josefs Sohn, aus Nazareth.' – Und Nathanael sprach zu ihm: ‚Was kann aus Nazareth Gutes kommen?' – Philippus spricht zu ihm: ‚Komm und sieh es!' Jesus sah Nathanael kommen und sagte von ihm: ‚Siehe, ein rechter Israelit, in dem kein Falsch ist.' – Nathanael spricht zu ihm: ‚Woher kennst du mich?' – Jesus antwortete und sprach zu ihm: ‚Bevor Philippus dich rief, als du unter dem Feigenbaum warst, sah ich dich.' – Nathanael antwortete ihm: ‚Rabbi, du bist Gottes Sohn, du bist König von Israel!'
Jesus antwortete und sprach zu ihm: ‚Du glaubst, weil ich dir gesagt habe, daß ich dich gesehen habe unter dem Feigenbaum. Du wirst noch Größeres als das sehen.' Und er spricht zu ihm: ‚Amen, Amen, ich sage euch: Ihr werdet den Himmel offen sehen und die Engel Gottes hinauf- und herabfahren über dem Menschensohn'" (Johannes 1,43–51).

Komm und sieh

„*Philippus findet Nathanael*": Zufällige Begegnungen an der Haltestelle oder im Treppenhaus können gelegentlich zu bedeutungsvollen Aussprachen führen. Am Ende findet man: „Es ist gut, daß wir ins Gespräch

gekommen sind. Gut, daß ich Sie getroffen habe! Es war nicht geplant."
Man „findet" einander, ohne gesucht zu haben.
Philippus fühlt sich frei, Nathanael mitzuteilen: „Den, von dem Mose im Gesetz geschrieben hat und die Propheten – den haben wir gefunden!" Das besagt nicht weniger als die Überzeugung: Das Heil, die „*große Freude*", die Erfüllung, „*die allem Volke widerfahren wird*", der „*Heiland*" – sagen Sie, was Sie wollen –, der längst und immer Gesuchte ist gefunden!
Ich stelle mir Nathanael vor: ein fragendes Gesicht. Da erklärt Philippus: Jesus meine ich – einfach „*Jesus, Josefs Sohn, aus Nazareth*"!
Der Gesprächspartner, den Philippus „gefunden" hat, ist allem Anschein nach ein religiöser Typ. Er lacht nicht über so etwas. Dieses Thema ist wichtig; man sollte darüber reden, durchaus. Nur überzeugt ihn das Gesagte nicht. „*Jesus, aus Nazareth*" – das ist ihm zu wenig. Er hat einen anderen Hintergrund. Vermutlich hat er viel gelesen.
Da meditiert er unter dem Feigenbaum, so wird von Nathanael berichtet. Er muß mit dem Alten Testament vertraut gewesen sein; er war ein Jude – „*ein rechter Israelit*", wie Jesus anerkennend feststellte.
Und wenn er nachdachte, mußte er folgern: „Nazareth"? Nazareth hat keine Verheißung. Davon steht nichts geschrieben. Ich halte nichts davon.
Wenn Sie heute mit jemandem über den Glauben ins Gespräch kommen, kann es sein, daß Sie an die Erleuchtung des indischen Buddha erinnert werden, die sich unter dem Bodhibaum in Sarnath bei Benares ereignet hat, dem Baum der Erleuchtung; auch das soll ein Feigenbaum gewesen sein.[1] Eine geistige Schau des Weltzusammenhangs erschloß sich dem jungen Gautama. Vielleicht sagt Ihr Gesprächspartner: „Ich bin auf diesem Weg. Was kann mir da Jesus bedeuten?"
Wie kann man in so einem Fall argumentieren? Philippus gingen im Gespräch mit Nathanael die Gründe aus. Er konnte nichts anderes sagen als: „Komm und sieh!"
Nathanael scheint überlegt zu haben: „Zwar spricht nichts dafür, soweit ich verstehe. Aber warum nicht die Einladung annehmen? Man könnte sich's ja mal ansehen."
Das „Jahr mit der Bibel", das soeben zu Ende gegangen ist,[2] sollte eine Aufforderung sein: „Befassen Sie sich doch wenigstens damit!" Diesen Rat möchte ich denen geben, die das I Ging oder die Bhagavadgita studieren und davon ausgehen, das Neue Testament zu lesen lohne sich nicht. „*Was kann aus Nazareth Gutes kommen?*" – „*Komm und sieh!*" Nathanael rafft sich auf und kommt mit.

---
1 Karl Jaspers: Die maßgebenden Menschen, Piper 1967, S. 106.
2 1992.

Johannes 1,43–51

Das kann das Ergebnis solcher Gespräche sein, die sich im Treppenhaus oder bei einem Feigenbaum ergeben: Im besten Fall kommt jemand mit, um sich mit allen Vorbehalten „die Sache einmal anzusehen".

„Woher kennst Du mich?"

Ein zweiunddreißigjähriger Nordafrikaner in Mailand zum Beispiel, vielleicht kennen Sie seine Geschichte, Aurelius Augustinus, machte eines Tages eine dem äußeren Hergang nach völlig unauffällige, aber innerlich umwälzende Erfahrung. Während er grübelnd im Garten saß, drangen Kinderstimmen vom Nachbargarten herüber. Im Spiel riefen sie: „Nimm und lies! Nimm und lies!" Das fuhr ihm wie ein göttlicher Befehl in das ziellose Kreisen seiner Gedanken. Er erhob sich, griff zur Bibel, schlug sie auf, las. Für diesen Mann wurde eine Bibelstelle „bestimmend", „auf die er zufällig gestoßen war" und die er ganz einfach nahm, „als ob ihm die Worte gälten"[3]. Dann sagte er: Herr, jetzt kenne ich Dich. Ich habe Dich gefunden. „Du hast mich zu Dir bekehrt." Zurückblickend berichtete er: „Da strömte das Licht der Sicherheit in mein Herz ein, und alle Zweifel der Finsternis verschwanden."[4]

Das blieb nicht einmalig. Ähnliche Erfahrungen häuften sich. Auf diese Weise redete der auferstandene Christus Menschen an. Manchmal platzte diese Anrede ohne Vorwarnung in einen Lebenslauf hinein. Als Jesus, unterwegs zu einem Ziel, Philippus „fand", rief er ihm im Vorübergehen zu: *„Folge mir!"* Da galt kein Wenn und Aber. Jesus stellte nicht einen Vorschlag zur Diskussion, sondern erteilte einen Befehl.
Und es gibt Momente, wo so ein Zuruf keiner Begründung bedarf.
Und wenn Gottes Wort mich anspricht: *„Ich bin der Herr, dein Gott"*, dann werde ich keine anderen religiösen Wege mehr suchen.
Nebenbei fällt mir in diesem sehr knapp gehaltenen Text noch etwas auf: Jesus nachzufolgen bedeutet offenbar nicht, vereinnahmt zu werden. Philippus ist nicht etwa von nun an fremdgesteuert, wie es bei Sekten oft der Fall ist, so daß er nicht mehr seinen eigenen Weg ginge. Wir sehen ihn vielmehr die Initiative ergreifen und neue Kontakte knüpfen. Er war es schließlich, der Nathanael „fand". Allerdings sagt er nun *„Wir"*, wenn er redet; er zählt sich zur Gemeinde, zu denen, die den Heiland „gefunden" haben.
Das Gespräch mit Nathanael ist komplizierter verlaufen. Dieser Mann hatte den Kopf voller Einwände. Jesus sah ihn kommen und charakteri-

---
[3] Bekenntnisse, Buch VIII, Kap. 12.
[4] Ebd.

sierte ihn. Nathanael hörte es. „*Woher kennst Du mich?*" fragte er und sah sich auf einmal im Lichte dessen, der ihn schon lange gesucht hat. „Ehe du angesprochen wurdest, habe ich dich schon gesehen. Unter dem Feigenbaum war es", wo du grübeltest. Ich weiß von deinem Suchen. Deine einsamen Gedanken kenne ich, deine Zweifel: alles, was durch deine Seele geht.
Diese Erfahrung ist nicht so fernliegend, wie es zunächst den Anschein hat. Ich nehme an, daß jeder, der ehrlich auf Jesus zugeht, eine ähnliche Erfahrung machen kann. Er bekommt von sich selbst ein anderes Bild. Das eigene Leben erscheint ihm wie ein einziges Suchen und Herumirren. Man hatte es zwar nicht so empfunden; aber jetzt stellt es sich heraus.

„Ich lief verirrt und war verblendet,
ich suchte Dich und fand Dich nicht",

heißt es in einem Kirchenlied (EG 400,4).
Und Augustin hat ein ganzes Buch darüber geschrieben: über dieses Herumirren in Weltanschauungen und Lebensentwürfen; er hatte sich „dieser Richtung" angeschlossen und bei „jener Sekte" mitgemacht. Immer glänzte da etwas und „blendete" – und trog doch. Am Ende sagte er: Jetzt wird mir klar – eigentlich suchte ich „Dich". „Du bist" es, Herr, „Du bist der Sohn Gottes". – Ich habe es nicht gewußt. Meine Vorstellungen waren anders. Aber nun sehe ich: Du suchst die Verirrten und Verlorenen. Du hast nie abgelassen, mich zu suchen. Jetzt bin ich da. Du hast mich gefunden.

„Du wirst Größeres sehen"

„Weil ich dir gesagt habe, daß ich dich sah, als du unter dem Feigenbaum saßest, glaubst du", sagt Jesus. „Du wirst Größeres sehen als das." Du wirst mehr erleben, als daß du jemanden „findest", der dich versteht.
Das sagt Jesus mit Nachdruck und geradezu feierlich. Mit „*Amen, Amen*" leitet er diesen Satz ein. Die schöne Weihnachtsgeschichte wird eine Fortsetzung haben. Sie wird euer Leben begleiten. *„Ihr werdet den Himmel offen sehen."* Und Gott, der ferne Gott, den man sich nicht vorstellen kann, ist auf einmal nahe bei uns. Gott, vor dem man ein Sünder ist.
Am Tag zuvor hatte Johannes der Täufer Jesus erblickt und gerufen: „Das ist der Gesuchte!" „Das Lamm Gottes, das die Sünden trägt". – Durch diesen Satz war gleichsam eine Lawine ins Rollen gekommen. Zwei folgten Jesus sofort nach; ein dritter schloß sich an. Jetzt riß es diesen, dann jenen mit: zuerst Philippus, dann Nathanael. Und so geht es weiter bis zum heutigen Tag. In Rußland begegnete ich September vori-

Johannes 1,43–51

gen Jahres einem sehr entschiedenen Mönch. Er erzählte, er war vorher Kulturredakteur beim sowjetischen Fernsehen. Er „fand" zum Glauben. Jetzt ist er Mönch in Optina. Er bekreuzigte sich: „Du hast mich gefunden, Herr. Ich bin's nicht wert. Aber Du vergibst mir meine Sünden."
Jetzt könnte die Reihe auch an uns sein. Jedenfalls endet ein Lied, das man mit Kindern singt, auf die Zeile: Er „kennt auch dich und hat dich lieb" (EG 511,3).
Wer Jesus folgt, dem steht der Himmel offen. Der Umgang mit Gott wird vertraut und normal. Dann fängt man an zu beten, wie man daheim redet, ungezwungen, wie Kinder mit Vater und Mutter sprechen – die klagen, was ihnen fehlt, was sie gerne möchten, und erzählen, was sie freut und wie lieb sie ihre Eltern haben.
Dieser Kontakt, sagt Jesus, reißt nie mehr ab.
Seine Anwesenheit ist die Garantie dafür. In ihm, dem Menschensohn, hat sich Gott sozusagen in die Welt hinein verlängert und eine Verbindung mit dem Himmel hergestellt.
Im Alten Testament ist ein wunderbarer Traum aufgezeichnet. Von einem geöffneten Himmel träumte auch Jakob. Er sah im Traum *„eine Leiter"* – oder eine Treppe wie an den großen Stufentürmen Mesopotamiens; die *„stand auf Erden"* und *„rührte mit der Spitze an den Himmel, und die Engel Gottes stiegen daran auf und nieder. Und der Herr stand oben darauf"* und segnete Jakob (1. Mose 28,12–13).
Dieser Traum war sehr tröstlich für Jakob. Nach Jesus bleibt das nicht ein Traum. Der offene Himmel flammt auch nicht nur einen Augenblick lang wie ein Blitz über uns auf. Ein byzantinischer Theologe im 11. Jahrhundert sagte: „Wie in einem leuchtenden Gemache wohnen die Gläubigen."[5]
Das kann zum Dauerzustand werden; denn in ununterbrochener Folge kommen die Boten Gottes aus dem geöffneten Himmel herunter und bringen die frohe Botschaft in unseren Tageslauf, den wir vielleicht gerade als nachtschwarz empfinden. – Jemand sitzt am Schreibtisch und sieht sich vor Arbeit nicht hinaus – und wohnt doch „wie in einem leuchtenden Gemache", wenn er glaubt, daß der Himmel bis zu ihm reicht, nachdem Jesus ihn angesprochen hat. Sie liegen krank, und Ihnen gilt das gleiche. Der Himmel ist offen.
Die Zustellung des Wortes Gottes wird nicht unterbrochen; denn Gottes Boten sind laufend zu uns unterwegs. Sie treffen uns, wenn wir uns in der Nähe des Menschensohnes aufhalten. – Anhaltspunkt für seine Anwesenheit ist die Bibel. Wir besitzen dieses Buch und können es aufschlagen wie Augustin und die Worte nehmen, als wären sie „für uns"

---

5 Symeon der Theologe, 18. Hymne.

geschrieben. – Und wir können die Uhrzeit erfragen, wann in der Kirche das Sakrament gefeiert wird. Dabei heißt es dann ausdrücklich: „für euch", wenn beim Abendmahl Brot und Wein gereicht werden – von Gott „für euch".

Ich nehme es als solche Engelsbotschaft, die von Gott kommt, auf, wenn ich täglich als „Losung" einen Satz aus der Bibel lese, der für diesen Tag ausgesucht ist – und zwar als erstes, gleich in der Frühe. Das können ermutigende Zurufe Gottes sein.

Und was ich vor Gott seufze und ihn bitten und ihm danken möchte, das, denke ich, tragen sie gleichsam hinauf, so daß es in Gottes Ohr gesagt ist.

Jesus jedenfalls hat versprochen: *„Ihr werdet den Himmel offen sehen und die Engel Gottes hinauf- und herabfahren über dem Menschensohn."* Und so stelle ich mir das vor.

Also wird der Kontakt zu Gott nicht mehr abreißen, das ganze Jahr nicht, und ich nehme an, nie mehr.

Amen.

1. Sonntag nach Epiphanias, 8. Januar 1989
Siehe, das ist Gottes Lamm
Johannes 1,29–34

„‚Willst‘, fragte sie mich, ‚härter sein als Gott in deinem Gericht?‘ ‚Nein‘, sagte ich, ‚ich bin nicht Gott, also kann ich nicht so milde sein wie er.‘"[1]
Also doch „härter als Gott"! Die Milde ist seine Sache. Ich bin nur ein Mensch. Dieser Wortwechsel bildet den Wendepunkt einer Verhandlung. Die natürliche Mutter hat zehn Jahre nach Kriegsende ihre Tochter wieder ausfindig gemacht. Der Vater, in brauner Uniform „mit viel Gold daran", hatte sich 1945 erschossen, die Mutter versuchte damals, die eigenen Kinder zu töten. Ein Nachbar entriß ihr das kleine Mädchen Marianne und nahm es später an Kindes Statt an. Nun saß Marianne Schmitz, die eine Schneiderlehre machte, gerade mit ihrer Adoptivmutter „in der Küche und putzte Salat". Da fuhr ein Auto vor, die Tür ging auf – „und wir hatten kein Klopfen gehört –, und ich erkannte sie sofort". Sie kam „auf mich zu, breitete die Arme aus und sagte: Du mußt meine Marianne sein". Marianne aber hob das Messer „mit der Spitze nach vorne" und sagte: „Nein".
Es kam zu Verhandlungen. „Sie sagten: Aber es ist doch mehr als zehn Jahre her, und sie bereut es; und ich sagte: Es gibt Dinge, die man nicht bereuen kann." Marianne blieb unerbittlich: Solche Unmenschlichkeit verjährt nicht. Sie ist auch nicht durch Reue aus der Welt zu schaffen. – Und Heinrich Böll, der dies erzählte, war der gleichen Meinung. Hier war ein Maß überschritten. Die Lämmer sollen nicht verzeihen. Versöhnungstränen würden in diesem Fall das Leid verhöhnen. Trotz Agnus Dei in der Kirche – hier zählt keine Reue.

Trägt das Lamm Gottes die Sünde der Welt?

Aber „Agnus Dei, qui tollis peccata mundi". Jede Messe enthält diese Worte: „Christus, du Lamm Gottes, der du trägst die Sünde der Welt", das heißt doch: Die Sünde wird aus der Welt geschafft. Gilt das nun, oder gilt das nicht? Schwebt dieses Gotteslamm auf den Wolken religiöser Andacht, oder hat sein Fuß diese Erde betreten? Ist, was die Kirche besingt, real in Gang gekommen, oder kann man das nicht sagen?

---
1 Heinrich Böll: Billard um halbzehn, dtv-tb. 991, 1974, S. 179.

Johannes 1,29–34

Johannes der Täufer war überzeugt, dieses Gotteslamm identifizieren zu können. Er sagte: Es ist wirklich am Werk. Schaut, hier ist es! – Kann man das ernstnehmen?

Ich lese aus dem ersten Kapitel des Johannes-Evangeliums die Verse 29 bis 34:

„Am nächsten Tag sieht Johannes, daß Jesus zu ihm kommt, und sagt: Siehe, das ist Gottes Lamm, das der Welt Sünde trägt! Dieser ist's, von dem ich gesagt habe: Nach mir kommt ein Mann, der (schon) vor mir gewesen ist; er war nämlich eher als ich. Und ich kannte ihn nicht. Aber damit er (in) Israel offenbart werde, dazu bin ich gekommen, mit Wasser zu taufen. Und Johannes bezeugte und sprach: Ich sah, daß der Geist herabfuhr wie eine Taube vom Himmel und auf ihm blieb. Und ich kannte ihn nicht. Aber der mich gesandt hat, mit Wasser zu taufen, der sprach zu mir: Auf wen du den Geist herabfahren und auf ihm bleiben siehst, der ist's, der mit dem heiligen Geist tauft. Ich habe es gesehen und habe bezeugt: Dieser ist der Sohn Gottes."

Noch nie gesehen und doch erkannt

Johannes erkannte Jesus. Als sein Blick auf ihn fiel, sagte er diesen unvergeßlichen Satz. Der Satz trifft den Nagel auf den Kopf. Er enthält sozusagen die Quintessenz des christlichen Glaubens. Daher fand er Eingang in die Liturgien der Kirchen. Die reiche Instrumentierung ist wie tausend Ausrufezeichen um diesen Satz Johannes des Täufers.
Aber wie kam Johannes zu dieser Erkenntnis? Wie ging das vor sich? „Dieses Gesicht kenne ich doch!" dachte ich, als wir die Stufen herabstiegen von der Kirche San Gregorio Magno in Rom. Auf dem kleinen Platz, den wir erreichten, hielt ein Wagen. Eine Gruppe Schwestern in weißem Sari stand dabei; in weißem Sari mit blauem Saum. Die älteste von ihnen, wie es schien, stieg in das Auto. Nun öffnete sie das Fenster, sah heraus und blickte uns an. Ein helles Lachen flog über das furchige Gesicht, und sie winkte uns zu. Dann fuhr das Auto ab, die Gruppe löste sich auf. Und ich sagte: „Das war doch Mutter Teresa!"
Sicher kennen auch Sie ihr Porträt aus der Presse: unverwechselbar! Jeder weiß, wer das ist. Man kann dankbar sein, daß heutzutage so jemand lebt. Ich wußte von Mutter Teresa, aber ich wußte sie weit entfernt in Kalkutta. In diesem Augenblick jedoch rückte, was ich wußte und was ich vor mir sah, in eins zusammen: Ich „erkannte" sie. Tags darauf war in der Zeitung zu lesen, jawohl, Mutter Teresa hielt sich zur Zeit in Rom auf.
Das fiel mir ein, als ich las, wie Johannes Jesus erkannte. Da gewahrt er inmitten vieler (vermutlich), die sich ihm näherten, einen Mann, den er

noch nie gesehen hat. Sein Blick bleibt an ihm haften. Und in seinem Bewußtsein rückt das, was sein Herz bewegte, was er glaubte und hoffte, in eins zusammen mit diesem Mann, der auf ihn zukommt. Er erkennt ihn und sagt: „Das ist er, von dem ich gesprochen habe!"

Das Unsichtbare sehen

Es würde uns interessieren, wie es zu dieser Art von Erkennen kommt. Denn wer auf diese Weise erkennt, kommt ja offenbar eben damit zum Glauben.
Mit scheint, daß sich dem Bericht des Johannes zwei Hinweise entnehmen lassen. Er sah also Jesus auf sich zukommen. Und nun sagte er: „*Ich sah –*", aber was er dabei nannte, ist etwas, das man grundsätzlich nicht sehen kann. „*Ich sah –*", sagte er, „*daß der Geist herabfuhr und auf ihm blieb.*" Er sah also nicht nur den Mann auf sich zukommen, den alle sehen konnten, sondern er sah auch, wie ihm der Geist zuflog. Und was ihm da zuflog, war Geist „*vom Himmel*". Das ist so, wie wenn jemand sagt: „Ich habe es sofort gesehen, was das für einer ist. Da steckt mehr drin!" Johannes nahm also wahr, mit welcher Autorität dieser Mann begabt war, was er meinte, war das, was Gott meint. Gottes eigener Geist steckte sozusagen in ihm. Als Jesus auftauchte, war es, wie wenn Gott selber erscheint, mitten in unseren Konflikten.
Aber Johannes sagte nicht: „Ich habe es gesehen, beziehungsweise mir wurden die Augen dafür geöffnet, und dann war es klar", so daß man daraus schließen müßte: Entweder man bekommt einen Blick dafür oder eben nicht; mehr läßt sich da nicht sagen. Johannes sagte mehr. Er bekannte: „Ich sah das, aber ich verstand es nicht. Ich kannte ihn nicht."

Er hat mich in Bewegung gesetzt

Es muß noch ein Zweites hinzukommen. In ihm selber trat eine Klärung ein. Auf einmal meldete sich die innere Stimme, die ihn schon immer gerufen hatte, wieder zu Wort. Das, wozu er sich berufen wußte, worauf er mit seinem Leben hinauswollte, „verknüpfte sich" mit diesem Mann, dem der Geist vom Himmel zugeflogen war, und fand in dieser Begegnung Erfüllung.
Da fiel ihm wohl das gestrige Gespräch wieder ein. Er war offiziell gefragt worden: „Wer bist du eigentlich?" Diese Frage versetzte Johannes in Verlegenheit. Wie sollte er es ausdrücken? Es war, wie wenn ich jemanden beim Einkaufen begleite und werde gefragt: „Und Sie? Was wünschen

Sie?" und kann dann nur antworten: „Ich gehöre dazu. Ich begleite nur."
„Aber wen denn, bitteschön?" fragten sie Johannes. Und er mußte gestehen: „Ich kenne ihn selber noch nicht." Vielleicht wird mancher zugeben müssen: „Ich weiß im Grunde auch nicht, was mit mir los ist und worauf ich eigentlich hinaus will." Aber nun, *„am nächsten Tag sieht Johannes Jesus kommen"* und ruft: *„Dieser ist's, von dem ich gesagt habe"*; ihn habe ich immer gemeint, ohne es selbst zu durchschauen. Er war es, der mich in Bewegung setzte. Jetzt verstehe ich erst, daß von ihm die Antriebskraft ausging, *„denn er war eher als ich"*. Jetzt weiß ich auch, was mein Auftrag ist: Er soll offenbart werden; das ist das Ziel. – Johannes, so wissen wir, hat mit Wasser getauft. Aber es kommt eigentlich darauf an, mit dem Geist getauft zu werden. Siehe, da ist er, *„der mit dem Heiligen Geist tauft"*!

Die Sünde der Welt

Aber so einfach ist das nicht. Marianne hält der Mutter, die sie umarmen will, das Kartoffelschälmesser entgegen. Gottes Milde erreicht uns nicht. Die Sünde der Welt liegt dazwischen. Indem Johannes sagte, Jesus sei das Gotteslamm, das die Sünde der Welt trägt, stellte er Jesus einerseits in einen weltweiten Horizont. *„Die Sünde der Welt"*, das läßt sich auf sehr vieles beziehen. Andererseits trat Jesus nicht als Erfolgsmensch auf die Bühne der Welt, sondern als Opfer, als *„Lamm"*; jedoch als Lamm, das etwas in Bewegung brachte.
„Das war mein Spitzname", erzählte Hugo Herrn Fähmel beim „Billard um halbzehn". „Wissen Sie, was sie schrien, während sie mich verprügelten? ‚Lamm Gottes' nannten sie mich. Ich war ein verängstigtes, stets zurückgesetztes, immer geschlagenes Schulkind, das sich in der Schule versteckte, bis die Putzfrau ging, das Brotreste aus den Abfalleimern aß und erst spät im Dunkeln nach Hause schlich, weil sie ihm sonst auflauerten." Daheim saß die Mutter, „betrunken und schmutzig", und schrie immerfort: „Wozuwozuwozu". „Ich lief weg, lief durch den Regen, hungrig, Lehm klebte mir an den Schuhen", „hockte" auf den „Rübenfeldern", „ließ den Regen auf mich regnen"; und irgendwer brachte mich irgendwann nach Hause, in die Schule zurück. „Und sie schlugen mich wieder, riefen mich Lamm Gottes." „Schließlich brachten sie mich in die Fürsorge, nannten mich auch dort Lamm Gottes, und ich bekam Angst."[2]
Das ist eine Passionsgeschichte unter vielen. Leider leiden viele „Lämmer" in diesem Sinne. Ich denke zum Beispiel an die Slums in Kalkutta, wo Mutter Teresa sie von der Straße aufliest.

---

2 H. Böll, a. a. O., S. 55.

Hugos Mutter schrie immerfort „Wozuwozuwozu", bis man sie in die Nervenheilanstalt brachte. So ist die „Welt". Und das ist unverzeihlich. Wer ein Gefühl für Gerechtigkeit hat, lehnt sich dagegen auf und fühlt ohnmächtige Wut.

Ein Ausweg wird freigeräumt

Aber nun tritt etwas Neues, Unerwartetes ein. Johannes weist darauf hin. Der, auf dem der Geist Gottes ruht, tritt hinzu, der Bevollmächtigte Gottes. Und wenn Johannes ausruft: *„Siehe, das ist Gottes Lamm!"*, gibt er ihm nicht einen Spitznamen. Er kündigt vielmehr an: Jetzt ändert sich etwas. Jetzt kommt Bewegung in die Sache; denn dieses Lamm Gottes läßt die Sünde der Welt nicht liegen, wo sie liegt. Es unterliegt ihr auch selber nicht. Es greift sie vielmehr an. Es hebt sie auf in der Kraft Gottes. Es trägt sie; es schafft sie aus der Welt.
Manchmal kommt es mir vor, wir lägen gleichsam wie Erdbebenopfer eingeklemmt zwischen Trümmern dessen, was wir selber für recht halten. Wir sind verschüttet, haben keine Bewegungsfreiheit, sind unfähig, uns herauszuarbeiten. Aber nun sind Stimmen zu hören. Man hat uns ausfindig gemacht. Bohrmaschinen werden angesetzt. Ein Kran rollt heran. Schutt rieselt durch die Ritzen. Es bewegt sich etwas. Betonbrocken werden beiseite gewälzt, Balken weggehoben. Wir werden freigeschaufelt, können uns wieder bewegen. Wir sind zwar verwundet; mit den Folgen werden wir noch lange zu tun haben. Aber wir können behandelt werden. Wir sind gerettet. So klingt mir diese Botschaft des Johannes. Was Ihnen zentnerschwer auf der Seele liegt, was Sie innerlich lähmt – das Lamm Gottes setzt gleichsam den Hebel an, um die Last wegzuheben. Wenn Sie ratlos fragen: Wie konnte das nur kommen? Ich hätte nie gedacht, daß ich in so etwas hineingerate! – und wenn Sie vor Scham und Trauer in sich selbst erstarren –, hören Sie, wie gleichsam die Schaufel knirscht: Das Lamm Gottes räumt Ihnen einen Ausweg frei!
Es muß in diesem Zusammenhang klar gesagt werden, daß zwar die Justiz keinen Auftrag hat zu verzeihen: Vergehen sollen gesühnt werden, soweit das überhaupt möglich ist; Unrecht muß angeprangert und geahndet werden. Aber neben die Gerichtsverhandlungen ist die Einladung zur Beichte getreten, neben das Urteil der Justiz die Absolution. Das Lamm Gottes schafft Ihnen die Last der Sünde vom Gewissen. Das muß Sie innerlich nicht länger belasten. Aus Gnade können Sie wieder selbstbewußt werden. Gott gibt den Verurteilten ihre Würde zurück.

Johannes 1,29–34

Er gießt die Milde Gottes in die Herzen

Im November vergangenen Jahres haben wir der sogenannten Reichskristallnacht vor fünfzig Jahren gedacht. Das ist ein heikles Kapitel. Die einen plädieren für „Vergessen", und die anderen fordern leidenschaftlich das „Gedenken". Gedenkstätten halten die Erinnerung wach. Was 1938 begann, setzte sich in den folgenden Jahren fort. Wir werden nun Jahr für Jahr fünfzigste Gedenktage an „Sünden der Welt" begehen können. Und an den früheren Völkermord an Armeniern und den heutigen an den Oromos in Äthiopien wäre ebenfalls zu erinnern und an vieles andere mehr. Das Gedenken soll dazu helfen, daß Greuel wie vor fünfzig Jahren in unserem Land nicht wieder und anderswo auf Erden nicht vorkommen sollen.
Aber dieser Vorgang zeigt noch ein anderes Gesicht. Da ist das Messer zwischen Marianne und ihrer Mutter, das Messer „mit der Spitze nach vorne". Und aus dem Mund des geretteten Lammes kommt ein spitzes, begründetes „Nein". Nein, diese Unmenschlichkeit verjährt nicht. „Es gibt Dinge, die man nicht bereuen kann."
Aber wenn das Lamm Gottes hinzutritt, das die Sünde der Welt trägt, dann nimmt es Marianne das Messer aus der Hand und sagt: Doch! Reue ist möglich. „Vergebt einander, wie euch vergeben ist!" (Kolosser 3,13). Ich spüre es jeden Morgen, wenn ein alter Groll in mir aufwacht, daß Marianne recht hatte, als sie sagte: „Ich bin nicht Gott, also kann ich nicht so milde sein wie er." Aber Johannes ruft: „Hier ist nun endlich der, der mit dem Heiligen Geist tauft!" Das heißt, er gießt die Milde Gottes über uns aus. Und Taufe mit Geist ist nicht etwas Äußerliches, das an uns abfließt. Es dringt in uns ein. Er gießt uns die Milde Gottes in die Herzen; auch in Mariannes Herz – und das Herz ihrer Mutter. Wie der Apostel schrieb: *Die Liebe Gottes ist ausgegossen in unsere Herzen durch den Heiligen Geist*" (Römer 5,5). So rüttelt das Lamm Gottes an den Sünden der Welt, die zwischen uns liegen und uns zu Feinden machen. Es schafft sie beiseite und „richtet unsere Füße auf den Weg des Friedens" (Lukas 1,79).

Wir beten mit Worten Martin Luthers:
Mein Herr Christus, mein Nächster hat mich an meiner Ehre gekränkt, er hat mich übervorteilt. Das kann ich nicht ertragen.
Ich möchte ihm ja gerne wieder gut sein, aber ich vermag's leider nicht. Ich bin ganz kalt. Ich kann mir nicht helfen. Verändere du mich! Du Lamm Gottes, laß mich barmherzig werden, wie du barmherzig bist.
Amen.

2. Sonntag nach Epiphanias, 14. Januar 1990
Wo wir stehen
Hebräer 12,12–25

Selbst der Hubschrauber trug nicht mehr aus der Falle heraus; sie schnappte zu. Das Militärtribunal machte kurzen Prozeß. Ein Ende mit Schrecken. Gebannt blickte die Welt nach Bukarest. Aufatmen – und zugleich ein Schaudern: „Wer andern eine Grube gräbt, fällt selbst hinein." Wieder einmal bewahrheitete sich dieser Spruch in großem Maßstab.[1] Dann wird er aber auch im Kleinen gelten; das schlägt auf mich selbst zurück. Es klingt wie ein scharfer Trompetenstoß aus den Wolken; Verbrechen rächt sich. Keiner glaube, daß er ungestraft Recht bricht! Gerechtigkeit waltet. Und der allzu straff gespannte Bogen zerspringt. Die tief Gebeugten bäumen sich auf. Die Geschlagenen schlagen zurück. Es war nicht anders zu erwarten.

Welch neuer Ton demgegenüber in der Novemberballade eines Liedermachers, eines wohlbekannten, der seine Heimat hat verlassen müssen: eines Opfers also, von dem zu erwarten war, daß er nun gleichfalls zurückschlägt, daß er den Spieß umdreht! Ein neuer Ton in dem Tumult der Schadenfreude und der Angst, der jeden Augenblick in Gewalttätigkeit explodieren konnte. Von vielen Seiten wurde der erstaunliche Vorgang kommentiert, daß die deutsche Novemberrevolution[2] gewaltlos verlief. Wolf Biermann sang:

> „Habt keine Angst, ihr Herren da oben
> Auch ihr dürft wieder Menschen sein.
> Wir drehen den Spieß nicht um";
> „wir wollen Gerechtigkeit und keine Rache
> wir zerren euch vor kein Weltgericht".

Das war eine andere Botschaft als der Mechanismus des Zurückschlagens und des Spießumdrehens. Es gibt etwas anderes. Es geht auch anders. Wir sind für das andere. „Habt keine Angst"! Nun wiederholt sich nicht das alte Spiel nur mit vertauschten Rollen. Etwas Neues soll beginnen, das alle einschließt. Der Liedermacher erinnert an eine vergessene Selbstverständlichkeit: „Mensch, wir sind stärker als Ratten und Drachen / – und hatten's vergessen und immer gewußt." Wenn wir wissen, was wir wollen, sind wir stärker als die Gespenster, die uns umschwirren, als alles

---

1 Exekution des rumänischen Diktators Ceaușescu vor laufenden Kameras.
2 1989.

Hebräer 12,12–25

dunkel Drohende, das wie ein Verhängnis erscheint. Wir müssen nur wissen, wo wir stehen. „Mensch, wir sind stärker als Ratten und Drachen / – und hatten's vergessen und immer gewußt." Das ist vielleicht etwas viel gesagt. Man wird sehen, was kommt. Immerhin liefen die Vorgänge in Bukarest parallel dazu ab. Dabei erwies sich, daß doch viel von „Ratten und Drachen" im Menschen ist.
Doch allem Anschein nach stößt der Bibeltext dieses Sonntags in das gleiche Horn. Es gibt dafür eine tiefe Begründung. Um sie zu verstehen, müßte man einige Vorkenntnisse mitbringen. Auch wenn man diese nicht hat, ist die Ausdrucksweise noch beeindruckend, und man ahnt ungefähr, worum es geht. Der Text will Resignierten Mut einflößen. Wie Wolf Biermann sang: „Wir hatten es schon halb vergessen", nämlich, daß sich etwas ändern läßt: „wir hatten uns schon halb abgefunden". Aber, „nun atmen wir wieder, wir weinen und lachen / die faule Traurigkeit raus aus der Brust".
Warum das jetzt plötzlich geht? Der Bibeltext sagt: Wißt ihr das nicht? Ihr müßt doch wissen, wo ihr steht: nicht bei dem alten „Berg" der geltenden Tabus und der unausweichlichen Drohungen, wo man flüchten möchte und nicht kann, wo einem die Angst die Knie weich macht. Ihr seid ganz woanders angekommen.

Ich lese aus dem Hebräerbrief, Kapitel 12, Verse 12 bis 25:

„Stärkt die müden Hände! Richtet auf die wankenden Knie! Macht gerade Wege mit euren Füßen, damit das Lahme nicht stürze, vielmehr geheilt werde.
Jagt dem Frieden nach gegen jedermann – und der Heiligung, ohne die niemand den Herrn sehen wird.
Seht darauf, daß nicht jemand die Gnade versäume, daß nicht etwa eine bittere Wurzel aufwachse und Unfrieden anrichte und viele durch sie unrein werden; daß nicht jemand ein Abtrünniger oder Gottloser sei wie Esau, der für eine einzige Speise sein Erstgeburtsrecht verkaufte.
Ihr wißt ja, daß er später, als er den Segen erben wollte, verworfen wurde, denn er fand keinen Raum zur Buße, obwohl er sie mit Tränen suchte.
Ihr seid ja nicht zu dem Berg gelangt, den man berühren kann, zu loderndem Feuer, finsterem Gewölk und Unwetter, nicht zum Schall der Posaune und der lauten Worte, bei denen die Hörer baten, daß keine Rede mehr an sie gerichtet werden möge; denn sie konnten nicht ertragen, daß es hieß: ‚Wenn auch nur ein Tier den Berg berührt, soll es gesteinigt werden.'
So schrecklich war die Erscheinung, daß selbst Mose sprach: ‚Ich bin außer mir vor Furcht und zittere.'
Ihr seid vielmehr zu dem Berg Zion gelangt, zur Stadt des lebendigen Gottes, dem himmlischen Jerusalem, zu den vieltausend Engeln und zur Versammlung

und Gemeinde der Erstgeborenen, die im Himmel aufgeschrieben sind – zu Gott, dem Richter über alle, und zu den Geistern der vollendeten Gerechten, zu dem Mittler des neuen Bundes, Jesus, und zu dem Blut, das stärker redet als Abels Blut.
Seht zu, daß ihr den nicht abweist, der hier redet!"

Die Hoffnung der Bibel ist nicht zu bremsen

Ich habe den Bibeltext mit Wolf Biermanns Ballade verglichen und komme darauf noch einmal zurück. Aber genau genommen, ist beides doch nicht zu vergleichen. Biermann sprach die gestürzten Machthaber an: „Ihr müßt euch nicht, ihr verdorbenen Greise, / Nun Asche streuen auf das Haupt" – keine Angst! Es wird nicht noch einmal entfesselt, wozu die chinesische Kulturrevolution in den sechziger Jahren die Halbwüchsigen angespornt hat, nämlich die Alten zu verhöhnen und zu kränken, ja zu stoßen und zu treten. Bei uns soll es zivilisierter zugehen, anständig – wie gut! Aber es ist doch nicht das gleiche wie die Versammlung *„der vollendeten Gerechten"*, die der Hebräerbrief nennt, und das Blut der Versöhnung in dem gesegneten Kelch beim Heiligen Abendmahl.

Und eifert um Frieden, jawohl! Setzt euch für die Abrüstung ein! Das ist einen weltweiten konziliaren Prozeß[3] wert, das heißt ein bewegtes Miteinander-Reden, weltweit, bis man über praktische Schritte einig wird, zur Bewahrung der Schöpfung. Aber selbst wenn man sich einig würde und wenn praktikable Ergebnisse herauskämen, das ist noch nicht die vollendete *„Stadt des lebendigen Gottes"*.

Und „legt ebene Gehwege an, damit nicht jemand, der gelähmt ist, zu Fall kommt". Das klingt wie ein Aufruf, behindertengerechte Wege zu bauen, also Rücksicht zu nehmen und auf diese Weise Unfälle zu vermeiden. Aber die Bibel sagt mehr: *„... daß nicht jemand, der gelähmt ist, zu Fall komme, vielmehr geheilt werde"*.

Das übersteigt natürlich unsere Möglichkeiten. Aber es ist „typisch Bibel". Ihre Hoffnung ist nicht zu bremsen. Die entmutigenden Realitäten halten sie nicht auf. Sie setzt sich wie im Flug darüber hinweg. Das kommt daher, daß sie von Gott redet. Es kommt auf Gott an. Das ist der springende Punkt.

---

3 Damals sollte anstelle des von Carl Friedrich von Weizsäcker vorgeschlagenen Weltfriedenskonzils ein „konziliarer Prozeß für Frieden, Gerechtigkeit und Bewahrung der Schöpfung" in Gang gebracht werden.

Hebräer 12,12–25

Im Glauben nicht den Anschluß verlieren

Und nun frage ich Sie: Glauben Sie an Gott? – Bei einem Umzug sagte mir ein Möbelpacker in einer Pause: „Es gibt etwas Höheres, das glaube ich schon." Aber Gott, der im Leben dreinredet, ja, der eingreift, wie die Bibel es darstellt, verkehren Sie mit ihm auf vertrautem Fuß? Oder finden Sie und haben Sie erfahren: „Daß er eingreift, das kann ich nicht wahrnehmen; zumindest läuft ohne ihn alles genauso gut"?
Sie werden vielleicht nicht antworten wollen auf diese Frage. (Das ist der Vorzug des Rundfunks, daß ich Ihnen persönlich indiskrete Fragen stellen kann und Sie mir nicht antworten müssen.)
Die wenigsten hierzulande haben sich religiös entschieden. Nur Minderheiten sagen ein klares Ja oder ein entschiedenes Nein. Überwiegend bleibt der Glaube unbestimmt. Man verhält sich distanziert dazu. Man hält einen gewissen Abstand, folgt gewissermaßen nur „von ferne", um zwar die Sache nicht aus dem Auge zu verlieren, aber doch auch nicht dazugezählt zu werden; denn das könnte mich in Mitleidenschaft ziehen.
Wer aber auf diese Weise Abstand hält, gerät in die Gefahr, irgendwann den Anschluß zu verlieren. Wer sich nie entscheidet, kann am Ende unfähig werden zu glauben. Dann staunt man nur noch über die ungebremste Zuversicht der Bibel und der Menschen, die genauso leben wie sie und daher an sie glauben –; nachvollziehen kann man es dann nicht mehr.
Das wäre das größte Unglück, sagt der Hebräerbrief. Er fordert auf, es unbedingt zu vermeiden. *„Seht darauf, daß nicht jemand die Gnade versäume"*!
Das heißt, Sie müssen darauf achten, im Glauben nicht den Anschluß zu verlieren. Sie selber nicht. Aber auch nicht jemand anderes, mit dem Sie zusammenkommen, zum Beispiel Ihr Ehegatte oder Ihre Kinder. Ungefähr so dringend, wie ich Gerüchte richtigzustellen bemüht bin, die irrtümlich über mich im Umlauf sind und durch die „die Leute" einen „falschen Eindruck" bekommen; mindestens ebenso wichtig müßte es sein zu vermeiden, daß sich in meiner Umgebung ein falscher Eindruck von Gott einnistet.
Als ob Er etwa nebensächlich und als ob von Ihm nicht viel zu erwarten wäre. Daß nicht solche Meinungen wie Unkraut wuchern, erwachsend aus Unmut und Verbitterung! Daß nicht „Erst kommt das Fressen und dann die Moral" zur Devise vieler werde wie bei Esau oder, eine vornehmere Form, den eigenen Lebensanspruch der Ordnung Gottes vorzuziehen. Achten Sie darauf!

Die Spur des Himmels auf der Erde

Man muß wissen, wo man hingehört. „Wir hatten es schon halb vergessen", sang der Liedermacher. Die Bibel sagt allen Ernstes: Ihr seid an den Ort gelangt, wo Gott selber sich aufhält. Ihr seid nicht ferngehalten, steht nicht in Distanz, sondern seid nah dran. Ihr habt die *„Stadt des lebendigen Gottes"* erreicht und könnt sie betreten.

Das klingt phantastisch; aber es stimmt, wenn auch vorläufig nur in eingeschränktem Sinne: In weihnachtlichem Sinne nämlich gilt es. An Weihnachten haben wir gefeiert, daß Gott auf die Welt gekommen ist wie eines der Kinder, die auf die Welt kommen: Eines davon war Er. Das ist so erstaunlich, daß man es nur alle Jahre wieder feiern, aber nie im Leben als selbstverständlich abheften kann wie etwas, das man schon verstanden hat.

Wenn Gott auf die Welt gekommen ist, dann kam sozusagen der Himmel auf die Erde. Freilich so, daß er vorerst nicht kenntlich ist als „Himmel": Der „Himmel", wie wir in der religiösen Sprache sagen, ist nicht auf der Erde. Auch was sich anpreist wie „Himmel auf Erden" ist es doch nicht. Denn überall werden Särge hinausgetragen, und immer findet sich jemand, der den Spieß umdreht.

Und doch ist eine Spur des Himmels auf der Erde erschienen; nämlich in dieser Person, die zuerst als Kind in der Krippe lag. Wenn Jesus anwesend ist, kann man erleben, was „Himmel" heißt, bezeugten übereinstimmend, die ihn kennenlernten. Es sind „gnädige" Augenblicke, wo man Ihm begegnet. Da spürt man die Gunst des Himmels. Es geht gnädig ab. Und eine Wandlung setzt ein. Man gibt die Distanz auf und kommt nahe wie Kinder, die zum Christbaum drängen. Menschen finden sich zusammen. Feste sind das: Feste der Gotteserfahrung, die sich vom Himmel her ergeben.

Dazu kommt es aber nicht ohne „Heiligung". An dieser Stelle spricht der Text ganz klar: Auf keine andere Weise läßt sich eine Erfahrung Gottes gewinnen. Man kann sich nicht zuerst vergewissern, um danach auf Nummer Sicher zu gehen. Glaube heißt, sein Leben riskieren in der Annahme, daß es Gott gibt und daß man sich nach Ihm richten muß. „Heiligung" heißt, so leben, wie es sich in seiner Nähe schickt.

Die Bibel sagt: Ihn *„über alles lieben"*. Das kann zum Beispiel bedeuten, Zeit für Ihn zu verbrauchen, obwohl vieles andere in Frage käme, was man unternehmen möchte oder erledigen am Sonntag. Es kann bedeuten, auf einen Triumph zu verzichten, weil bei Gott Barmherzigkeit zählt, und nicht das Obenauf-Sein. „Wir drehen den Spieß nicht um", Ihm zuliebe.

Hebräer 12,12–25

Der entscheidende Schritt

Dann „*schaut*" man Gott, heißt es. Nicht, daß man ihn sähe und vorzeigen könnte. Aber weil alles ein anderes Ansehen gewinnt, „sieht" man, daß Er da ist. In allem Gewöhnlichen klingt eine neue Melodie. In alles Peinliche und Bedrückende spricht eine andere Stimme herein.
Der Bibeltext spricht auf eine befremdliche Weise von einer Stimme vergossenen Blutes. Auf Zeitungsfotos sahen wir die Toten von Temesvar:[4] aufgeschürfte, durchbohrte Leichen in ihrem Blut. Die himmelschreiende Stimme vergeudeten Menschenblutes hat den kurzen Prozeß mit dem Diktator[5] gefordert. Aber hier ist eine Stimme, die anders redet. Sie übertönt das Himmelschreiende mit diesem neuen Ruf: „Habt keine Angst!" Statt die „verdorbenen Greise" an die Wand zu stellen, singen wir mit dem Liedermacher: „Das Schlimmste waren dabei wir selber, / All unsere Feigheit und Kriecherei." Wir haben gesündigt, wir! Wir setzen uns auf die Anklagebank neben euch Angeklagte. Da sitzen wir nebeneinander und hören die Stimme des Blutes, das auf Golgatha aus Jesu Wunden tropfte, die Stimme dessen, der sprach: „*Das ist mein Blut, für euch vergossen zur Vergebung der Sünden*". Da öffnet sich der „Raum zur Buße". Es wird möglich, den entscheidenden Schritt zu tun: den Schritt auf den „Mittler des neuen Bundes" zu. Ihm kann man wie ein höchst deplaziertes Geschenk gleichsam den fragwürdigen, ja verfehlten eigenen Lebensplan zu Füßen legen und sagen: Gottseidank bist Du nun gekommen. Jetzt lege ich das alles aus der Hand und bitte Dich, daß Du etwas daraus machst. Sie können auch in Luthers Kinderlied einstimmen und beten:
„*Sei mir willkommen, edler Gast,*
den Sünder nicht verschmähet hast
und kommst ins Elend her zu mir.
Wie soll ich immer danken Dir?"
Luther faßte die Himmelsbotschaft der Weihnachtsengel so zusammen:
„*Es ist der Herr Christ, unser Gott,*
der will euch führn aus aller Not,
er will eu'r Heiland selber sein,
von allen Sünden machen rein.
Er bringt euch alle Seligkeit,
die Gott der Vater hat bereit',
daß ihr mit uns im Himmelreich
sollt leben nun und ewiglich" (EG 24,3.4).
Amen.

---

4 Massaker an Aufständischen in Rumänien.
5 Ceauşescu.

3. Sonntag nach Epiphanias, 22. Januar 1995
„Lebendiges Wasser"
Johannes 4,5–14

„Wenn du wüßtest, was Gott dir zugedacht hat, das würde dich sehr interessieren."
So sagte Jesus einmal zu einer Frau, mit der er ins Gespräch gekommen war, eigentlich zufällig, mittags um zwölf, an einem offenbar heißen Tag, selber ziemlich erschöpft; er hatte sich bei einer Wasserstelle niedergesetzt, an einem uralten Brunnen. Diesen Brunnen führte man auf den allseits verehrten Stammvater Jakob zurück, der ihn in grauer Vorzeit gegraben haben soll.
Die Frau war gekommen, um Wasser zu schöpfen.
„Wenn du wüßtest", sagte Jesus, „wenn du einen Blick dafür hättest, was dir angeboten ist von Gott, was er dir schenken will, dann würdest du es unbedingt haben wollen. Du würdest darum bitten. Es würde dir sehr wichtig sein. Und die alten Streitfragen, die dich jetzt unsicher machen, würdest du dann zurückstellen; zum Beispiel, ob es sich schickt, daß ein Mann am Brunnen eine Frau um Wasser bittet; ob man einem Juden etwas zu trinken gibt; ob es nicht schon zuviel ist, ihn überhaupt zu grüßen; ob ein jüdischer Rabbi eine Samariterin auch nur eines Blickes würdigen soll. Das alles würde nebensächlich werden, wenn du das Geschenk Gottes erkennen könntest."
Jesus stellte sich vor, daß diese Frau es möglicherweise einmal erkennt; das ist nicht ausgeschlossen. Er wünschte es sich wohl.
Bei einer anderen Gelegenheit hat Jesus sich ähnlich geäußert; dabei sorgte er sich um eine ganze Stadtbevölkerung: *„Wenn doch auch du erkennen könntest in dieser Zeit, was zu deinem Frieden dient!"* (Lukas 19,42). Das klingt dringender; es ist sein herzlicher Wunsch, daß die Einwohnerschaft der Stadt erkennt, was Gott mit ihr vorhat. *„Aber nun ist es vor deinen Augen verborgen"*, sagte er, und dabei kamen ihm die Tränen.
Die meisten Menschen bemerken nichts von dem Geschenk Gottes. Sie sind ja beschäftigt; sie haben den Kopf voll mit anderen Dingen. Viele fürchten, ihren Arbeitsplatz zu verlieren. Was dann? Wer sich nicht laufend fortbildet, hat keine Chancen auf dem Arbeitsmarkt. Wer nicht die neuesten technischen Entwicklungen verfolgt, ist bald nicht mehr konkurrenzfähig. Wer mithalten will in der Wirtschaft, ist ständig gefordert. Wer hat da Muße, sich über die Versprechungen Gottes Gedanken zu machen? „Wie schwer" ist es, so hat Jesus schon beobachtet, „in das Reich Gottes zu gelangen"! Das ist ja eine ganze Gedankenwelt, in die

man erst hineinfinden muß. Und mit dem Nachvollziehen der Gedanken ist es auch noch nicht getan. Es kommt auf die Erfahrung an, daß man darin wirklich leben kann, daß sich das Leben dabei verändert. *„Leichter geht ein Kamel durch ein Nadelöhr"* (Lukas 18,24 f.), hatte Jesus gesagt. Bestürzt fragten die Zuhörer: *„Wer kann dann selig werden?"* Und Jesus stellte fest: Ja, es ist eigentlich *„unmöglich"*, menschenunmöglich. So liest man es auch sonst in der Bibel. Der Apostel Paulus sagte: „Unser Evangelium ist verdeckt" (2. Korinther 4,3), wie wenn ein dichter Schleier davor hinge. Anders ausgedrückt: Die Sinne der Leute sind geradezu geblendet vor anderen Eindrücken (2. Korinther 4,4). Ja, in einer gewissen Verkrampfung, die die Wahrnehmung trübt, sind die Sinne dafür *„verstockt"* (2. Korinther 3,14). Tatsächlich, so faßt Paulus seine Erfahrung zusammen, *„der natürliche Mensch vernimmt nichts vom Geist Gottes"*; *„er kann es nicht erkennen"* (1. Korinther 2,14).

Aber Jesus wünschte sich sehr, daß die Menschen, zum Beispiel diese samaritische Frau, die er da mittags zufällig am Brunnen traf, es doch erkennen. Und er äußerte sich zuversichtlich: *„Was bei den Menschen unmöglich ist, das ist bei Gott doch möglich"* (Lukas 18,27).

Gespräch am Brunnen

So sehen wir ihn nun am Brunnen sitzen, „geschafft" von der Wanderung. Durst plagt ihn. Aber er hat kein Gefäß, um Wasser zu schöpfen. Seine Begleiter kaufen gerade in der nahegelegenen Stadt etwas zu essen. Endlich kommt jemand! Jesus sagte am Brunnen zu der Frau: *„Gib mir zu trinken!"*

Sie aber äußerte Bedenken wegen der religiösen und nationalen Unterschiede. *„Juden haben keine Gemeinschaft mit den Samaritanern."* Da meidet man möglichst Kontakte.

Wer selbst einmal Durst gelitten hat, kann sich in die Lage Jesu versetzen. Vor Jahren habe ich im Südosten der Türkei mit einer kleinen Gruppe den Aufstieg zur Ruine des frühchristlichen Klosters Mar Augen unternommen. Das Kloster liegt hoch in den Bergen. Der Tag war glühend heiß. Mit ausgetrockneten Kehlen und letzter Kraft näherten wir uns schließlich den ragenden Lehmmauern. Da kam uns ein Mädchen entgegen. Dort oben wohnte damals noch eine assyrische christliche Familie. Das Mädchen brachte uns einen Krug frischgeschöpften Wassers.

Als ich zwei Jahre später mit einer anderen Gruppe noch einmal die Klosterhöhe von Mar Augen erstieg, kam uns niemand mit Wasser entgegen. Die christliche Familie wohnte nicht mehr dort. Sie hatte sich

der Fluchtbewegung nach Westen angeschlossen, in der die bedrängten Christen aus dieser Gegend ihr Leben zu retten versuchen.
Niemand hieß uns willkommen. Und den ersehnten Schluck frischgeschöpften Wassers mußten wir entbehren. Als wir in Begleitung eines Assyrers die Ruine betraten, schauten uns die muslimischen Kurden, die jetzt dort hausten, grußlos und mißtrauisch nach.
Auch zwischen Juden und Samaritanern herrschte Mißtrauen. Jesus bekam es zu spüren. Ich lese Ihnen die Geschichte vor, wie Jesus mit jener Samaritanerin ins Gespräch kam.
Sie steht im 4. Kapitel des Johannes-Evangeliums, Verse 5 bis 14:

"Jesus kam in eine Stadt Samariens; sie heißt Sychar. Das war nahe bei dem Gelände, das (einst) Jakob seinem Sohn Joseph übergeben hatte. Dort war der Brunnen Jakobs.
Jesus war müde von der Wanderung und setzte sich an den Brunnen. Es war (ungefähr) um die sechste Stunde. Da kam eine Frau aus Samaria, um Wasser zu schöpfen. Jesus sagte zu ihr: ‚Gib mir zu trinken!'
Seine Jünger waren nämlich in die Stadt gegangen, um etwas zu essen zu kaufen. Da sagte die samaritische Frau zu ihm: ‚Wie (kommst du dazu) als Jude mich, eine samaritische Frau, um etwas zu trinken zu bitten?' Die Juden haben nämlich mit den Samaritanern keine Gemeinschaft. Jesus antwortete ihr: ‚Wenn du wüßtest, was Gott dir schenken will und wer der ist, der zu dir sagt: Gib mir zu trinken, du würdest ihn bitten, und er würde dir frisches (lebendiges) Wasser geben.'
Da sagte sie: ‚(Mein) Herr, du hast ja nicht einmal ein Schöpfgefäß, und der Brunnen ist tief. Woher hast du denn frisches (lebendiges) Wasser? Bist du etwa größer (willst du etwas Besseres sein) als unser Vater Jakob? Er hat uns den Brunnen gegeben. Und er hat selbst daraus getrunken; ebenso seine Söhne und auch sein Vieh.' Jesus antwortete ihr: ‚Jeder, der von diesem Wasser trinkt, wird wieder Durst bekommen. Wer aber von dem Wasser trinkt, das ich ihm geben werde, den wird nicht mehr dürsten in Ewigkeit, sondern das Wasser, das ich ihm geben werde, wird in ihm zu einer Wasserquelle werden, die ins ewige Leben springt.'"

„Das Gute liegt so nah"

Im Fortgang des Gespräches dauert es dann einige Zeit, bis die Frau allmählich dahinterkommt, was Jesus sagen will. Wenn er von „Wasser" und „Trinken" spricht, meint er es offenbar bildlich.
Zum Vergleich ziehe ich eine andere Geschichte heran, die nicht aus der Bibel stammt. Darin scheint mir ebenfalls vom „Trinken" in übertragenem Sinn die Rede zu sein. Der ägyptische Nobelpreisträger Machfus

Johannes 4,5–14

erzählt sie. Von ihm war vor kurzem in den Nachrichten die Rede, weil islamische Fundamentalisten den jetzt 84jährigen Schriftsteller beinahe umgebracht hätten.

Machfus erzählt: In einem Pavillon eines weitläufigen Parks hat sich eine junge Frau mit einem Mann verabredet. Er ist in den besten Jahren; aber sein Haar schimmert schon weiß. „Sie kennen mich nur als Kollegin in der Verwaltung", sagt sie. „Aber Sie sollen wissen, wie es um mich steht." Dann erzählt sie ihm ihre Geschichte, die sie als „Tragödie" empfindet: Sie ist Vollwaise und wohnt mit drei jüngeren Geschwistern im Haus ihres Stiefvaters. Als die Mutter starb, erklärte er ihr, daß sie nun für ihre Geschwister allein zu sorgen habe. „So vergehen meine Tage traurig und öde." Ich, so klagt sie, fühle, „wie die Zeit verfliegt". Das Leben vergeht, ohne daß ich etwas davon habe.

Mit gesenktem Blick sagt sie: „Ich möchte tanzen, singen und fröhlich sein!" „Ich brenne vor Sehnsucht nach Leben und Glück." – Aber „um mich ist tödliche Leere und Hoffnungslosigkeit". „Für mich sind alle Wege versperrt."

Dann schaut sie ihren Gesprächspartner an: „Sie sollen mir klarmachen, daß das Trinken zu den normalen Dingen des Lebens zählt und daß es kein verbotener Genuß ist." „Es ist doch mein gutes Recht, das Leben zu lieben und genießen zu wollen ..."

Daraufhin reden sie lange über Lebensgenuß und über Pflichten, gesellschaftliche Normen und Selbstachtung.

Schließlich meint der Mann mit dem weiß schimmernden Haar, der in jungen Jahren im Untergrund gekämpft hat und eine Zeitlang im Kerker saß, ihm sei gerade ein guter Gedanke gekommen: Er lädt seine junge Kollegin ein, mit ihm nach Anbar Lulu zu gehen. – „Nach Anbar Lulu?" – „Ja, ein Park in der Wüste von Sakkara." Ein traumhafter Park! „In seiner Mitte ist ein Teich aus Rosenwasser." Jeder Traum wird dort wahr.

Nach längerem Hin und Her willigt sie ein: „Laß uns nach Anbar Lulu gehen!" Da gesteht er ihr, daß es Anbar Lulu noch nicht gibt. „Ja, es war nur ein Plan. Wir hatten ihn in den Verliesen des Gefängnisses entworfen." „Wir bildeten den Namen aus Anbar" – so hieß das Gefängnis – „und fügten das Wort Lulu hinzu nach dem Vorbild von Honolulu." „Wie schade!" sagte die junge Frau. Ein lastendes Schweigen stand zwischen ihnen.[1]

Ich habe auf diese Geschichte hingewiesen, weil hier ähnlich wie in den Worten Jesu vom „Trinken" im übertragenen Sinne die Rede ist.

Jesus sagte am Brunnen in der Mittagshitze zu der Frau, die Wasser schöpfte: *„Wenn du wüßtest, was Gott dir schenken will und wer es ist"*, der

---

[1] Nagib Machfus: Die segensreiche Nacht, Unionsverlag, Taschenbuch 36, 1994, S. 7–33.

mit dir redet, dann würdest du nicht in die Ferne schweifen. Das Gute liegt nah. Du kannst das Geschenk Gottes von mir in Empfang nehmen. Du kannst es ohne weiteres von mir haben. Wenn du erkennen könntest, wer ich bin, dann würdest du mich darum bitten. Lediglich bitten. Und ich würde dir zu trinken geben. Du darfst trinken. Du mußt nicht ewig dürsten. Dazu brauchst du nicht auszuwandern in eine andere Gegend dieser Erde oder warten auf einen künftigen besseren Zustand. Jesus sagte: *"Wer von dem Wasser trinkt, das ich ihm geben werde, den wird nicht mehr dürsten in Ewigkeit."*

Die springende Quelle

Dann fügte er etwas Merkwürdiges hinzu. Er sagte: „Das Wasser, das ich dir gebe, ist nicht lediglich zum Verbrauch bestimmt. Du wirst vielmehr erleben, daß daraus etwas entsteht. Aus dem Wasser, das ich dir gebe, wird etwas, und zwar etwas Bleibendes. Das entsteht in dir und in jedem, der es empfängt.
Wenn du mir glaubst, was ich sage, und mich bittest und dir die Gabe Gottes schenken läßt, dann wirst du bemerken, daß sich in dir etwas verändert. Da „entspringt" etwas." Jesus sagte: *"Wer von dem Wasser trinkt, das ich ihm geben werde"*, in dem wird daraus *"eine Wasserquelle, die ins ewige Leben springt"*.
Wenn eine Quelle entspringt, bleibt das Wasser ja auch nicht stehen, sondern quillt über die Quellfassung heraus, fließt ab und läuft weg.
So ist auch das, was durch die Gabe Gottes im Menschen ausgelöst wird, nicht etwas Beruhigendes und Gesammeltes, sondern eine Bewegung. Es ist gleichsam ein Springen. Man „springt" innerlich über das Gegebene hinweg, springt anderswohin: „springt in das ewige Leben".
Man stößt gleichsam in eine andere Dimension vor. Ohne den Ort zu wechseln, gelangt man in das Reich Gottes. Die öden, schwarzen Tage hellen sich auf. Licht scheint in der Finsternis. Wo man sich eingesperrt fühlte, gehen die Schranken auf. Wo tödliche Leere und Hoffnungslosigkeit herrschten, hat Christus Platz genommen. Mit ihm zieht Liebe ein. Und die Herrlichkeit Gottes breitet sich aus. Warum sollte man nur „tanzen, singen und fröhlich sein" können, wenn man seine Geschwister und die Verantwortung für sie los ist? Umgekehrt, meine ich, würde einen, wenn man sie verläßt, das schlechte Gewissen verfolgen. Andererseits stelle ich mir vor, daß ich mich in einem Anbar Lulu, wenn es so etwas gäbe, auf die Dauer langweilen würde. Ich glaube, daß mitfühlende, barmherzige und opferbereite Liebe das Beste ist, was Gott uns schenkt. Der Durst, das Leben zu genießen, wird vermutlich nie gestillt,

Johannes 4,5–14

wenn man nicht, mit Aussicht auf das ewige Leben, sich im Gegebenen zufrieden gibt und auf die Bedürfnisse anderer eingeht.

Gott ist nahe

Christus sitzt am Brunnenrand und ist erschöpft. Gott ist nahe. Das ewige Leben steht in Aussicht. Aber Jesus ist erschöpft und durstig. *„So"* hat er Platz genommen, heißt es in den meisten Handschriften des Evangeliums, die diese Geschichte überliefern, *„so"*, nämlich müde und „kaputt". Und er hat kein Schöpfgefäß bei sich, kann sich also nicht selber bedienen. Er ist auf unsere Hilfe angewiesen. *„Wenn du wüßtest, wer es ist, der zu dir sagt: ‚Gib mir zu trinken'"*! – du würdest nichts lieber tun, als ihm Wasser zu reichen. Du würdest sagen: „Verzeih', daß ich gezögert habe! Vergib mir, daß ich Bedenken äußerte!" Noch immer begegnet Jesus in solcher Gestalt. Bei anderer Gelegenheit sagt er: *„Ich bin durstig gewesen, und ihr habt mir zu trinken gegeben"* (Matthäus 25,35). Möglicherweise spricht er eines Tages: Ich war das behinderte Kind, das Zuwendung brauchte, oder die pflegebedürftige Mutter, die auf einen Besuch wartete, und ihr habt für mich Zeit gehabt. Die kleinen Geschwister, für die du verantwortlich bist – vielleicht kannst du in ihnen Christus erkennen. Dann geht über ihnen ein Glanz des ewigen Lebens auf. Und in dir entspringt Liebe. Es ist möglich, daß du dann „tanzen, singen und fröhlich sein" wirst, mitten in den beengten Verhältnissen, wo manches dir versagt bleibt, was andere sich leisten können.
Das hängt nur davon ab, ob du wahrnimmst, was Gott dir schenken will. Was hat nun Jesus genau mit dem „Wasser" gemeint, das er uns zu trinken geben will? Daß er zu den Ressourcen der Schöpfung auch nicht mehr Zugang hatte als Jakob und seine Nachkommen, erkannte die samaritische Frau mit nüchternem Blick. Wovon redet er also?
Drei Kapitel weiter im Johannes-Evangelium fügte der Evangelist eine Erläuterung ein und schrieb: *„Das sagte er aber von dem Geist, welchen empfangen sollten, die an ihn glaubten"* (7,39). Der Geist, sagte Jesus, *„wird der Welt die Augen auftun"* (16,8). Dann beginnt man zu begreifen, wie egoistisch man in seinem Durst nach Lebensgenuß wird und daß er, wenn man ihm nachgibt, nie zu stillen ist. Die Liebe Jesu dagegen, die mitten im Dürftigen Platz nimmt, bringt einen mit dem „ewigen Leben" in Berührung und macht einen, bei diesem Augenblick, mit dem Gegebenen zufrieden. Dabei gehen einem die Augen auf, was man an Jesus hat. Schritt für Schritt erschließt der Geist den Wert der Liebe Jesu.

„Lebendiges Wasser"

Im Bayerischen Nationalmuseum in München war das Perikopenbuch Kaiser Heinrich II. ausgestellt. Es enthält handgeschriebene Bibeltexte aus dem Mittelalter. Viele Besucher bewunderten die kunstvolle Schrift und die edlen Farben der Buchmalerei. Ahnen wir, was Gläubige früherer Jahrhunderte so sehr begeistert hat, daß sie Jahre ihres Lebens aufwandten, die Worte der Heiligen Schrift abzuschreiben und mit kostbaren Miniaturen zu schmücken? Was sie veranlaßte, ihr Geld auszugeben, um die Buchdeckel der Evangelienschriften so prunkvoll und verschwenderisch zu gestalten, daß man nur staunen kann. Vielleicht versteht man dann auch, was frühere Generationen dazu bewog, Feiertage einzuführen, vergeudet für die Volkswirtschaft, einfach aus Freude an Gott. Und man lernt nachzuempfinden, was Luther dazu brachte, inmitten vielen Ärgers und gefährlicher Anfeindungen fröhliche Lieder zu dichten. Er hatte einen Blick für die „süße Wundertat" Gottes, wie er sich ausdrückte; den ließ er sich durch nichts trüben. Er meinte, alle Christen müßten sich mitreißen lassen, zu tanzen, zu singen und fröhlich zu sein.

Ich bete mit Martin Luther:
Lieber Vater im Himmel,
gib uns um Deines lieben Sohnes Jesus Christus willen
Deinen Heiligen Geist, daß wir rechte Schüler Christi werden
und ein Herz bekommen, in dem eine unerschöpfte Quelle der Liebe sei,
die nie mehr versiegt.
Amen.

4. Sonntag nach Epiphanias, 1. Februar 1987
„Wenn Du es bist, Herr ..."
Matthäus 14,22–33

Man könnte das, wovon die folgende Geschichte erzählt, als Extravaganz abtun. Wozu soll man Versuche unternehmen, übers Wasser zu gehen? Das ist doch eigentlich überflüssig.
Doch hat man darüber vielleicht in Israel anders gedacht. Die Binsenweisheit, daß man zu Fuß nicht durchs Meer laufen kann, war nicht die letzte Auskunft, die zu geben war. Seit Generationen wurde berichtet, daß Gott es einmal in einer Situation äußerster Not ermöglicht hat, mitten durchs Meer zu gehen. „*Durch den Glauben*", heißt es in der Bibel, „*gingen sie durchs Rote Meer wie über trockenes Land*" (Hebräer 11,29). „*Durch den Glauben*", das heißt, es kommt auf den Glauben an. Vom Glauben, und nicht von der Extravaganz, handelt auch die folgende Geschichte:

„Jesus nötigte seine Jünger, in das Boot zu steigen und ihm voraus ans jenseitige Ufer zu fahren, bis er die Menschenmenge verabschiedet hätte. Als er das Volk hatte gehen lassen, stieg er allein auf einen Berg, um zu beten. Und am Abend war er dort allein. Das Boot war schon weit vom Land entfernt und kam in Not durch die Wellen; denn der Wind stand ihm entgegen.
Aber in der vierten Nachtwache (zwischen vier und sechs Uhr früh) kam er zu ihnen und ging übers Meer. Als die Jünger ihn auf dem See gehen sahen, erschraken sie und riefen: ‚Es ist ein Gespenst!' und schrien vor Furcht. Aber sogleich redete er mit ihnen und sagte: ‚Seid getrost, ich bin's; fürchtet euch nicht!' Da antwortete Petrus und sprach: ‚Herr, wenn du es bist, befiehl mir, zu dir zu kommen auf dem Wasser!'
Und er sagte: ‚Komm!' – Da stieg Petrus aus dem Boot, ging übers Wasser und kam auf Jesus zu. Als er aber den Wind sah, erschrak er, begann zu sinken und schrie: ‚Herr, rette mich!' Sofort streckte Jesus die Hand aus, ergriff ihn und sagte: ‚Du Kleingläubiger, warum hast du gezweifelt?'
Und als sie in das Boot traten, legte sich der Wind. Die aber im Boot waren, fielen vor ihm nieder und sagten: ‚Wahrhaftig, du bist Gottes Sohn!'"
(Matthäus 14,22–33).

Bevor wir beginnen, diese Geschichte im einzelnen zu betrachten, möchte ich Sie mit einem Lied vertraut machen, in dem das Erzählte nicht als eine ausgefallene Begebenheit, die sich irgendwann zugetragen hat, sondern als etwas Verheißungsvolles aufgefaßt wird. Als eine Geschichte des Glaubens, die sich in unserem Glauben fortsetzt. Das Lied ist ein Gebet:

Matthäus 14,22–33

*„Komm wieder, wandelnd über das Meer,
heiße uns wieder, zu wagen.
Wo unsre Sünde den Wellen zu schwer,
neige, du Bergender, dich zu uns her,
daß wir von dir nur getragen."*[1]

Kopfschüttelnd rudern

Ich nehme an, daß sie kopfschüttelnd, vielleicht sogar unwillig, ins Boot stiegen.
Der Evangelist berichtet: „Jesus trieb seine Jünger", er „drängte" sie, er „zwang" sie fast. Vermutlich wollten sie etwas einwenden. Das liegt ja auch nahe. Wie stellt er sich das überhaupt vor? Wenn sie nun im Boot wegfuhren, wie wollte er dann später nachkommen? Wahrscheinlich hat er das nicht richtig überlegt. Aber er schnitt ihnen das Wort ab; da war nichts zu machen. Kopfschüttelnd ruderten sie ab und verstanden das alles nicht.
Wenn man auf Jesus schaut, dann erscheint der ganze Vorgang jedoch als sinnvoll: Er legte Wert darauf, nunmehr allein zu sein, und sein Verhalten lehrte wohl, daß darauf Wert zu legen ist. Gerade nach dem enormen Erfolg dieses Tages: Eine Masse von mindestens fünftausend Menschen war zusammengeströmt und hatte in ihrer Begeisterung sogar zu essen vergessen. Als die Jünger sie vorsichtig daran erinnerten, stellte sich heraus, daß so gut wie nichts an Lebensmitteln vorhanden war; da nahm Jesus das minimal Wenige, teilte davon aus, und – o Wunder! – alle wurden satt. Nach diesem überwältigenden Erlebnis suchte er nun die Einsamkeit vor Gott, um sich nicht durch die Ereignisse zu etwas Unüberlegtem hinreißen zu lassen. Allzu schnell schleicht sich sonst eine Eigenmächtigkeit ein, und bei uns wird, wie das Lied sagt, die Sünde „zu schwer", und wir sinken von Gott weg. Zugang zu Gott behält auf Dauer nur, wer es fertigbringt, Gespräche auch einmal abzuschließen und einsam auf den Berg zu steigen, um anzubeten. Das ist wohl zu beachten.
Aber in diesem Fall liegt es mir näher, mich in den kopfschüttelnd davonrudernden Jüngern wiederzufinden. Ich habe mir die Szene ausgemalt, weil ich den Eindruck habe, daß uns manchmal Ähnliches widerfährt: Wir haben eine wohlbegründete Vorstellung, was zweckmäßigerweise zu geschehen hätte. Aber dann kommt es anders. Wir fragen,

---

1 Hanna Hümmer: Mein Herz dichtet ein feines Lied. Hrsg. Christusbruderschaft Selbitz 1980, S. 54 f.

warum?, und bekommen keine Antwort. Dann rudern wir eben verbissen und stur weiter und murmeln: „Seine Gedanken sind nicht unsere Gedanken; und wer kann Gottes Wege verstehen?" Und wir sind voller Unmut.

Letzte Einsamkeit

Es ging ihnen schlecht. Die Nacht brach an. Sie waren schon weit hinausgerudert. Der Wind stand ihnen entgegen. Sie kamen kaum voran. Wie es manchmal ist: Man strengt sich an, überanstrengt sich sogar, und kommt doch nicht weiter. – Die Wellen gingen hoch. In jeder Woge, die über die Bootswand hereinschlug, schnappte der Untergang nach ihnen.
Jesus, der immer Rat wußte, dem alles gehorchte, der Wunder Gottes tun konnte, war nicht da. Auch wenn sie nach ihm geschrien hätten, – wie hätte er bei Sturm und unter dem Getöse des aufgewühlten Sees über viele hundert Meter, vielleicht Kilometer, hinweg ihre Stimmen hören können? Undenkbar! Selbst wenn er sie gehört hätte, er konnte ja nicht kommen. Sie hatten ihn ohne Boot zurückgelassen; weil er darauf bestanden hatte. „Wären wir ihm nur nicht gefolgt!"
Aber jetzt war nichts mehr zu ändern. Mitten auf dem See trieben sie an unzugänglicher Stelle. Übers Wasser kann man nicht gehen, beim besten Willen nicht. Also war ihnen nicht zu helfen.
Zu allem Überfluß kam in der Finsternis, bei Sturm und Wellen, eine gespenstische Erscheinung ihnen nach, undeutlich zu sehen, wie eine Gestalt, die übers Wasser geht. Aufgeregt, wie sie waren, und am Ende ihrer Kräfte, erschraken sie sehr. Wer weiß, was sie alles in diese Erscheinung hineinprojizierten? Sie sahen, wie das Verderben sie einholte, und schrien verzweifelt auf.
Auch das war nicht einmalig. Dergleichen ereignet sich nicht nur auf Seefahrten und in Flugzeugen, die in Turbulenzen geraten: Die Mahnung „fasten your seat belt" blinkt auf, und grauenhafte Bilder von Flugzeugkatastrophen stürzen in die Phantasie. Auch sonst hat man manchmal das Gefühl, daß einem der Wind ins Gesicht steht. Man spürt die eigene Unzulänglichkeit. Petrus sagte bei anderer Gelegenheit zu Jesus, der vor ihm stand: „Geh weg von mir", mir ist nicht zu helfen, „ich bin ein sündiger Mensch". So schließt sich einer in seine Verzweiflung ein. Und von außen kommt das Echo: „Ihm ist nicht mehr zu helfen." Und er versinkt in einer Tiefe, in der ihn niemand mehr erreicht. Ob Jesus in diese letzte Einsamkeit eindringen kann? Oder ob sie auch ihm unzugänglich bleibt?

Matthäus 14,22–33

Auf dem Wasser kann man nicht gehen

Zuerst erkannten sie ihn nicht. Vor Angst sahen sie Gespenster. So sehr sie sich nach seiner Nähe gesehnt hätten, sie hielten es für unmöglich, daß er zu ihnen gelangen könnte.
Katastrophen kann man sich vorstellen. Und daß einen „das Pech verfolgt", erlebt man. Aber daß Jesus nachkommt, daß er da auftaucht, wo wir verlorenzugehen meinen, das kann man sich kaum vorstellen. Man glaubt nicht, es sich vorstellen zu dürfen. Vielleicht haben wir es zu oft singen hören, in allen Sprachen der Erde: „Es rettet uns kein höh'res Wesen."[2] Wer sagt das?
Aus dem Gespenstischen, das sie verfolgte, drang eine Stimme: *„Seid getrost!"* Was soll das heißen? Das können sie Kindern erzählen! Dazu ist jetzt keine Zeit. Das paßt nicht hierher. Wir kämpfen ums Überleben!
Aber die Stimme stellte klar: Laßt euch nicht verwirren – *„ich bin's"*!
Also doch? Aber das gibt es doch nicht!
Er hatte kein Boot. Und auf dem Wasser kann man nicht gehen. Ausgeschlossen!
Aber die Stimme sagte: Doch! Ich bin's wirklich. *„Fürchtet euch nicht!"*
Sollte Jesus wirklich über das Ungangbare hinweggegangen sein? Sollte er sich über die Unmöglichkeit hinweggesetzt haben? Hat er die unterdrückten Stoßgebete seiner Jünger gehört? Sollte sein Wille, zu ihnen zu stehen, stärker sein als die objektive Unmöglichkeit, ihn auszuführen? Sollte sich in ihm verwirklichen, was man von Gott sagt: Ihm sei „kein Ding unmöglich"? – Sollte er auch Sie erreichen und womöglich retten können?

Bereit zu glauben?

Da faßte sich einer ein Herz, Petrus, und rief: *„Wenn du es bist, Herr, dann befiehl mir, übers Wasser zu dir zu kommen!"*
Das klingt recht ungläubig, scheint mir; als hätte Petrus sagen wollen: „Wenn das Er ist, dann gehe ich über Wasser!" Doch dann kam wirklich und wahrhaftig aus Sturm und Dunkel ein klares *„Komm!"* Wer hätte damit gerechnet?
Nun war Petrus an der Reihe: Hatte er zuerst vom Boot aus gefordert: „Er soll erst einmal zeigen, ob das stimmt, was er sagt! Auf Wasser laufen, das gibt es doch nicht! Das möchte ich zuerst sehen! Das möchte ich selbst ausprobieren", so mußte er jetzt zeigen, ob er Wort hielt, ob er

---

2 Eine Zeile aus der „Internationale".

auch wirklich wagen wollte, was er gesagt hat; ob er überhaupt bereit war zu glauben.
Ich meine, das war ein entscheidender Augenblick: Wenn er jetzt sitzengeblieben wäre und getan hätte, als wäre keine Antwort gekommen, wenn er angefangen hätte, von etwas anderem zu reden, wer weiß, was geschehen wäre. Vielleicht gar nichts.
Ich vermute, daß unser Mangel an Glaubenserfahrungen daher rührt, daß wir im entscheidenden Augenblick nicht reagieren. Ein Schrecken überkommt uns, wenn wir bedenken, was die Konsequenz des Glaubens wäre und wie das ausgehen könnte. Dann beruhigen wir uns und reden uns zu: „Du mußt diesen Schritt ja nicht machen. Einfach sitzenbleiben! Das normalisiert sich schon wieder."
Ich nehme an, daß wir auf diese Weise häufig Rufe Jesu überhören, – obwohl wir aus dieser Geschichte hätten lernen können, daß in Widerfahrnissen, die wir nicht einzuordnen wissen, möglicherweise Er uns etwas sagen will. Auch hat Er ja selber einmal darauf aufmerksam gemacht, daß so ein Ruf ganz unartikuliert aus der Notlage eines Menschen ergehen kann. Und was man dann tut oder versäumt an einem bedürftigen Menschen, wäre die Antwort auf Jesu Ruf oder eben keine Antwort.[3]
Petrus jedoch versäumte diesen entscheidenden Augenblick nicht. Er tat, was Jesus sagte, obwohl er wußte, daß das nicht geht. Er riskierte den Schritt ins Unmögliche. Auch auf anderen Ebenen hat Petrus solche Erfahrungen gemacht. Er sagte dann zu Jesus: „Auf dein Wort hin", als wollte er sagen: „Auf deine Verantwortung". Ich bewundere diesen Glaubensmut.
Petrus stieg also tatsächlich über den Bootsrand und setzte seine Füße aufs Wasser. Er wußte, was er tat, er träumte ja nicht. Das Bewußtsein, daß er nun sinken wird und schwimmen muß und daß das schwierig ist bei solchem Seegang, er war als Fischer mit diesem Element vertraut, – und andererseits das Wort Jesu – stritten in ihm. Aber er sagte sich wohl: „Ich will glauben", konzentrierte sich auf Jesus und ging auf ihn zu.
Ich hatte noch nie die Veranlassung, so etwas zu versuchen. Und ohne ausdrückliches Geheiß Jesu sollte man es nicht tun. Das wäre frevelhaft und hätte keine Verheißung. Man erbittet von Gott nicht Extravaganzen. Aber wenn man das von ihm Gebotene zu tun versucht, auch wenn es unmöglich erscheint, kann man Wunder erleben.
Nehmen Sie andere Beispiele. Jemand stöhnt: „Ich halte es mit diesem Menschen nicht aus." Aber das Wort Jesu klingt noch von der Trauung herüber: *„Was Gott zusammengefügt hat, das soll der Mensch nicht scheiden."* Was hat nun mehr Gewicht? Worauf verläßt man sich?

---

3 Vgl. Matthäus 25,31–46.

Matthäus 14,22—33

Der Unsicherheitsfaktor

Petrus wagte es, zu glauben. Deshalb vollbrachte er etwas Außerordentliches. Aber auch sein Vertrauen war leider begrenzt. Er hatte ein bißchen Glauben; aber neben dem Glauben hatte er auch Zweifel. Und als er sich nun einen Augenblick lang nicht mehr auf Jesus und sein Wort konzentrierte, sondern sich umschaute und erkennen mußte, wie der Wind nach wie vor die Wellen aufrührte, die bedrohlich heranrollten, überflutete ihn Angst. „Worauf habe ich mich da eingelassen?"
Und schon war das Tragende wie weggezogen. Jesu Wort war in Frage gestellt. Da trug ihn nichts mehr. Und es geschah, was man immer schon wußte und kommen sah: Er ging unter. Die Angst schlug über seinem Glauben zusammen. Ich denke, das kennt man.
Da schrie er: „Rette mich, Herr!" Und „sogleich", notierte der Evangelist, ohne Zögern, streckte Jesus die Hand aus und faßte ihn. Sofort griff er ein. Wie geschrieben steht: „*Ich will dich nicht verlassen, noch versäumen*" (Josua 1,5), spricht der Herr. Gott ist zuverlässig.Dann tadelt Jesus den Apostel: „Kleingläubig bist du!" Der Unsicherheitsfaktor liegt in dir. Da fehlt das Tragende. Du bist nicht fest. Du erschrickst vor dem Wind. Dann ist dein Glaube wie weggeweht. Das Vertrauen und die Liebe erlischt in dir, wie eine Kerze, die ausgeblasen wird. Kein Wunder, daß es in dir dunkel aussieht und du dich ängstest. Trotzdem lasse ich dich nicht los. Keine Angst, ich lasse dich nicht allein! Sie stiegen ins Boot. Der Wind legte sich. Dann knieten sie alle nieder im Boot, als wäre es ein Kirchenschiff, und bekannten: „*Wirklich und wahrhaftig, du bist Gottes Sohn.*"
Wir sind zwar unfähig, auf deinen Wegen zu gehen; nicht nur im Wasser, sondern auch sonst. Aber du hältst uns fest und führst uns. Daran glauben wir. Das ist das Tragende in unserem Leben. So klingt das eingangs zitierte Lied aus:

„Komm und erschaue, was wir nicht sind,
daß es sich neu uns erfülle.
Und wo wir leiden an fremdem Wind,
weißt du, daß dennoch wir Liebende sind
tief in der innersten Stille."

Herr, erbarme dich!
Amen.

Sonntag Estomihi, 1. März 1992
Das Hohe Lied der Liebe
1. Korinther 13,1–7

Der britische Schriftsteller George Bernard Shaw fragte in den zwanziger Jahren in seinem Buch „Aussichten des Christentums": „Warum nicht mit dem Christentum einen Versuch machen?"[1] Er meinte, dieser Versuch sei noch niemals ernsthaft unternommen worden. Zweitausend Jahre lang folgte man dem Ruf: „Nicht diesen, sondern Barabbas." „Und doch beginnt es den Eindruck zu machen, als ob Barabbas ein Fehlschlag war", schrieb Shaw, „trotz seiner starken rechten Hand, seinen Siegen, seinen Kaiserrechten, seinen Millionen."

Jesus dagegen „ist noch kein Fehlschlag gewesen". Denn wer hat bisher schon „seinen Weg" versucht? Warum nicht einen Versuch damit wagen?

Paulus leitete das 13. Kapitel des 1. Korintherbriefes, das „Hohelied der Liebe", mit dem Satz ein: „Ich zeige euch einen viel besseren Weg."

„Wenn ich mit Menschen- und mit Engelszungen redete und hätte die Liebe nicht, so wäre ich ein tönendes Erz oder eine klingende Schelle.

Und wenn ich prophetisch reden könnte und wüßte alle Geheimnisse und alle Erkenntnis und hätte allen Glauben, so daß ich Berge versetzen könnte, und hätte die Liebe nicht, so wäre ich nichts.

Und wenn ich alle meine Habe den Armen gäbe und ließe meinen Leib verbrennen und hätte die Liebe nicht, so wäre mir's nichts nütze.

Die Liebe ist langmütig und freundlich, die Liebe eifert nicht, die Liebe treibt nicht Mutwillen, sie bläht sich nicht auf,

sie verhält sich nicht ungehörig, sie sucht nicht das Ihre, sie läßt sich nicht erbittern, sie rechnet das Böse nicht zu,

sie freut sich nicht über die Ungerechtigkeit, sie freut sich aber an der Wahrheit;

sie erträgt alles, sie glaubt alles, sie hofft alles, sie duldet alles."

Die Kirche im Abseits

Die Kirche ist ins Abseits geraten, sagte Eugen Drewermann.[2] Wie kam es dazu?

---

1 S. Fischer Verlag, Berlin 1925.
2 Römisch-katholischer Theologe aus Paderborn, den der Vatikan 1991 mit Predigtverbot belegte.

1. Korinther 13,1–7

Ihre Botschaft wäre doch, wenn man ihr glauben könnte, überaus verheißungsvoll. Angenommen, es stimmt, was die Bibel sagt, daß nicht das unbarmherzige Gesetz des Erfolgs das letzte Wort spricht – wie viele gedemütigte Menschen könnten sich aufrichten! *„Die herzliche Barmherzigkeit unseres Gottes"*, heißt es, hat diese Erde besucht. Was Jesus im Kleinen übte, gilt im Großen, gilt allgemein. Wie er Personen, denen Übles nachgesagt und nachgewiesen wurde, gerechtfertigt hat, die sprichwörtlich gewordenen Zöllner etwa, die sich durch Mitarbeit in einem System der Unterdrückung persönlich bereichert haben, und wie er Leute, die aus der Gemeinschaft wegen abscheulicher Vergehen ausgeschlossen waren, wieder integrierte, so könnte mit jedem verfahren werden, der das Vergangene bereut. Angenommen, das stimmt, dann muß kein Mensch verloren sein, es sei denn, er wolle die Liebe um keinen Preis wahrhaben.
Warum findet diese Botschaft nicht Anklang?
Auch wer auf das falsche Pferd gesetzt hat, bekommt die Möglichkeit zur Umkehr.
Wo der Zorn Gottes drohte, weil das Maß des Erträglichen überschritten war, erweist sich Gott überraschenderweise als langmütig. Der eifernde Gott steckt zurück, wütet nicht, wie zu erwarten war, zeigt sich nicht erbittert, zählt das Böse nicht (*„rechnet das Böse nicht zu"*), macht nicht Striche auf dem Kerbholz, sieht nicht die Akten nach. Das ist die christliche Botschaft. „O Langmut ohne Maße!" rief ein Dichter staunend aus. Jeder darf bitten: „Laß mich nicht fallen, nachdem aufgedeckt ist, was ich bisher geheimhalten konnte! Sei auch künftig noch freundlich zu mir! Erkenne mich trotzdem an!" Wie konnte diese Botschaft ins Abseits geraten, die, wie es scheint, im Augenblick unersetzlich ist?

Heraus aus dem Ghetto

Selbstverständlich wird nach den Ursachen dieser Entwicklung geforscht, und alle Verantwortlichen machen sich Gedanken, wie sie die Kirche aus dem Winkel der Bedeutungslosigkeit wieder herausführen sollen. Professor Drewermann versucht zum Beispiel, mit Hilfe der Tiefenpsychologie einen neuen Zugang zur Bibel zu erschließen. Das scheint aussichtsreich zu sein. Viele interessieren sich dafür. Die christliche Botschaft wird in einer neuen Sprache dargeboten. Beim Hörer entsteht der Eindruck, das Gesagte geht mich an, es hat etwas mit meinem Leben zu tun, es ist nichts Abgelegenes, das ich auf sich beruhen lassen kann. Wenn Drewermann predigt, füllen sich die Hallen.

Das Hohe Lied der Liebe

Aber daraus ist ein Konflikt entstanden. Ist das, was neu formuliert soviel Anklang findet, noch die christliche Botschaft? Manche argwöhnen, hier sei in Wirklichkeit nicht von der Liebe Gottes die Rede, sondern von Seelenkräften, die sich aktivieren lassen. Die Ansichten prallen aufeinander. Behörden haben eingegriffen. Ein Predigtverbot wurde verhängt. Nun wird leidenschaftlich diskutiert, ob mit Recht oder nicht. Millionen Zuschauer haben ein Streitgespräch im Zweiten Deutschen Fernsehen mit Spannung verfolgt. Drewermann setzte sich mit einem Bischof der Kirche auseinander, die ihm zu predigen verbietet. Ich nehme zu dem Predigtverbot hier nicht Stellung. Nur eine Beobachtung zur Diskussion will ich weitergeben: Ob die Zusammensetzung des Publikums, das im Fernsehstudio anwesend war und zeitweise mitdiskutierte, als repräsentativ gelten kann, weiß ich nicht. Doch es fiel auf, daß der umstrittene Professor viel leichter Gehör fand als der Bischof, dessen Sprache weniger zugänglich und gewissermaßen zugeknöpft wirkte. Wiederholt mahnte der Moderator: „Sagen Sie es doch einmal ganz einfach, daß es jeder versteht!" Aber das wollte nicht gelingen. Drewermann dagegen sprach aus, was viele empfanden. Befreiter Beifall dankte ihm. Daran denke ich, wenn ich bei Paulus lese *„mit Menschenzungen"* reden. So reden, daß die Hörer sagen: „Ja, das kann ich verstehen; ich will darüber nachdenken. Vielleicht stimmt es! Ich glaube, ja." Wenn sie die Sprache der Menschen sprechen würde, könnte die Kirche vielleicht wieder Gehör finden.
Aber wenn ich an jene Fernsehdisputation zurückdenke, ist mein Eindruck zwiespältig. Mir fiel auf, daß der Professor, dem sich die Sympathien zuneigten, manchmal ungeduldig vom Thema abkam und statt dessen von sich selbst sprach, von Verletzungen, die er erlitten, von Unrecht, das man ihm angetan hat. Er bauschte seine eigenen Bemühungen auf und forderte, daß man gefälligst lese, was er veröffentlicht hat. Jeder kann seine Verbitterung nachempfinden. Und fast schadenfroh hörte man zu, wie seine Vorwürfe auf den Gegenspieler niedergingen. Aber bei aller leidenschaftlichen Anteilnahme des Publikums weiß ich nicht, ob die Aussichten des Christentums dadurch günstiger geworden sind. Ich meine damit: ob es glaubwürdiger geworden ist, daß *„die herzliche Barmherzigkeit unseres Gottes"* die Erde besucht hat; ob auch nur ein einziger Zuhörer ermutigt wurde zuzugeben: Ich habe auch selten zu verstehen versucht, was andere wirklich meinten, ich habe nicht die Liebe aufgebracht, mich in sie hineinzuversetzen, ich habe nicht einmal genau zugehört, meiner eigenen Frau nicht und den Kindern nicht, geschweige dem Gegner. Ich habe geurteilt, wie es mir paßt. Empörung habe ich gezeigt, Böses nachgetragen, mich selbst groß aufgerichtet, um den anderen klein zu machen. Ganz anders als Jesus.

1. Korinther 13,1–7

Daher versprechen viele Christen sich von theologischen Streitgesprächen das wenigste.
Sollte statt dessen mit *„Engelszungen"* das gemeint sein, was von pfingstlichem Geist erregte, reißend wachsende Gemeinden in Korea und Amerika erleben, wo aus einer Massenbegeisterung traumhafte Strukturen erwachsen? Die Geistesgabe der Zungenrede ist dort in Gebrauch. Wird die Wiederentdeckung dieses Charismas die Kirche aus dem Abseits herausführen?
Ich hatte Gelegenheit zuzuhören, wie in großen Versammlungen, offenbar planlos, vielstimmige Gesänge, zauberhaft an- und abschwellend, harmonierten wie wundervolles Geläut wohlabgestimmter Glocken. Aber es kommt vor, daß jemand, unvertraut mit den Äußerungen dieser Gemeinden, zwar hingerissen lauscht, sich aber dann doch ausgeschlossen fühlt. Er kommt sich klein und ohnmächtig vor zwischen den geistlich Vermögenden. Und ihr Singen klingt ihm fremd wie ein „Geläut der Leute", wie *„tönendes Erz"*. Gottes große Liebe erreicht ihn nicht.
„Wenn ich mit Menschen- und mit Engelszungen redete", sagte der Apostel Paulus, und dabei wäre keine Liebe zu spüren, ja, ich hätte keine Liebe, so wäre ich eine klingende Schelle, wie klirrendes Metall. Die Aussichten des Christentums würden damit nicht verbessert.

Einleuchtende Begründungen?

Eine ähnlich skeptische Prognose ist vielleicht auch für den anderen Versuch zu stellen, die Kirche aus ihrem Abseits herauszuführen, für den Versuch nämlich, überzeugende Begründungen für den Glauben vorzubringen. Natürlich werden Fragen gestellt. Und die Fragen sollen beantwortet werden. Je einsichtiger die Antworten sind, desto besser. Immerhin schrieb eine Tageszeitung in ihrem Kommentar zu dem erwähnten Fernsehstreitgespräch, der Bischof habe die besseren Argumente gehabt. Das würde wahrscheinlich schwerer wiegen als der momentane Publikumserfolg. Es kommt ja darauf an, klar auszusprechen und durchsichtig zu machen, was Gottes Wort meint. Die biblischen Propheten waren dazu offenbar in der Lage. Sie *„weissagten"*. Ihre Reden begannen meist mit den Worten: *„So spricht der Herr."* Und die Hörer verstanden allem Anschein nach, was das für ihr Leben zu bedeuten hatte. Man müßte in dieser Art „weissagen" können.
Die Fernsehdiskussion zeigte das ehrliche Bemühen zweier prominenter Kirchenmänner, die „Geheimnisse des Glaubens" einem Millionenpublikum zu erläutern. Geradezu hartnäckig kam der Moderator immer wieder auf die eine Frage zurück: „Was würde sich in Ihrem Leben verän-

dern, wenn das Dogma der Jungfrauengeburt hinfällig wäre?" Ob Christus, wie es das Glaubensbekenntnis sagt, „von der Jungfrau Maria geboren" sei, „empfangen durch den Heiligen Geist", das war strittig, beziehungsweise ob diese Aussage symbolisch zu verstehen ist oder ein schöpferisches Eingreifen Gottes in der Geschichte anzeigt. Die persönliche Zuspitzung der Frage war den Gesprächspartnern anscheinend unangenehm. Ich hatte den Eindruck, daß sie ihr aus dem Weg gehen wollten. Aber ich glaube, der Moderator hat sie ihnen mit Recht nicht erspart. Ich überlege jedenfalls, wie ich auf diese Frage hätte antworten können, nicht um Beifall zu finden, sondern um ehrlich zu sein. Ich hätte vermutlich gesagt: „Wenn das, was dieser Nebensatz im Glaubensbekenntnis aussprechen will, nicht stimmt, dann zerschlüge sich für mich alles. Meine Überlegung ist dabei, daß alles, was vom Menschen abstammt, menschlich bleibt und sich nur im Rahmen des Menschenmöglichen bemühen kann. Aber ich frage: Was kann mir ein wohlmeinender Mensch helfen, der gute Ratschläge gibt und Maßnahmen ergreift, aber doch letztlich in der gleichen Misere steckt wie ich? Der auch nur begrenzt liebesfähig ist und seinen natürlichen Egoismus hat? Müßte nicht Abhilfe geschaffen werden durch Gott? Das verstehe ich unter dem Dogma der Jungfrauengeburt: daß nicht einfach nur wieder ein Mensch geboren wurde wie unsereiner, als Jesus auf die Welt kam. Vielmehr griff Gott selber ein und stellte den Erlöser. Wenn ich nicht glauben könnte, daß Jesus von Gott stammt, sondern annehmen müßte, daß er sich auch nur, wie ich, Gedanken über Gott gemacht hat, fände ich mich zurückgeworfen auf das Menschenmögliche. Wenn ich nicht glauben könnte, daß Gott notfalls Berge versetzt, wäre meine Hoffnung bald aufgerieben."
So ähnlich hätte ich zu antworten versucht. Wie finden Sie das? Ich vermute, daß einige sagen werden: „Das sind seltsame Überlegungen. Ich kann sie nicht nachvollziehen."

„Und wenn ich weissagen könnte und wüßte alle Geheimnisse und alle Erkenntnis, und wenn ich allen Glauben hätte, so daß ich Berge versetzte, und hätte der Liebe nicht, so wäre ich nichts."
Glaubenslehre, Dogmatik, erscheint vielen wie ein Gebäude, an dessen hohen Mauern man flüchtig emporblickt, in das man aber um Himmels willen nicht eingeschlossen sein möchte.

Das persönliche Beispiel

Nein, überzeugender ist allemal das persönliche Beispiel. Die Frage ist, ob einer lebt, was er lehrt. „Was würden Sie in Ihrem Leben ändern,

1. Korinther 13,1–7

wenn ...?" Weil der Religionslehrer das, was er sagte, durch sein Verhalten Lügen strafte, deshalb, so hielt mir jemand an der Wohnungstür vor, sei er vor drei Jahren aus der Kirche ausgetreten. Nein, jetzt wolle er sich damit nicht mehr befassen. Er sei enttäuscht. Wenn dagegen zum Beispiel ein Bischof in Brasilien[3] seinen Palast für Obdachlose räumt und in eine kleine Wohnung umzieht, da horcht man auf und denkt: Nachfolge Jesu, so sieht das aus! Wenn jemand anderen zuliebe sich trennen kann von Dingen, die ihm teuer sind. Wenn jemand sich nicht schont, sondern immer bereit ist einzuspringen. Jemand, dem man die Anstrengungen ansieht, der sich verzehrt. So einem glaubt man am ehesten, was er sagt. Aber trotzdem ist der Bischof von Recife, vor einigen Jahren von aller Welt bewundert, fast schon wieder vergessen. In anderen Fällen entdecken Biographen Schattenseiten am Charakter der Heiligen. Die Vorbilder werden fragwürdig. Und bei Überanstrengung erlischt die Ausstrahlung. Beobachtet man Menschen, die auf vieles verzichtet und sich im Dienst verzehrt haben, so schwankt man manchmal zwischen Bewunderung und Bedauern. Nimmt man Defekte an ihren Seelen wahr, so beginnt man zu zweifeln, ob man ihnen nacheifern soll. Wohin führt dieser Weg? War es denn Liebe, die sie bewegte? Kann Liebe auch schaden? Kann sie zerstören? Ist das Liebe?

Nebel um Christus

Ich will versuchen, einige Gedanken des Apostels Paulus über die Liebe noch einmal mit eigenen Worten zu umschreiben: Auch wenn es gelingt, die Sprache der Menschen zu treffen und das Gehör der Öffentlichkeit zu gewinnen, wenn es gelingt, unwiderstehlich zu argumentieren und in beispielhaftem Einsatz zu leben, wie oft geht mit diesem Gelingen das geschärfte Bedürfnis Hand in Hand, Anerkennung zu finden und bewundert zu werden! Man tut sich hervor oder leidet darunter, zurückgesetzt zu sein. Man spielt sich auf oder reagiert gekränkt. Man ist auf sich selbst bedacht. Mit der Zeit sammelt sich Bitterkeit an. Man wird nachtragend und allmählich schadenfroh. Dabei legt sich ein Nebel um Christus. Er schwindet aus dem Gesichtskreis. Dann bekommt das glänzend Formulierte einen hohlen Klang. Das klar Durchdachte erscheint als letztlich unbegründet und sinnlos, prophetisches Gehabe als Anmaßung, das Mitreißende als suggestiv und die Wohltätigkeit als überanstrengt.

„Und wenn ich alle meine Habe den Armen gäbe und ließe meinen Leib verbrennen und hätte der Liebe nicht – das wäre nichts nütze."

---

3 Dem Helder Camara in Recife.

Der Traum von einem veränderten Leben

Der russische Dichter Dostojewski erzählte von einem Petersburger Intellektuellen, der darunter litt, daß niemand ihn ernst nahm. „Ich bin ein lächerlicher Mensch", beginnt die Erzählung „Entscheide dich für die Liebe"[4]. Schon als Kind wurde er lächerlich gemacht. Am Ende eines kalten, trüben, erbarmungslosen Regentages kam er zu dem Entschluß, sich in dieser Nacht umzubringen. Da „packte mich plötzlich ein kleines Mädchen am Ellbogen. Die Straße war schon fast menschenleer." Das Mädchen „hatte keinen Mantel, sondern bloß ein Kleidchen an, das völlig durchnäßt war. Deutlich sehe ich noch ihre nassen, zerrissenen Schuhe vor mir." Das Kind „weinte nicht, stieß aber einige Worte hervor, die es offenbar deshalb nicht richtig zusammenbrachte, weil es am ganzen Leib vor Kälte zitterte. Außer sich über irgendeinen schrecklichen Vorfall rief es immer wieder: ‚Mutter, Mutter!' Ich wandte mich einen Augenblick nach der Kleinen um, sagte aber kein Wort und ging schweigend weiter." In seiner Stube im fünften Stockwerk angelangt, setzte der „lächerliche Mensch" sich an den Tisch. „Und ich hätte mich auch ganz bestimmt erschossen, wenn ... ja, wenn da nicht eben dieses kleine Mädchen gewesen wäre ..." Es sprengte an einer Stelle den geschlossenen Kreis seines Selbstmitleides.

In dieser Nacht hatte er einen Traum. Der Traum öffnete ihm die „Augen für ein anderes großes, von Grund auf erneuertes und verändertes Leben". Er träumte von einer glücklichen Erde. Kindliche Freude erfüllt die Menschen, die einander in Liebe zugetan waren. „Dann erwachte ich plötzlich." Mein Blick fiel „auf den geladenen und schußbereiten Revolver, aber schon im nächsten Augenblick stieß ich ihn weit von mir. O nein, jetzt wollte ich leben, leben!" Von nun an sagte er: „Ich will und kann nicht glauben, daß das Böse der Normalzustand der Menschen ist. Aber alle lachen über diesen meinen Glauben." „Möge das alles auch wirklich nur ein Traum sein und sich das Paradies auf Erden nie verwirklichen – ich werde trotzdem nicht müde werden, zu predigen und zu verkündigen, denn es gibt ja nichts Einfacheres: Im Lauf eines einzigen Tages, ja einer Stunde könnte das alles Wirklichkeit sein!" Könnte? Ich kann tatsächlich damit beginnen.

Die Erzählung endet mit dem Satz: „Das Haus aber, wo jenes kleine Mädchen wohnt, habe ich ausfindig gemacht und – ich werde hingehen! Ich gehe hin!"

Ich glaube, das ist ein Schritt aus dem Abseits heraus. Warum sollte man es nicht versuchen?

---

4 Claudius Verlag, München 1956.

1. Korinther 13,1–7

„Warum nicht mit dem Christentum einen Versuch machen?" fragte Shaw. Ja, warum nicht? Zumal hier nicht nur ein Traum das von Grund auf veränderte Leben offenbarte, sondern ein Lebenslauf, nämlich das Spiegelbild der „herzlichen Barmherzigkeit unseres Gottes": das Leben Jesu, das in der Liebe konsequent war bis zum Tod.
Amen.

Sonntag Okuli, 3. März 1991

Folge mir nach

Lukas 9,57–62

Das Evangelium dieses Sonntags lese ich bei Lukas im Kapitel 9, Verse 57 bis 62:
„Als sie", nämlich Jesus und seine Jünger, *„auf dem Wege waren, sprach einer zu ihm: ‚Ich will Dir folgen, wohin Du gehst.'*
Und Jesus sprach zu ihm: ‚Die Füchse haben Gruben, und die Vögel unter dem Himmel haben Nester; aber der Menschensohn hat nichts, wo er sein Haupt hinlegt.' Und er sprach zu einem anderen: ‚Folge mir nach!' Der aber sprach: ‚Herr, erlaube mir, daß ich zuvor hingehe und meinen Vater begrabe.' Aber Jesus sprach zu ihm: ‚Laß die Toten ihre Toten begraben; du aber gehe hin und verkündige das Reich Gottes!' Und ein anderer sprach: ‚Herr, ich will Dir nachfolgen; aber erlaube mir zuvor, daß ich Abschied nehme von denen, die in meinem Hause sind.' Jesus aber sprach zu ihm: ‚Wer seine Hand an den Pflug legt und sieht zurück, der ist nicht geschickt für das Reich Gottes.'"

Überraschenderweise haben diese schroffen Sätze auf manche Menschen nicht wie eine Abweisung gewirkt, sondern wie eine Einladung. So waren sie auch gemeint.
Von einem Mann, der darauf einging, und von einem anderen, der sich dazu nicht entschließen konnte, will ich Ihnen heute berichten. Beide waren bekannte Schriftsteller aus Frankreich. Ihr umfangreicher Briefwechsel ist gedruckt worden.[1]
In diesem Briefwechsel dreht es sich um die Frage der Nachfolge Jesu. Was würde es für mich bedeuten, Jesus nachzufolgen? Was heißt das überhaupt? Es würde bedeuten, daß ich Jesus betrachte wie eine lebende Person; daß ich alle wichtigen Fragen vor ihm ausbreite und mit ihm bespreche; daß ich ihn frage, wie ich mich entscheiden soll; daß ich seine Worte, die ich in der Heiligen Schrift lesen kann, auffasse wie aktuelle Gesprächsbeiträge, und zwar von höchster Autorität. Mit einem Satz: Es würde bedeuten, daß ich mich an ihn binde. Und das heißt ja wohl, Christ sein. Also, daß ich Christ werde. Daß ich aus der allgemeinen Zugehörigkeit zum Christentum mit einer Entschiedenheit hervortrete, indem ich sage: „Ich will Dir nachfolgen." Soll ich mich darauf einlassen oder nicht?

---

[1] Paul Claudel, André Gide, Zweifel und Glaube, Briefwechsel 1899 – 1926, dtv-tb 277, 1965.

Lukas 9,57–62

„Möchten Sie es doch großmütig verstehen, mein lieber Gide", heißt es in einem der ersten Briefe, daß ich mit einem solchen Ansinnen an Sie herantrete: Ich wünsche mir, daß das bevorstehende Fest, „an dem einst die große Barmherzigkeit Gottes an mir geschehen ist, als er im Dunkel von Notre Dame ein armes Kind bei der Hand nahm", daß dieses Fest „nicht vorübergehen möge, ohne daß ich die Freude habe, mit meinem Bruder das Brot der Engel und der Starken zu brechen"!
Das war eine Einladung zur „Nachfolge". Komm doch mit, mein Freund! Ich habe gefunden, wonach meine Seele sich sehnte. Hier ist die große Barmherzigkeit zugänglich. Komm doch mit zum Altar! Laß uns zusammen das Brot des Lebens essen, – laß uns *„schmecken und sehen, wie freundlich der Herr ist"*!
So schrieb Paul Claudel am 7. November 1905 an André Gide. Er lud ihn ein und warb; er erwähnte dabei, was ihm selbst widerfahren war, „einst", „im Dunkel von Notre Dame", als sich ihm „die große Barmherzigkeit Gottes" aufschloß und er sich darin aufgenommen fand. Damals wurde Paul Claudel Christ. Gide hielt nichts davon. Er schrieb in sein Tagebuch, wie sehr es ihn verwirrte, wenn Claudel „von Gott sprach, ... von seinem Glauben, seinem Glück"[2]. Er ging nicht darauf ein. Aber fast dreißig Jahre lang wurde Claudel nicht müde, den Freund zu umwerben: Geh doch auch den Weg, den ich eingeschlagen habe; folge mir nach!
Christentum ist die Einladung zu der großen Barmherzigkeit Gottes: Laß dich bei der Hand nehmen! Er führt dich auf rechter Straße. Hier ist *„der Weg, die Wahrheit und das Leben"*: „Ich bin es", sagte Jesus.
Und manche, hocherfreut, ließen alles liegen und stehen und folgten ihm nach.
Das Evangelium dieses Sonntags berichtet davon: „Als sie unterwegs waren auf der Straße, sprach ihn jemand an: ‚Ich will Dir nachfolgen, wohin Du auch gehst.'"

Eine großzügige Zusage

Der so sprach, tauchte für einen Augenblick aus der Masse auf und blieb bis heute anonym. Ob er sich spontan entschied oder lange darüber nachgedacht hatte, wissen wir nicht. Er wird wohl auch aus irgendeinem Dunkel gekommen sein wie Claudel am Anfang des zwanzigsten Jahrhunderts, der nichts glaubte und ziemlich verzweifelt war. Unversehens ging ihm, der an einem Pfeiler der Kirche Notre Dame lehnte, die

---
2 5. Dezember 1905.

Barmherzigkeit Gottes auf; sie war wie ein Haus, in dem er heimisch werden konnte.
Nun ließ er sich fröhlich darauf ein: „Ich will mit Dir zusammen bleiben, ich will Dir die Führung überlassen; ich glaube, es tut mir gut, es ist das Richtige für mich." Eine großzügige Zusage war das, mit der Bereitschaft zum Risiko: „nachfolgen, wohin Du auch gehst".
Aber Jesus wollte nicht, daß er sich falsche Vorstellungen macht. „Du mußt wissen, worauf du dich einläßt. Die Nachfolge kann nämlich in Konflikt geraten mit deinen eigenen Bedürfnissen."
„Jeder Fuchs hat seinen Bau, und die Vögel, die am Himmel fliegen, haben Nester. Aber der Menschensohn hat keinen Platz, wo er seinen Kopf hinlegen kann": kein Ruhekissen, kein Bett, kein Haus, nichts Eigenes, kein Nest, wohin er sich zurückziehen kann. Das heißt, wenn du mitkommst, wird es auch dir möglicherweise fehlen.
Ich muß gestehen, daß ich an Stelle dieses Menschen erschrocken wäre. Kein Nest? Ist das auszuhalten? Nichts, wohin ich mich zurückziehen kann? Aber jedes Tier hat doch sein Nest! Hat nicht auch der Mensch ein Recht auf seinen eigenen Bereich?
Tatsächlich stand Jesus in diesem Augenblick „auf der Straße". Im Auftrag Gottes war er unterwegs nach Jerusalem. Aber engstirnige Leute in samaritischen Dörfern, die von Gottes Ruf nichts wußten, waren damit nicht einverstanden. Er geriet in ihre alten Verfeindungen hinein, und als er eine Übernachtungsgelegenheit suchte, stand er vor verschlossenen Türen. Seinen Freunden stieg die Zornesröte auf die Stirn. Aber er sagte: Damit muß man rechnen, wenn man Gottes Weisung folgt.

Gottes Barmherzigkeit

Es war nicht Jesu Vorsatz, unter allen Umständen ruhelos wie ein Obdachloser zu leben. Wenn sich ihm die Häuser öffneten, kehrte er unbedenklich ein. Und gelegentlich sagte er Termine ab, um sich zu Besinnung und Gebet zurückzuziehen. Aber der Menschensohn ist nicht gekommen, um auf seinem Recht zu bestehen, sondern um die große Barmherzigkeit Gottes in die Welt einzuführen. Die Welt hat sich nicht geändert. Weit und breit herrscht das Elend. Die Ruinen rauchen im Kriegsgebiet.
Viele Menschen erleiden „Kreuz und Ungemach", wie es in einem Lied heißt: Vertriebene irren umher, Flüchtlingsströme ziehen von Land zu Land; Hunderte von Asylbewerbern hausen in Augsburg[3] in Fabrikhal-

---
3 1991 im sogenannten „Fabrikschloß".

Lukas 9,57–62

len, am Rande der großen Städte campieren Wohnungslose. Unfreiwillig erleiden viele ihre Obdachlosigkeit. Damals ließ solches Elend Jesus nicht ruhen. Freiwillig suchte er die Orte der Not auf, um Gottes Barmherzigkeit dort zu vertreten. Wer sich von dieser Barmherzigkeit leiten läßt, wird Unbequemlichkeiten in Kauf nehmen müssen. *„Der Menschensohn muß viel leiden"*, sagte Jesus, *„und verworfen werden."* Es wird ihn das Leben kosten.
Aber auch wer sich absichern konnte, wer Haus und Scheunen gebaut und die Bauten noch erweitert hat, um sich endlich zur Ruhe zu setzen, entrinnt dem Elend nicht. Oft kommt es, wie Jesus einmal erzählte: Als alles fertiggestellt war, sagte eine unerbittliche Stimme: Deine Zeit ist abgelaufen. Du hast nichts mehr davon. *„Und wes wird sein, das du bereitet hast?"* Der Tod dringt zu seiner Zeit auch in den abgeschirmtesten Palast und in den bombensichersten Bunker ein. „Wo ich bisher gesessen", klagt ein barockes Sterbelied, „ist nicht mein rechtes Haus."
Führt also unser Weg in eine letzte Obdachlosigkeit hinaus, in der die Seele erfriert? Claudel lehnte damals betrübt an einem Pfeiler im Dunkeln und sann über das Schicksal der sterblichen Menschen nach. Da war ihm, dem „armen Kind", als nähme ihn Jesus bei der Hand: Ängstige dich nicht! *„In meines Vaters Haus sind viele Wohnungen."* Komm mit mir! Ich gehe voraus, *„euch die Stätte zu bereiten"*. Wer darauf eingeht, um den schlägt Jesus sozusagen sein Himmelszelt auf. Die dauerhafte Geborgenheit, die man in den eigenen vier Wänden und unter Menschen vergeblich sucht, findet sich bei ihm. Wer Häuser und Äcker verließ, um Jesus zu folgen, wer Einbußen erlitt, weil er barmherzig sein wollte wie er, konnte die Erfahrung machen, daß ihm das nicht schadete, sondern ihn immer nur zufriedener machte.
Jesus ging weiter: Unterwegs sprach er von sich aus jemanden an. *„Er sagte zu einem anderen: Folge mir!"* Im Evangelium steht dieser Satz völlig unvermittelt und übergangslos. So lese ich ihn heute, und Sie hören die Aufforderung. Was sagt man da? Wie verhält man sich? Wenn mir das widerführe oder wenn ich es nun auf mich beziehen muß. „Ist das nicht übertrieben?" fragte mich jemand, „ich verstehe mich auch als Christ, nicht als sehr guter Christ, aber immerhin: Ich tue meine Pflicht. Aber Nachfolge, das wäre zuviel gesagt. Muß das denn sein?"

Größere Aufgaben

Der Mann im Evangelium entgegnete: „Das kommt mir jetzt ungelegen, ich muß zunächst noch einiges andere erledigen." Man hat schließlich Verpflichtungen. Auf heilige Pflichten berief er sich. Und sollte das

nicht etwa im Sinne Gottes sein? Mit Sorgen beobachten wir, wie die Barmherzigkeit erkaltet, wo menschliche Bindungen gelockert werden. Wer ist denn nun in Zukunft verantwortlich für eine noch relativ junge Frau, die zur Alkoholikerin wurde? Etwa nicht der Mann, mit dem sie acht Jahre zusammenlebte und dessen häufige berufsbedingte Abwesenheit das Übel mit heraufbeschworen hat? Aber er wollte sich nie „binden". Nun genügt es, ihre Habseligkeiten in ein Schließfach zu sperren und ein letztes Taschengeld beim Rechtsanwalt zu hinterlegen. Für ihn ist ein trauriges Kapitel damit abgeschlossen.
Aber wohin führt es, wenn Menschen einander so fallenlassen? „Mir", sagte jener Mann im Evangelium, „mir sind meine familiären Bindungen heilig. Das gilt auch im Blick auf meine Eltern. Du mußt verstehen, daß ich meiner Sohnespflicht nachkommen muß. Zuerst, gestatte, werde ich meinen verstorbenen Vater anständig unter die Erde bringen, wie man so sagt." Es gibt diese traurigen Pflichten, die zum Leben gehören – die letzten Dienste, die man einander tun kann: Es sind Erweise der Solidarität.
Aber Jesus erwiderte mit einem seltsamen Satz: *„Laß die Toten ihre Toten begraben"*, sagte er; *„du aber geh und kündige das Reich Gottes an!"* Du hast größere Aufgaben: Verschweige nicht die Barmherzigkeit des Vaters im Himmel, der sterbliche Menschen bei der Hand nimmt und aus dem Dunkel führt. Mitten im Schmerz der Trennung erinnere daran, daß Gott treu ist. Wer mit Jesus lebte, darf erwarten, was in einem Lied so ausgedrückt wird: „Weil er auferstanden ist, muß das Grab uns wieder geben." Da wird die Pflicht der Pietät zu einer vergleichsweise nebensächlichen Aufgabe. Sie rückt an den Rand. Ein neues Licht fällt auf alles. Eine andere Art zu leben hat eingesetzt.
Wenn Pflichten die Hauptsache wären, könnten sie zu beengenden Fesseln werden. Wer seine Dienste nicht aus Liebe tut, sondern nur, weil er hoffnungslos gebunden ist, wird innerlich absterben, so daß er am Ende tatsächlich wie ein Toter Tote begräbt. Aber Jesus ruft ins Freie: *„Folge mir nach!"*
Und wer seine Pflicht schuldig geblieben ist und sich nun bittere Vorwürfe macht, der stelle sich auf das Reich Gottes ein, wo Jesus Sünden vergibt. Wer ans Sterbebett seines Vaters gerufen wurde, aber aus irgendwelchen Gründen gezögert hat und dann zu spät kam, der höre nun die Einladung Jesu, sich ihm anzuschließen, und lasse sein Gewissen befreien: „Gottes Gnad und Christi Blut macht ja allen Schaden gut."
„Ein anderer sagte", so berichtet das Evangelium, *„ich will dir folgen, Herr; nur zuerst gestatte mir, Abschied zu nehmen von denen in meinem Haus." „Zu diesem Menschen sagte Jesus: ‚Niemand, der die Hand an den Pflug legt und rückwärts schaut, ist für das Reich Gottes geeignet.'"*

Mit einem solchen Satz könnte man Rücksichtslosigkeiten begründen. Dieses Wort könnte auch aus dem Mund eines Fanatikers stammen. Manche Sektenführer verlangen von ihren Anhängern den sofortigen und ausnahmslosen Bruch mit allen früheren Bekannten. Wer aber auf Menschen nicht Rücksicht nimmt, verhält sich lieblos. Und wäre es nicht lieblos, zu irgendwelchen Menschen ohne weitere Begründung von heute auf morgen den Kontakt abzubrechen und mit ihnen nichts mehr zu tun haben zu wollen?
Jesus hat umgekehrt das Gebot Gottes unterstrichen, den Nächsten zu lieben. Und den Nächsten zeichnet nichts anderes aus, als daß er zufällig in meine Nähe kommt. Selbst wenn er mir feindlich gesonnen ist, soll er bei mir auf Liebe stoßen. Wie wäre es zu begründen, wenn ausgerechnet die alten Bekannten im eigenen Haus davon ausgenommen sein sollten? „*Wer Gott liebt, der soll auch seinen Bruder lieben*", heißt es in der Bibel. Liebloses Verhalten läßt sich mit diesem Satz Jesu nicht rechtfertigen. Aber wer begriffen hat, wozu Jesus einlädt, für den kann es kein Zögern mehr geben. Das Reich Gottes ist nicht auf die lange Bank zu schieben. Sonst verliert man den Anschluß.
Gide schrieb am 5. März 1929 in sein Tagebuch: „Ich möchte nicht behaupten, daß ich nicht zu einer gewissen Zeit meines Lebens ziemlich nahe daran gewesen wäre", mich zu bekehren. Nahe daran. Aber es kam nicht dazu.
Claudel sagte in einem späteren Interview 1947: aus Feigheit! „Er gibt ein erschreckendes Beispiel von Feigheit." Und Gide bestätigte das indirekt mit einem Brief, in dem er schrieb: „Ach, wie recht ich hatte, die Begegnung mit Ihnen zu fürchten!"[4]

Eine veränderte Qualität

In der Nachfolge Jesu gewinnt alles eine veränderte Qualität, auch der Umgang mit alten Freunden. Wer das Reich Gottes ernst nimmt, kann kaum mehr Kontakte pflegen, bei denen der Glaube ausgeklammert wird. Man wäre nicht Salz der Erde, wenn im Gespräch unter Freunden nie die Rede käme auf die große Barmherzigkeit Gottes, die einen aus dem Dunkel geführt hat. Und Abschied zu feiern, um sich nachher aus dem Weg zu gehen, kommt auch nicht in Frage; denn Jesus regte seine Jünger an, Begegnungen zu suchen und Freundschaften anzuknüpfen. Das gilt uneingeschränkt. Wer Jesus nachfolgt, wird über kurz oder lang auch seinen alten Bekannten wieder begegnen, freilich nicht mehr als

---

4 8. Dezember 1905.

Toter, der Tote begräbt, sondern als jemand, der es nicht unterlassen kann, das Reich Gottes anzukündigen. Claudels Wunsch war es, mit einem Bruder im Glauben das Brot zu brechen. Er hoffte, mit Gide zusammen das Abendmahl empfangen zu können. Dreißig Jahre lang ließ er nicht ab, seinem Freund Briefe zu schreiben, in denen er das Reich Gottes empfahl. Sein Wunsch erfüllte sich nicht. Aber er schrieb an Gide 1906: „Sie sind ein aufrechter Mensch, und irgendwann werden Sie dem begegnen, der nottut."
Das wünsche ich Ihnen auch.
Amen.

Sonntag Okuli, 10. März 1996
„Für Gott geeifert"
1. Könige 19,1–13a

Einer der unvergeßlichen Charakterköpfe aus der Bibel, ein Mann mit Rückgrat, unbeugsam, der sowohl den Machthabern als auch der Volksstimmung seiner Zeit die Stirn bot, war Elia: der Prophet. Er verkörperte Zivilcourage in einem Maße, das fast einschüchternd wirkt.
Ein musikalisches Denkmal hat ihm vor 150 Jahren Felix Mendelssohn Bartholdy gesetzt. Das Oratorium „Elias" führt den Propheten als eine Gestalt von unwiderstehlicher Autorität ein. Sein Wort hat Gewicht, weil Gott es ihm eingibt. Vor Selbstzweifeln ist dieser Mann verschont, weil er das Anliegen Gottes vertritt. Vorbehaltlos setzt er sich für das ein, was Gott will. Daher ist sein Schritt unbeirrbar.
Und dieser große Mann, zu dem man aufblicken kann, läuft, ein paar Seiten weiter in der Bibel, ziellos und mutlos davon; er verstummt, bricht zusammen. Er hat das Gefühl, daß sein Einsatz vergeblich war. Der Mut zur Zukunft ist ihm vergangen. Er will nur noch sterben. Was hat er erlebt, daß er so völlig aus dem Gleis geworfen wurde?

Ich lese im Alten Testament, im 1. Buch der Könige, Kapitel 19, Verse 1 bis 4:
„Ahab sagte Isebel alles, was Elia getan hatte und wie er die Propheten Baals mit dem Schwert umgebracht hatte. Da sandte Isebel einen Boten zu Elia und ließ ihm sagen: Die Götter sollen mir dies und das tun, wenn ich nicht morgen um diese Zeit dir tue, wie du diesen getan hast! Da fürchtete er sich sehr, machte sich auf und lief um sein Leben und kam nach Beerseba in Juda und ließ seine Diener dort. Er aber ging hin in die Wüste eine Tagesreise weit und setzte sich unter einen Wacholder und wünschte sich zu sterben und sprach: ‚Es ist genug; so nimm nun, Herr, meine Seele; ich bin nicht besser als meine Väter.'"
Und wenig später *„sagte er: ‚Ich habe geeifert für den Herrn, den Gott Zebaoth; denn Israel hat deinen Bund verlassen und deine Altäre zerbrochen und deine Propheten mit dem Schwert getötet. Und ich bin allein übriggeblieben, und sie trachten danach, daß sie mir mein Leben nehmen'"* (Vers 10).

So eine Stimmung kann jeden einmal überfallen. Jedem kann der Lebensmut ausbrennen und nur die Asche einer Sterbensmüdigkeit übrigbleiben.
Ich blättere gerade in Dietrich Bonhoeffers nachgelassenen Schriften. Bonhoeffer ist bekannt als beispielhafter Widerstandskämpfer im Drit-

1. Könige 19,1–13a

ten Reich. Aber zum Jahresbeginn 1943 schrieb er: „Wir sind durch unerträgliche Konflikte mürbe ... geworden." Im Blick auf die zurückliegenden zehn Jahre, 1933 bis 1942, warf er sich vor: „Wir sind stumme Zeugen böser Taten gewesen." Nun fragt er kleinmütig: „Sind wir noch brauchbar?" Auch ihm war dieses Gefühl der Untauglichkeit nicht fremd. Elia sagte: *„Ich habe geeifert."* Aber ich habe nichts damit erreicht; es war vergeblich. Und es war wohl auch falsch.
In dem „Oratorium nach den Worten des Alten Testaments" hat Felix Mendelssohn Bartholdy Elias Klage mit Klagen anderer Propheten verbunden. Eines dieser Prophetenworte lautet: *„Ich aber dachte, ich arbeitete vergeblich und verzehrte meine Kraft umsonst und unnütz"* (Jesaja 49,4).

„Verzagt"

Ich möchte Elia am liebsten fragen, ihn, den großen Propheten, und jeden, der sich beklagt wie er: Du sagst, du hast nichts erreicht; was hast du denn erreichen wollen? Was hattest du dir vorgestellt? Sollten alle Menschen, die anders denken als du, deiner Meinung zufallen? Meintest du, daß nur deine Überzeugung noch laut werden darf? Hast du Beifall von allen Seiten erwartet? Und die, die anders denken und etwas anderes wollen als du – sollten sie verschwinden? Sollten sie wie etwas Hinderliches aus dem Weg geräumt werden?
Elia war ja erfolgreich gewesen. Es war ihm gelungen, bei einer großen Volksversammlung auf dem Berg Karmel vor aller Augen zu demonstrieren, daß hinter der neuen, staatlich geförderten religiösen Massenbewegung nichts steckte. Er hatte aufdecken können, daß ihre Propaganda nichts anderes war als eine Irreführung des Volkes. Und nun war Elia entschlossen, den Pseudopropheten, die die Jugend verführten, das Handwerk zu legen.
Unter ihrem Einfluß hatte Israel den Bund mit Gott aufgekündigt. Das war mehr als ein Traditionsabbruch. Das bedeutete Abfall vom Glauben. Dabei wurden Altäre zerbrochen, Gotteshäuser verwüstet. Die Sprecher des alten Glaubens wurden ausgeschaltet.
Aber nun hatte sich das Blatt gewendet. Und jetzt sollte endlich klargestellt werden, wer Gott ist und was in der Religion zu gelten hat. Gottes Ehre muß wiederhergestellt werden. Da griff Elia zum Schwert und brachte alle Propheten Baals um.
Doch die Baalsreligion löste sich nicht auf, obwohl sie als Lug und Trug erwiesen war. Königin Isebel schwor Rache. Sie berief sich dabei auf „die Götter". Sie erklärte, daß sie im Gewissen genauso an sie gebunden sei wie Elia an seinen Gott. Sie sagte: „Die Götter verlangen, daß ich mor-

„Für Gott geeifert"

gen mit dir ebenso verfahre wie du mit den Baalspropheten." Da fürchtete sich Elia. Diesen unerschrockenen Mann, der für Gott geeifert hatte und der Gott auf seiner Seite wußte, packte die Angst. Von ihm selbst und von anderen Bekennern sind wir gewöhnt, daß sie sich über Drohungen hinwegsetzen und Gefahren trotzen.
Warum fuhr nun auf einmal diese Drohung Elia dermaßen in die Glieder? Ich kann es mir nicht anders erklären, als daß er sich in seiner Sache nicht sicher war. Dem unerschütterlichen Elia kamen Zweifel. Dieses Durchgreifen, diese Exekution, diese gewaltsame Beseitigung der Baalspropheten – war das wirklich im Sinne Gottes? Kann Gott das gewollt haben? Oder bin ich da eigenmächtig vorgegangen? Habe ich mich dabei von Gott entfernt? Bin ich von seinem Weg abgekommen? Habe ich mich versündigt? Bin ich also auch nicht besser als die anderen? Elia hatte sich als „etwas Besseres" gefühlt. Er war nicht ein stummer Zeuge böser Taten gewesen. Er hatte *„geeifert für den Herrn, den Gott Zebaoth"*. Aber nun mußte er gestehen, daß er sich dabei vergriffen hat.
Es ist gefährlich zu eifern. Wer eifert, braust auf. Es ist, wie wenn ein Sturm aufkommt. Man wird erregt. Die Blicke verraten es. Das Gesicht verfärbt sich; es steht gleichsam in Flammen. Manchmal bebt die Stimme. Kommt diese Heftigkeit von Gott?
Mit dieser Frage beschäftigte sich Martin Luther in seinen letzten Lebenstagen. Zehn Tage vor seinem Tod, am 7. Februar 1546, predigte er in Eisleben über das Gleichnis vom „Unkraut unter dem Weizen". Als die Saat aufging, sah man auch schon das Unkraut wuchern. Da mußte ein mißgünstiger Nachbar, „der Feind", nach der Aussaat gezielt Unkrautsamen dazwischengestreut haben! „Jäten wir's aus", schlugen wohlmeinende Knechte vor, um die Ernte zu retten. Aber der Herr sagte: „Das geht nicht. Schon sind die Wurzeln ineinander verschlungen. Man muß beides miteinander wachsen lassen."
Und Jesus lehrte: Im Reich Gottes ist es genauso.
Nun erzählte Luther von seinen eigenen Erfahrungen. Was hatte er anderes getan, als das reine Evangelium zu predigen? Aber was hatte sich nun damit alles vermischt! Die einen entfesselten einen Bildersturm: Jahrhundertealte Werke frommer Kunst wurden zerfetzt, zerschlagen, verbrannt. Andere riefen die Bauern zu den Waffen. Nun brannten Wohnhäuser, und es floß Blut. Alle üblen Begleiterscheinungen eines Bürgerkrieges tobten durch das Land. Einige, angeregt durch Luthers Kritik an der Kirche, warfen den Glauben selbst über Bord, bestritten, daß Jesus Gottes Sohn war, und fanden es unvernünftig, den dreieinigen Gott anzubeten. Und auch die Juden, um die Luther herzlich und respektvoll geworben hatte, wollten von Jesus nach wie vor nichts wissen.

1. Könige 19,1–13a

Luther sagte: „Das ficht natürlich alle frommen Herzen an, daß sie darob bekümmert und betrübt werden." Und er gestand: „Ich wäre ihrer gerne los."
Es lag ihm nahe, zu fragen wie die Knechte im Gleichnis: „Herr, soll ich sie ausraufen und ausrotten?" Aber nun predigte er: Wir müssen die Lektion aus dem Evangelium lernen, „mit menschlicher Gewalt und Macht können wir sie nicht ausrotten, noch sie anders machen". „Darum müssen wir sie leiden", das heißt dulden, tolerieren. Und im Grunde sind wir ja auch nicht besser als sie. Auch unser Glaube ist schwach und angefochten. Und wie oft gehorchen wir Gott nicht!
Elia hatte sich eng mit Gott verbunden gefühlt. Was Gott kränken mußte, kränkte auch ihn. Sein religiöses Gefühl war verletzt, wenn jemand Gott zu nahe trat.

„Aufgerichtet"

Doch nun stellte sich heraus, daß er allein stand.
Gott meinte es nicht so wie er. Er hatte Gott nicht richtig verstanden. Sein ganzes Eifern für Gott erschien auf einmal als höchst fragwürdig. Als Elia das merkte, lief er aus den Verhältnissen, in die er sich hineinmanövriert hatte, davon. Er sah sich selbst nicht mehr als brauchbar an. Er wollte aus dem Leben scheiden. In einem Psalm fragt jemand: *„Woher kommt mir Hilfe?"*
Elia erwartete keine Hilfe mehr. Aber Felix Mendelssohn Bartholdy hat die Frage dieses Psalms in ein tröstendes Zureden und eine herzliche Aufmunterung an den sterbensmüden Propheten umgewandelt: „Hebe deine Augen auf zu den Bergen, von welchen dir Hilfe kommt!" Und es kam Hilfe.

So erzählt das 1. Buch der Könige im Kapitel 19 weiter, Verse 5 bis 13a:
„Und Elia legte sich hin und schlief unter dem Wacholder. Und siehe, ein Engel rührte ihn an und sprach zu ihm: Steh auf und iß! Und er sah um sich, und siehe, zu seinen Häupten lag ein geröstetes Brot und stand ein Krug mit Wasser. Und als er gegessen und getrunken hatte, legte er sich wieder schlafen.
Und der Engel des Herrn kam zum zweitenmal wieder und rührte ihn an und sprach: Steh auf und iß! Du hast einen weiten Weg vor dir. Und er stand auf und aß und trank und ging durch die Kraft der Speise vierzig Tage und vierzig Nächte bis zum Berg Gottes, dem Horeb. Und er kam dort in eine Höhle und blieb dort über Nacht. Und siehe, das Wort des Herrn kam zu ihm: Was machst du hier, Elia? Er sprach: Ich habe geeifert für den Herrn, den Gott

Zebaoth; denn Israel hat deinen Bund verlassen und deine Altäre zerbrochen und deine Propheten mit dem Schwert getötet, und ich bin allein übriggeblieben, und sie trachten danach, daß sie mir mein Leben nehmen.
Der Herr sprach: Geh heraus und tritt auf den Berg vor den Herrn! Und siehe, der Herr wird vorübergehen! Und ein großer, starker Wind, der die Berge zerriß und die Felsen zerbrach, kam vor dem Herrn her, der Herr aber war nicht im Winde.
Nach dem Wind aber kam ein Erdbeben; aber der Herr war nicht im Erdbeben. Und nach dem Erdbeben kam ein Feuer; aber der Herr war nicht im Feuer. Und nach dem Feuer kam ein stilles, sanftes Sausen.
Als das Elia hörte, verhüllte er sein Antlitz mit seinem Mantel und ging hinaus und trat in den Eingang der Höhle."

Der Engel des Herrn hat Elia wieder ein Ziel gesetzt. Und er führte ihm die Kräfte zu, auf dieses Ziel zuzugehen. Das Ziel war, noch einmal Gott zu begegnen, um ihm näherzukommen und ihn besser zu verstehen. Elia brach auf zur Gottesbegegnung. Da kam das Wort des Herrn zu ihm. Es sagte: Verlaß die Höhle, in der du übernachtet hast. Komm heraus ins Freie. *„Der Herr wird vorübergehen."*
Wie wenn man sich am Straßenrand aufstellt, wo ein Prominenter vorbeikommen soll, den man unbedingt sehen möchte. Selbst der berühmte Philosoph Hegel stellte sich in Jena eines Tages im Jahr 1806 auf die Straße im Gedränge, um Napoleon vorbeireiten zu sehen. Er war von dieser Begegnung tief beeindruckt und notierte: „Es ist in der Tat eine wunderbare Empfindung, ein solches Individuum zu sehen, das hier ... über die Welt übergreift und sie beherrscht."
So dicht wird der Herr selbst an dir vorübergehen. Du wirst ihn wahrnehmen. Du wirst ihn berühren. Der Herr kommt vorbei. Du hast geeifert für ihn. Aber aus der Nähe hast du ihn noch nicht gekannt.

„Gottesbegegnung"

Und was erlebte Elia? *„Ein großer, starker Wind"* kam auf. – Ich wurde vor Jahren einmal mitten im Wald von einem ungeheuren Sturm überrascht. Unvergeßlich, wie die Baumkronen über mir wogten und tanzten, wie Äste herabbrachen und Stämme sich bogen und splitterten. Es wundert mich nicht, daß naturverbundene Völker in dieser Gewalt eine Gottheit scheuten. In Athen steht ein „Turm der Winde", den Sturmgöttern geweiht. Elia erlebte einen Sturm, *„der die Berge zerriß und die Felsen zerbrach"*. Aber er erkannte: Das war nicht Gott. *„Der Herr war nicht im Wind."*

1. Könige 19,1–13a

Das Erschreckende geht vor ihm her. Es mag ein Vorbote sein. Aber nahe kommt einem Gott darin nicht.
Und dann „*kam ein Erdbeben*". Aber Elia erkannte: „*Der Herr war nicht im Erdbeben.*" Und genausowenig im „*Feuer*".
Als das vorüber war, wurde es still. Tiefe Stille. Unheimliche Stille. Luther übersetzte aus dem Hebräischen: „*Nach dem Feuer kam ein stilles, sanftes Sausen.*" Das stellt man sich vor wie einen leisen, beruhigenden Ton, pianissimo. Von „Säuseln" reden wir, wenn ganz sacht sich Blätter bewegen, weil ein kaum spürbarer Luftzug über die Baumkronen streicht.
Aber es ist nicht sicher, ob das Wort „Sausen" den hebräischen Begriff genau wiedergibt. Eigentlich ist nicht von einem schwachen Geräusch, sondern von „Stille" die Rede: allerdings von einer „Stimme der Stille". In einer neueren Übersetzung lese ich: „hörbare Stille".
Mir kommt das so vor, wie wenn auf einmal der Ton ausfällt; du hörst nichts mehr, Funkstille. Völliges Schweigen. Wie wenn man die vertrauten Stimmen vermißt; wenn man die Stille gleichsam „hört". Wie wenn jemand, an Geräusche gewöhnt, nachts aufwacht und erschrickt über die Totenstille. Wie wenn es einem unheimlich wird, allein in der Wohnung, wo den ganzen Tag kein Wort fällt, und man den Fernseher anschaltet, damit wenigstens eine Stimme da ist.
Elia war versprochen worden, Gott würde vorüberkommen. Er war gespannt. Gewiß war er beeindruckt von den gewaltigen Erscheinungen, die vorübergebraust waren. So wünschte er sich Gott. So sollte Gott sich darstellen. So sollte er sich durchsetzen.
Das stürmte nun alles vor Gott her. Wie würde erst Gott selbst sein! Und dann fällt plötzlich der Ton aus. Es kommt nichts mehr: keine Stimme, kein Schrei, kein Brausen, kein Getöse, kein Machtwort. Es ist ganz still.
Und Elia lauscht in die Stille. Wie er die Stille aushält, merkt er, daß alles von ihm abfällt: die Erregung und die Enttäuschung, das Eifern und die unterdrückte Wut. Die Wogen in seiner aufgewühlten Seele glätten sich. Endlich zur Ruhe gekommen, gewahrt er Gott. In dieser Stille geht Gott vorüber. So besucht er seine Seele. Da zieht sich Elia den Mantel über den Kopf, verhüllt sein Gesicht. Wer bin ich unbesonnener, lärmender, gewaltsamer Mensch: ich, der geschrien hat für Gott, geeifert, gekämpft? Wer bin ich? Ich habe die Hand erhoben gegen andere Menschen. Sogar zur Waffe habe ich gegriffen. Alles aus Eifer für Gott. Ich habe mir gewünscht, daß Gott laut wird, daß er die leichtfertigen Einwände gegen sein Wort niederbrüllt; daß er die Gedankengebäude und die Organisationen der Gottlosen in sich zusammenfallen läßt wie Kartenhäuser; daß er den religiösen Schund ver-

brennt. Daß er das Unkraut ausjätet mit harter Hand. Wer bin ich, der dabei selbst Hand anlegte, ungeduldig, ohne zu fragen, ob Gott es will? Wer bin ich vor Gott? Nein, mein erregtes, erbostes Gesicht kann ich ihm nicht zuwenden. Mein Gott, wer bin ich? *„Ich bin nicht besser als meine Väter."*
Wie predigte Luther in seinen letzten Lebenstagen? „Die Lektion legt er dir auf, daß du deine eigene Schwachheit und Unreinigkeit erkennst." Da verhüllte Elia sein Haupt, verließ seinen Standpunkt, *„ging heraus und trat in den Eingang der Höhle"*. Er setzt sich dieser Stille aus, in der Gott vorüberkam. Diese Stille rührte seine Seele an. Er wurde still vor Gott. Dahin wurde er geführt. Das war das Ziel.

Ein Pfingstlied, das den Heiligen Geist anruft, betet uns vor:

„Du Atem aus der ewgen Stille,
durchwehe sanft der Seelen Grund,
füll mich mit aller Gottesfülle
und da, wo Sünd und Greuel stund,
laß Glauben, Lieb und Ehrfurcht grünen,
in Geist und Wahrheit Gott zu dienen."[1]

Als Jesus gekreuzigt wurde, so berichten die Evangelisten übereinstimmend, trat zwischen der Mittagsstunde und drei Uhr nachmittags, also volle drei Stunden lang, eine tiefe Finsternis ein. Da verliefen sich die Zuschauer. Nur wenige werden auf Golgatha ausgeharrt haben. Es wurde wohl auch still. Drei Stunden lautloser Stille. Kein Sturm trat auf, Feuer fiel nicht vom Himmel, und die Erde bebte nach dem Bericht des Matthäus erst später. Die Zuschauer, die nach Hause gingen, hatten den Eindruck: Gott sagt nichts, Gott tut nichts; offenbar ist dieser Sterbende, der sich Gottes Sohn genannt hat, von Gott verlassen. Nun kommt wohl nichts mehr.
Aber in diesen drei Stunden, in denen sich an der Oberfläche nichts abspielte, in denen die Stille beklemmend war, geschah das Entscheidende: Es vollzog sich die folgenreichste Umwälzung, die man sich denken kann: Die Sünden der Welt, *„die Sünden aller Sünder"*, wurden auf das Lamm Gottes abgewälzt. Und das Lamm Gottes, wie man den sterbenden Jesus bezeichnete, nahm sie *„hinweg"*. Deshalb muß keiner, der aus Scham vor Gott sein Gesicht verdecken möchte, mehr das Haupt verhüllen, wie es Elia tat.

---
1 Im Evangelischen Gesangbuch (EG) nicht mehr enthalten, davor im Evangelischen Kirchengesangbuch (EKG) unter 426,4.

1. Könige 19,1–13a

Ein Lied sagt:
> *„Wer schuldig ist auf Erden,*
> *verhüll nicht mehr sein Haupt.*
> *Er soll errettet werden,*
> *wenn er dem Kinde glaubt"* (EG 16,2).

Das heißt, wenn er sich an Jesus Christus hält. „Sei stille dem Herrn und hoffe auf ihn."
Amen.

Ostermontag, 12. April 1993
Über die Bach-Kantate:
„Bleib bei uns"
Lukas 24,13–35

Für den Ostermontag 1725 hat Johann Sebastian Bach, gerade seit zwei Jahren in Leipzig, die Kantate „Bleib bei uns; denn es will Abend werden" komponiert. In der Thomaskirche wurde sie aufgeführt. Die Kantate war ein Teil des Gottesdienstes, der außerdem Gebete, Schriftlesungen, die Predigt, Gemeindegesang und die Feier des Heiligen Abendmahls umfaßte. Es war damals etwas „Modernes", eine Aussage der Schriftlesung anhand von Texten, die der Komponist in Zusammenarbeit mit einem sprachbegabten Theologen entworfen hat, musikalisch zu meditieren.
Die Worte des Eingangschors, die der Kantate den Namen gaben, sind dem Evangelium des Ostermontags entnommen. Dieses Evangelium handelt von zwei enttäuschten Männern, die einen zweistündigen Fußmarsch zu einem Dorf in der Umgebung Jerusalems unternahmen. Das Dorf hieß Emmaus. Unterwegs und vollends am Zielort machten sie eine unvergeßliche Erfahrung.
Ich kann mich leicht in die gedrückte Stimmung dieser Wanderer hineinversetzen. Und nun wird berichtet, daß in ihnen eine Wandlung vorging, die sie zu zuversichtlichen und unternehmenden Menschen machte, was man sich selbst ja auch wünscht. Eine sehr ansprechende Geschichte. Verschiedene Künstler haben sich damit beschäftigt. Ich nenne drei Beispiele: Unter dem Titel „Karfreitag" wurde im Jahr 1915 bei einer Totenfeier in Augsburg ein Gedicht des jungen Bert Brecht vorgetragen, dessen Epilog von den sogenannten Emmausjüngern handelt:
„Sie gingen gebeugt und schwer im letzten Licht.
Ein fremder Mann ging mit ihnen. Sie kannten ihn nicht.
Sie waren traurig, weil Jesus gestorben war.
Aber einmal sagte einer: Es ist sonderbar.
Er starb für sich. Und starb ohne Sinn und Gewinn.
Daß ich auch nicht leben mag: daß ich einsam bin."
Ein trübsinniges Gespräch entspann sich:
„Und einer sah übers Ährenfeld und fühlte seine Augen brennen.
Und sprach: Daß es Menschen gibt, die für Menschen sterben können!
Und er fühlte Staunen in sich (als er weiterspann):
Und daß es Dinge gibt, für die man sterben kann."

Lukas 24,13–35

„Es war ein junger Mensch. Es ging um die Abendzeit.
Der Himmel war dunkel. Wind ging. Das Korn blühte weit.
Sie gingen gebeugt und schwer im letzten Licht.
Ein fremder Mann ging mit ihnen. Sie kannten ihn nicht."
Unterwegs sozusagen verläßt Brecht die Wandernden. Traurig gehen sie weiter. Daß sie einmal ans Ziel kommen und den fremden Mann erkennen – davon sagt Brecht nichts.

Da gingen ihnen die Augen auf

Das Evangelium dagegen erzählt, daß dieser Fremde die Trauernden ansprach. Vieles erklärte er ihnen. Im Rückblick fanden sie, unter seinen Reden sei es ihnen im Herzen warm und hell geworden – wie wenn Kerzen angezündet werden in der Nacht. *„Brannte nicht unser Herz, als er mit uns redete auf dem Weg?"* sagten sie. Und sie wollten ihn nicht mehr missen. *„Bleib bei uns!"* baten sie. Bleib doch, bitte, da! Sie drängten, ja, nötigten ihn. Und er blieb. Als sie zu Tisch saßen, übernahm er wie selbstverständlich die Rolle des Hausherrn. Er sprach das Tischgebet, er teilte aus.
Da gingen ihnen die Augen auf, heißt es. Sie erkannten ihn. Er war nicht mehr der fremde Mann. Aber als sie zur Besinnung kamen, war er schon nicht mehr zu sehen.
Diesen Augenblick des Erkennens hat ein Maler immer wieder zu gestalten versucht. Rembrandt hat sich offenbar sein Leben lang mit diesem Evangelium befaßt. Walter Nigg sagt von ihm, er habe sich wohl selbst „als einen Menschen verstanden, der auf dem Wege nach Emmaus war". Emmaus ist zum Symbol geworden. Es steht für den Augenblick des Erkennens, wo die Trauer, daß Jesus gestorben ist, umschlägt in staunende Freude. In Emmaus verstummte das Weg-Gespräch, das Brecht notierte: „Er starb für sich. Und starb ohne Sinn und Gewinn." Nun dämmert die Erkenntnis: Nicht „für sich" ist Jesus gestorben, sondern, wie er beim Abendmahl sagte, für uns. Er nahm das Brot, dankte, brach es und sprach: *„Für euch gegeben"*, *„mein Leib"*, *„mein Blut"*.
In Emmaus blitzte die Erkenntnis auf: Jesus ruht nicht im heiligen Grab in Jerusalem, sondern er ist hier bei uns.
Der junge Rembrandt malte 1629 den fremden Mann am Tisch, der das Brot brach und in den Augen seiner Gastgeber über sich hinauswuchs in die Herrlichkeit des auferstandenen Gottessohnes hinein. Einer hat den Stuhl umgestoßen und sich zu Boden geworfen. Wie ein Büßer kniet er im Schatten, während der andere erschrocken zurückfährt, wie von einem jähen Lichtstrahl getroffen.

Man verändert seine Haltung, wenn dieser Gast dabei ist, und bekommt eine neue Einstellung zum eigenen Leben.
32 Jahre später hat Rembrandt nach einigen weiteren Versuchen das Dresdener Emmaus-Bild gemalt, 1661: Das Licht ist nun milde und geheimnisvoll geworden. Vor dem flimmernden Ocker des Hintergrunds, wie einem Goldgrund der Alltäglichkeit, sitzt Christus, der das Brot bricht. Still neigen sich die Tischgenossen, anbetend wie beim Abendmahl. Gott ist gegenwärtig.
Mit dieser Erfahrung steht und fällt die Kirche.
Entweder stellt sich Christus persönlich ein, oder das Christentum geht allmählich traurig zu Ende.
Das wollte Bach ausdrücken, als er für den Ostermontag 1725 die Kantate „Bleib bei uns" komponierte. Die Einladung der Emmaus-Jünger dazubleiben, da der Abend kommt, deutete er als Bitte der Kirche, als Gebet: „Bleib bei uns!" Mit großer, sich steigernder Dringlichkeit bringt der Eingangschor diese Bitte vor. Über die eindrucksvolle musikalische Gestaltung hat Albert Schweitzer geschrieben: Der Eingangschor ist ein „Meisterwerk musikalischer Poesie; ‚Bleib bei uns, bleib bei uns', bitten und schmeicheln die Jünger von Emmaus. Bei den Worten ‚denn es will Abend werden' sinken die Stimmen in die Tiefe, als lastete das Dunkel der Nacht auf ihnen. Dazwischen angstvolles Beben." Im mittleren Teil des Eingangschors ändert sich der Rhythmus. Die Bitte wird drängender. „Noch mehr Flehen und noch mehr Angst spricht aus dem ‚Bleib bei uns'." „Langgezogene Rufe hallen von dem dunklen Feld herüber. ‚Bleib bei uns! Bleib bei uns!' ... Stille. Schweigen."
Am Ende kehrt noch einmal „das Bitten im schmeichelnden Dreivierteltakt" wieder. Dann wendet sich plötzlich die Tonart „nach Dur und schließt hell, als hätte der Herr Gewährung genickt".

Bleib bei uns, weil die Finsternis einbricht

Im Ostermontagsgottesdienst 1725 in der Leipziger Thomaskirche, für den Bach diese Kantate komponiert hat, wurde, wie jedes Jahr, das Evangelium aus Lukas 24, Verse 13 bis 35 verlesen. Vorausgegangen war im Evangelium die verwirrende Entdeckung, daß das Grab Jesu aufgebrochen und der Tote verschwunden war. Frauen behaupten, Gottesboten hätten ihnen erklärt, Jesus sei auferstanden. Den Aposteln aber erschienen diese Worte, *„als wär's Geschwätz, und sie glaubten ihnen nicht"* (Vers 11).
„Und siehe, zwei von ihnen gingen am selben Tag in ein Dorf, das war von Jerusalem etwa zwei Wegstunden entfernt; der Name ist Emmaus.

Lukas 24,13–35

Sie redeten miteinander von all diesen Geschichten.
Als sie so redeten und sich miteinander besprachen, nahte Jesus selbst und ging mit ihnen. Aber ihre Augen wurden gehalten, daß sie ihn nicht erkannten.
Er sprach aber zu ihnen: ‚Was sind das für Dinge, die ihr unterwegs miteinander verhandelt?' Da blieben sie traurig stehen. Der eine, mit Namen Kleopas, antwortete: ‚Bist du der einzige unter den Fremden in Jerusalem, der nicht weiß, was in diesen Tagen dort geschehen ist?'
Er sprach: ‚Was denn?' Sie antworteten: ‚Das mit Jesus von Nazareth, der ein Prophet war, mächtig in Taten und Worten vor Gott und allem Volk; wie ihn unsere Hohenpriester und die Oberen zur Todesstrafe überantworteten und gekreuzigt haben.
Wir aber hofften, er sei es, der Israel erlösen werde. Und über das alles ist heute der dritte Tag, seitdem das geschehen ist.
Auch haben uns einige Frauen aus unserer Mitte erschreckt. Sie sind früh bei dem Grab gewesen, haben seinen Leib nicht gefunden, kommen und sagen, sie haben eine Erscheinung von Engeln gesehen, die sagen, er lebe.
Und einige von uns gingen hin zum Grab und fanden's so, wie die Frauen sagten. Aber ihn sahen sie nicht.'
Da sprach er zu ihnen: ‚O ihr Toren, zu trägen Herzens, all dem zu glauben, was die Propheten geredet haben! Mußte nicht der Christus dies erleiden und in seine Herrlichkeit eintreten?' Und er fing an bei Mose und allen Propheten und legte ihnen aus, was in der ganzen Schrift von ihm gesagt war.
Sie kamen nahe zu dem Dorf, wo sie hingingen. Er stellte sich, als wollte er weitergehen. Sie aber nötigten ihn und sprachen: ‚Bleib bei uns; denn es will Abend werden, und der Tag hat sich geneigt.'
Und er ging hinein, bei ihnen zu bleiben.
Als er mit ihnen zu Tisch saß, nahm er das Brot, dankte, brach's und gab's ihnen.
Da gingen ihnen die Augen auf, und sie erkannten ihn.
Und er verschwand vor ihnen.
Da sprachen sie untereinander: ‚Brannte nicht unser Herz in uns, als er mit uns redete auf dem Weg und uns die Schrift aufschloß?'
Und sie standen zu derselben Stunde auf und kehrten zurück nach Jerusalem und fanden die Elf versammelt und die bei ihnen waren; die sagten: ‚Der Herr ist wahrhaftig auferstanden und Simon erschienen.'
Und sie erzählten ihnen, was auf dem Weg geschehen war und wie er von ihnen erkannt wurde, als er das Brot brach."

Das ist das Evangelium des Ostermontags. In der folgenden Alt-Arie bringt Johann Sebastian Bach den Wunsch zum Ausdruck, daß „wir jetzt" Gottes Wort ebenso verstehen lernen, wie Jesus es jenen enttäuschten Männern erschloß. Er legt diese Bitte gleichsam vor dem

Thron des Gottessohnes nieder: „Bleib, ach, bleibe unser Licht, / weil die Finsternis einbricht."

Die beiden Männer aus Emmaus luden den Fremden, der sich ihnen angeschlossen hatte, gastfreundlich ein, in ihrem Haus zu nächtigen, da der Tag zur Neige ging. Es ist nicht ratsam, nachts allein weiterzuwandern. Zudem hatte der Fremde ihr Interesse geweckt, weil er in verworrene Zusammenhänge Klarheit und Licht zu bringen schien. Schließlich schob sich im Gespräch mit ihm das Verrückte zurecht, das Unfaßliche erfüllte sich mit Sinn. Der Fremde, den sie mitleidig aufgenommen hatten, nahm umgekehrt sie auf in ein Verständnis der Dinge, das ihnen vorher verschlossen war. In Erinnerung daran betet die Kirche: „Bleib, ach, bleibe unser Licht!" Sonst verdunkeln sich die Dinge wieder, das Leben wird undurchsichtig, es sieht finster aus.

Mit solchen düsteren Erfahrungen setzen wir uns gegenwärtig auseinander. Sie beunruhigen unser Land.

Mit einer Beschämung leben

Die Aufarbeitung der Vergangenheit fördert Betrübliches zu Tage. Vor kurzem bekannte ein Bewohner der ehemaligen DDR folgendes: „Auch ich habe mich leider vom Staatssicherheitsdienst einschüchtern und verlocken lassen. Die Andeutung einer Drohung genügte – und mir wurde angst. Auf freundliche Gesten ging ich ein, obwohl ich sie durchschaute und mir vorgenommen hatte, zurückhaltend zu sein. Ich glaubte, mir meine Unabhängigkeit bewahren zu können, aber ich habe es nicht vermocht. Mit dieser Beschämung muß ich fortan leben. Das ficht meine Selbstachtung an."

Und Richard Schröder erläutert, wie die Verhältnisse waren: „Über Stasi wurde in der DDR nicht gesprochen, sondern bloß geflüstert." „Die Stasi war allgegenwärtig und unheimlich." Sie „zeigte ein Doppelgesicht. Wir wußten: Die schrecken vor nichts zurück. Aber wenn einer der Herren mit einem Pfarrer ins Gespräch kommen wollte, war er die Leutseligkeit in Person, schimpfte ein bißchen auf den Staatsapparat, hatte Verständnis für alle Schwierigkeiten, bot sich als Nothelfer an, lobte die kritische Offenheit des Pfarrers und machte den Vorschlag weiterer Gespräche. ‚Wir wollen doch beide die Mißstände aus der Welt schaffen und unnötige Konflikte vermeiden.'"

„Und ich bin darauf hereingefallen", müssen jetzt viele bekennen. Und sie beginnen, an ihrem eigenen Urteilsvermögen und ihrer Charakterstärke zu zweifeln. Bei uns im Westen fragt man nicht, welche Fehleinschätzungen uns in den letzten Jahrzehnten unterlaufen sind. Es könnte

peinlich sein, wenn jemand nachprüfen wollte, welche Fehlurteile wir abgegeben haben. Da sieht es recht düster aus. Und wenn man erst einmal zu untersuchen beginnt, welche Unkorrektheiten im öffentlichen und privaten Bereich offenbar gang und gäbe sind, ergibt sich ein beschämendes Bild. Jeder kehre vor seiner eigenen Tür.
Daß es in Deutschland zur Zeit besonders hell und heiter aussähe, wird man nicht behaupten können. Ich habe den Eindruck: Die Stimmung ist ziemlich gedrückt. Und nun feiern wir Ostern. Wir begehen bereits den zweiten Feiertag. Zweite Feiertage wurden einmal eingeführt, weil das, was wir an diesen Festen feiern, nicht leicht zu verstehen ist. Es bedarf der Unterstreichung. Man muß wiederholt davon reden – und nicht nur reden, sondern auch singen und musizieren und feiern –, bis es in die Herzen eindringt.
Die Bach-Arie für den zweiten Osterfeiertag nimmt diese düstere Sicht der Dinge auf und bittet dringend:
„Bleib, ach, bleibe unser Licht,
weil die Finsternis einbricht!"

Ich möchte in diesem Zusammenhang an Martin Luther erinnern: an eine Formulierung, die er gefunden und oft wiederholt hat, weil sie ihm Licht in das Betrübliche zu bringen schien. Er sagte: „Ich bin ein Sünder – da mache ich mir nichts vor. Aber ich bin zugleich auch gerecht!" „Zugleich", sagte er. „Das gilt nicht deshalb, weil ich es zumindest teilweise gut gemeint und auch Nützliches erreicht habe. Ich beschönige nichts. Ich gebe alles Peinliche zu. Trotzdem bin ich gerecht; denn Christus ist für mich da. Und er macht aus meinem Leben etwas Besseres. Dadurch richtet er die geknickte Selbstachtung wieder auf. Das kommt mir beinahe vor wie Auferstehung nach einer Hinrichtung. Ein neues Leben beginnt." Von denen, die sich Christus anschließen, sagt die Bibel ausdrücklich: *„Wie Christus auferweckt ist von den Toten durch die Herrlichkeit des Vaters, so sollen auch wir in einem neuen Leben wandeln."*
Das Glänzende am Christentum sind nicht selbstgerechte Leute, die sich nichts vorzuwerfen haben. Die Kirchensprache spricht vielmehr von „armen Sündern". Damit sind Menschen gemeint, die sich eingestehen müssen, daß auch sie, vielleicht entgegen ihrer Absicht, sich haben einschüchtern oder verlocken lassen. Glänzend stehen sie nur deshalb da, weil Christus in ihren zweifelhaften Lebenslauf eingetreten ist. Das Glänzende ist die Anwesenheit Christi.
Daher bitten die Christen: Bleib bei uns, Herr!
„Bleib, ach, bleibe unser Licht,
weil die Finsternis einbricht!"

Die Botschaft der Kirche nicht erlöschen lassen

Aus diesem Bewußtsein ist die Kirche entstanden. Sie lebt von der Erfahrung, daß Christus zwar unsichtbar, aber wirksam als *„das Licht der Welt"* anwesend ist. Wenn dieses Bewußtsein verblaßt, wenn die Begeisterung über die Anwesenheit des Auferstandenen nachläßt und die Beziehung zu Jesus kühl und distanziert wird wie zu einer Gestalt der Vergangenheit, dann verliert sich das Glänzende am Christentum. Wenn wir uns „das mit der Auferstehung" nicht mehr so recht vorstellen oder nichts damit anfangen können, verlieren wir an Überzeugungskraft. Es gelingt nicht mehr, Orientierung zu geben. Im letzten Buch der Bibel ist bildlich vom *„Leuchter"* der Gemeinden die Rede. Wenn die Liebe zu Christus abklingt, die ursprünglich für die Christen kennzeichnend war, heißt es, dann wird gleichsam dieser Leuchter entfernt (Offenbarung 2,5). Wenn die Intensität des Wunsches, Christus möge da sein, nachläßt, dann schwindet die Ausstrahlung.

Johann Sebastian Bach und der unbekannte Verfasser, der ihm bei der Textgestaltung half, hatten am Anfang des 18. Jahrhunderts den Eindruck, das sei schon eingetreten. Die Glaubwürdigkeit der Kirche ist erloschen. Der Leuchter ist umgestoßen. Zumindest „an vielen Orten" scheint dies der Fall zu sein. „Die Dunkelheit" hat „überhandgenommen".

Im Leitartikel einer verbreiteten Zeitung las ich vor kurzem anläßlich einer Synode den Satz: „Die Kirchen sind wie gelähmt."

Die Kommentatorin stellte dies nicht schadenfroh fest, sondern bedauernd. Sie wünschte sich, daß von der Kirche kräftige Impulse ausgehen. Das täte der Gesellschaft gut. Aber „es kommt nichts". Zwar werden Worte gemacht, Erklärungen abgegeben. Man liest sie und vergißt sie wieder. Aber sie ergreifen einen meistens nicht. Was notwendig wäre, bleibt aus.

„Woher ist aber dieses kommen?" fragt ein Rezitativ in unserer Kantate. Kommt es daher, daß wir nicht mehr wagen, an die Anwesenheit des Auferstandenen zu glauben, weil offensichtlich ist, daß gegen den Tod kein Kraut gewachsen ist und Auferstehungen sonst nicht vorkommen? Bachs Rezitativ antwortet:

„Bloß daher, weil sowohl die Kleinen als die Großen
nicht in Gerechtigkeit
vor dir, o Gott, gewandelt
und wider Christenpflicht gehandelt."

Die Meinung ist, es komme nicht daher, daß es schwerfällt, sich dies vorzustellen und es mit den sonstigen Erfahrungen in Einklang zu bringen. Man will es nicht. Das ist der Grund.

Es sei der Menschenseele nicht zuträglich, höre ich, wenn gepredigt wird, der Mensch habe sich vor Gott zu verantworten für jedes unnütze Wort und auch alles andere. Ein Gott, der alles sieht, sei wie ein Kinderschreck. Nun soll man sich wohl in der Tat Gott nicht vorstellen wie eine universale Überwachungsanlage. Trotzdem hört die Stimme des Glaubens nicht auf zu rufen: „Bleib bei uns!" Ein Psalmbeter sagt: Selbst *„im finstern Tal"* – oder sagen wir: in einer Depression – fürchte ich mich nicht; *„denn du bist bei mir"*. Bei den Emmaus-Jüngern schlug die Enttäuschung über das, was sie erlebt hatten, in Zuversicht um, als sie wahrnahmen, daß Jesus mit ihnen am Tisch saß. Und die Zuversicht verging nicht, als er unsichtbar wurde. Er blieb ihr Licht.

„Vor Gott zu wandeln" heißt tatsächlich, mit seiner überallhin reichenden Anwesenheit rechnen. Wenn Gott aber anwesend ist, dann wacht auch das strenge Auge seiner Gebote über alle Lebensäußerungen. Und es gibt so etwas wie „Christenpflicht". Wer dies als einengend empfindet, dem wird die Bitte: „Bleib bei uns", nicht so herzlich über die Lippen gehen. Wenn das Bewußtsein schwindet, vor Gott zu wandeln und ihm verantwortlich zu sein für jedes Wort und jede Unterschrift, dann werden die Kleinen und die Großen empfänglich für die Verlockung, unauffällig Vorteile zu nutzen, auch wenn es nicht korrekt ist.

Wenn der Glaube an die Anwesenheit des Auferstandenen verblaßt zur Beschäftigung mit einem Vergangenen, dann bildet sich die Erfahrung der Emmaus-Jünger zurück zu dem, was Brecht in seinem Gedicht formulierte. Der fremde Mann bleibt unbekannt. Schattenhaft wird er. Man macht sich seine Gedanken, staunt vielleicht, „daß es Menschen gibt, die für Menschen sterben können", und gedenkt möglicherweise Jesu ehrerbietig als eines solchen. Die Lust, sich in seinem Namen zu versammeln, nimmt dann aber ab. Der Eindruck besteht, die Kirchen seien wie gelähmt. Irgendwie gleichen wir diesen beiden traurigen Männern, die zwischen Jerusalem und Emmaus unterwegs waren. Sie besprachen sich *„über alle diese Geschichten"*. Das waren die Geschichten von Jesus, übrigens einschließlich der Osterbotschaft. Frauen hatten berichtet, als sie Jesu Grab besuchen wollten, war er nicht mehr zu finden. Sie hatten aber eine Erscheinung. Dabei wurde ihnen eröffnet, Jesus sei auferstanden. – Die Emmaus-Jünger schienen mit dieser Vorstellung Schwierigkeiten zu haben.

Eine innere Veränderung erwarten

Aber dann tritt bei ihnen eine Veränderung ein. Sie machten die Erfahrung, daß zutiefst in ihrem Herzen etwas in Bewegung kam.

Daher scheint mir angesichts der verbreiteten Kommentare über die innere Gelähmtheit der Kirche das Ostermontags-Evangelium ein Schlüsseltext zu sein. An zwei Stellen ist von den *„Herzen"* der Betroffenen die Rede. Zuerst wird ihnen eine Unbeweglichkeit des Herzens vorgeworfen. Zuinnerst berührt sie nichts. Sie bleiben träge und kalt.
Dann aber kamen die trägen Herzen in Bewegung. Die lähmende Trauer fiel ab. Kalte Herzen wurden warm. Hell wurde es. *„Brannte nicht unser Herz?"* sagten sie rückblickend. Wie kam es dazu?
Die Antwort, die das Ostermontags-Evangelium gibt, ist einfach.
Während sie im Gespräch waren, näherte sich Jesus selbst und ging mit ihnen. Jesus selbst muß dazukommen und dabeibleiben, sonst führen wir leere Gespräche. Wenn er sich nicht selbst einstellt, bleiben die Herzen kalt.
Das ist die Osterbotschaft: Jesus ist nicht eine Gestalt der Vergangenheit, deren hilfreiche Gedanken wir heute zur Anwendung verhelfen sollen. Er ist nicht einer der großen Menschheitsanreger, zu deren Gräbern man pilgert. Er ist vielmehr als einziger von allen auferstanden. Er lebt und ist persönlich anwesend. Man muß darauf gefaßt sein, daß er hinzutritt, mitgeht und sich in unsere Gespräche einmischt. Er ergreift selbst das Wort.
Dieser Vorgang scheint ganz unkompliziert zu sein.
Als Billy Graham in Essen predigte und Hunderttausende im ganzen Land am Bildschirm zuhörten, war in manchen Kommentaren zu lesen, seine Botschaft sei zu einfach. Das finde ich nicht. Sie war so einfach wie das Evangelium. Oder wie die Tenor-Arie in Bachs Kantate:
„Jesus, laß uns auf dich sehen,
daß wir nicht
in den Sündenwegen gehen,
laß das Licht
deines Worts uns helle scheinen
und dich jederzeit treu meinen."
So einfach aber die Botschaft selbst ist, so umständlich scheint andererseits der Prozeß des Erkennens zu verlaufen. Obwohl Jesus selbst ins Gespräch eingriff, erkannten seine Jünger ihn nicht. Sie hatten keinen Blick für seine Anwesenheit. Jesus half nicht ungeduldig nach. Er ließ sich erzählen, wie sie die Geschichten einschätzten. Von enttäuschten Hoffnungen redeten die Männer. In ihren Glauben waren Vorbehalte und Zweifel eingezogen. Behutsam begleitete sie Jesus.
Mein Eindruck war, daß Billy Graham diesen Prozeß ein wenig ungeduldig abzukürzen versuchte, als ob man doch ein bißchen nachhelfen sollte.
Langsam, so scheint es, fügte sich in der Auslegung des Auferstandenen die Heilige Schrift aus Einzelteilen zusammen, *„angefangen bei Mose und*

Lukas 24,13–35

allen Propheten". Jesus deutete alle Schriften so, daß sie von ihm sprachen. Die Texte ordneten sich gleichsam perspektivisch an. Sie wurden durchsichtig. Eine große Klarheit entstand. Der leidende Christus, den Gott verherrlichen würde, trat aus allen Texten hervor. Und die Herzen begannen zu glühen und wurden entflammt zum Osterglauben.
Ungefähr eineinhalb Jahrhunderte vor Bach hat ein Prediger an der Thomaskirche, Nikolaus Selnecker, einen Choral gedichtet beziehungsweise ein lateinisches Lied Melanchthons verdeutscht, das Bach für diese Kantate vertonte:

„Ach bleib bei uns, Herr Jesus Christ,
weil es nun Abend worden ist,
dein göttlich Wort, das helle Licht,
laß ja bei uns auslöschen nicht."

Als helles Licht, als göttliches Wort erweist sich die verwirrend vielfältige Bibel, wenn sie die Bittenden überzeugt, daß Christus bei ihnen bleibt.
Aber erst als der Gast das Brot brach und ihnen reichte, gingen den Emmaus-Jüngern die Augen auf. Im Abendmahl gewahrten sie Jesus. Ihr Glaube wurde im Sakrament fest.
Selnecker betete:

„In dieser letzten, betrübten Zeit
verleih uns, Herr, Beständigkeit,
daß wir dein Wort und Sakrament
rein halten bis an unser End."

Ehe wir zum Abschluß noch einmal den Eingangschor der Kantate hören, möchte ich die Bitte: „Bleib bei uns", in einem Gebet aufnehmen, das Wilhelm Löhe im 19. Jahrhundert bekanntgemacht hat:

„Herr, bleibe bei uns; denn es will Abend werden und der Tag hat sich geneigt.
Bleibe bei uns und bei deiner ganzen Kirche.
Bleibe bei uns am Abend des Tages, am Abend des Lebens, am Abend der Welt. Bleibe bei uns mit deiner Gnade und Güte, mit deinem heiligen Wort und Sakrament, mit deinem Trost und Segen.
Bleibe bei uns, wenn über uns kommt die Nacht der Trübsal und Angst, die Nacht des Zweifels und der Anfechtung, die Nacht des bitteren Todes.
Bleibe bei uns und bei allen deinen Gläubigen in Zeit und Ewigkeit."
Amen.

Sonntag Jubilate, 10. Mai 1987
Gottes neues Zeitalter
Johannes 16,16–23

Und nun soll also das Zeitalter des Wassermanns kommen? Und andere Eigenschaften als bisher setzen sich durch? Sie haben sicher davon gehört: New Age (Neues Zeitalter). Die Macher sterben aus. Das Technische verliert an Bedeutung. Wir erlauschen die Rhythmen der Natur und tanzen nach ihrem Takt. Wir werden andächtig und sanft. Die Gefühlskälte läßt nach. Etwas Schonendes kommt in unser Verhalten. Beinahe hätten wir noch, von dem absterbenden Zeitalter der Fische geprägt, unsere Erde zerstört. Aber schon hat die langsam kreisende Erdachse einen Punkt erreicht, an dem die Frühjahrssonne für uns in ein neues Sternzeichen eintritt. Und das wirkt sich nun aus? Glauben Sie das im Ernst? Sollten kosmische Strahlungen ganz von selbst menschliches Verhalten ändern können? Ergibt sich das sozusagen automatisch? Und sollten die Tierkreiszeichen so großen Einfluß haben? Diese vor fünf Jahrtausenden in Babylon willkürlich zusammengezogenen Gestirnsgruppen unterschiedlichsten Erdabstandes? Hat es Sinn, mit so etwas zu rechnen? Mit dem Zeitalter der Fische, heißt es, gehe nun auch die Herrschaft der Christen zu Ende. Der Pantokrator, der Allherrscher, dessen Bild aus den tausendjährigen Kuppeln byzantinischer Kirchen herabblickt, Christus mit den strengen Augen, er kann abtreten. Seine Zeit ist abgelaufen. Fritjof Capra, den viele als einen Lehrer des neuen Zeitalters betrachten, erwähnt ihn schon in seinen Büchern nicht mehr. Und Mary Daly, die leidenschaftliche Prophetin der Frauenbewegung, erklärt, wir seien endlich „Jenseits von Gottvater, Sohn und Co." angelangt. Jesus, der Sohn Gottes, hat nichts mehr zu sagen. Er mag sich zurückziehen aufs Altenteil oder wohin er will. Man kann ihn vergessen.

Da berührt es einen eigenartig zu lesen, daß Jesus selbst schon ganz zu Beginn Abschied genommen hat. Wie wenn jemand verreisen will und ankündigt, man werde sich nun vorerst nicht mehr sehen, so sprach er: *„Nur noch ein wenig, dann werdet ihr mich nicht mehr sehen."* Er fügt allerdings hinzu: *„Und dann noch ein wenig, dann gibt es ein Wiedersehen."*

Die Zuhörer waren verwirrt. Was wollte er damit sagen? Sie begannen zu diskutieren. Wiederholt sagten sie sich diese merkwürdigen Sätze vor. Aber sie kamen nur zu dem Ergebnis: „Wir verstehen nicht, was er meint." Daß er sich so schnell wieder verabschieden würde, damit hatte niemand gerechnet. Und was sollte nun weiter geschehen?

Johannes 16,16–23

Im letzten Drittel des Johannes-Evangeliums stehen einige Kapitel mit Reden Jesu, die man als „Abschiedsreden" bezeichnet hat. Aus diesem Zusammenhang stammt der folgende Text.
Ich lese aus Johannes 16, Verse 16 bis 23:

> *„‚Noch eine kleine Weile'", sagte Jesus, „‚dann werdet ihr mich nicht mehr sehen; und abermals eine kleine Weile, dann werdet ihr mich sehen.' Da sprachen einige seiner Jünger untereinander: ‚Was bedeutet das, was er zu uns sagt: Noch eine kleine Weile, dann werdet ihr mich nicht sehen; und abermals eine kleine Weile, dann werdet ihr mich sehen; und: Ich gehe zum Vater?' Da sprachen sie: ‚Was bedeutet das, was er sagt: Noch eine kleine Weile? Wir wissen nicht, was er redet.' Da merkte Jesus, daß sie ihn fragen wollten, und sprach zu ihnen: ‚Danach fragt ihr untereinander, daß ich gesagt habe: Noch eine kleine Weile, dann werdet ihr mich nicht sehen; und abermals eine kleine Weile, dann werdet ihr mich sehen? Wahrlich, wahrlich, ich sage euch: Ihr werdet weinen und klagen, aber die Welt wird sich freuen; ihr werdet traurig sein, doch eure Traurigkeit soll in Freude verwandelt werden. Wenn eine Frau gebiert, so hat sie Schmerzen; denn ihre Stunde ist gekommen. Wenn sie aber das Kind geboren hat, denkt sie nicht mehr an die Angst um der Freude willen, daß ein Mensch zur Welt gekommen ist. Auch ihr habt nun Traurigkeit; aber ich will euch wiedersehen, und euer Herz soll sich freuen, und eure Freude soll niemand von euch nehmen. An dem Tag werdet ihr mich nichts mehr fragen.'"*

Was glaube ich wirklich?

Die Frage ist, ob wir es Jesus glauben wollen, daß er sich zwar jetzt, und bekanntlich schon seit geraumer Zeit, nicht sehen läßt, daß er aber eines Tages wiederkommen wird. Die Frage ist, ob sein Abgang nicht vielmehr seinen Rücktritt bedeutet hat. Ob das, was er angefangen hat und was eine Zeitlang wirkte, nun nicht langsam, aber sicher zu Ende geht? Ob nicht andere Lehren an seine Stelle treten werden. Ob sein Zeitalter nicht durch ein neues Zeitalter abgelöst wird. Oder handelt es sich doch nur um vorübergehende Anfechtungen, die sich eines Tages in Wohlgefallen auflösen? Und reift vielmehr in dieser Zeit etwas heran, was dann vollendet wird? Mit anderen Worten: Bleibt das, was Jesus gesagt hat und was die Christen geglaubt haben, auch für die Zukunft gültig? Kann man empfehlen, sich weiterhin daran zu halten? Oder ist die Zeit gekommen, eine neue Orientierung zu suchen?
Reicht die Bibel noch aus, oder müssen wir uns mit der Weisheit des chinesischen Orakelbuches I Ging, mit buddhistischer Mystik und womöglich sogar mit Astrologie befassen, nicht weil das bildend und

kulturgeschichtlich interessant wäre, sondern um unseres Heiles willen? Man muß sich entscheiden: New Age oder Christus. Es läßt sich nicht alles miteinander verbinden. Jeder muß sich eine Meinung bilden: Was glaube ich eigentlich? Geht die Zeit des Christentums zu Ende? Oder geht es auf die Wiederkunft Christi zu? Rücken wir Jesus immer ferner, bis er vollends vergessen ist? Oder kommen wir ihm näher, bis ihn „*alle Augen sehen*" (Offenbarung 1,7) und „*alle Knie*" sich vor ihm beugen? (Philipper 2,10).
Was glaube ich wirklich? Darüber entbrennen stundenlange Diskussionen. Wo ist er denn jetzt? Und wie läuft das Ganze weiter? Und was er gesagt hat, wie war es denn eigentlich gemeint?
Das läuft so ähnlich ab wie damals. Während sie diskutierten und dabei nicht weiterkamen, merkte Jesus, daß sie ihn etwas fragen wollten. Tatsächlich fragten sie nur sich selbst oder einander. Auf den Gedanken, sich mit ihren Fragen an ihn zu wenden, kamen sie merkwürdigerweise nicht. Wie wir übrigens auch nicht. Es bestünde ja die Möglichkeit, Fragen, gerade Fragen solcher Art, ins Gebet hineinzunehmen. Aber wer tut das schon?
Obwohl sie also Jesus nicht fragten, sondern nur unter sich Fragen hatten, schaltete er sich in das Gespräch ein. „Darüber diskutiert ihr?" fragte er verwundert. „Ist das denn wirklich das Problem? Wo ich bleibe und wie es mit mir weitergeht, kann das die Frage sein? Beschäftigt ihr euch tatsächlich nur damit?" Jesus hätte vielleicht auch fragen können: „Was glaubt ihr denn? Wer bin ich eigentlich?" Merken Sie, was auf dem Spiel steht? Die Frage ist, ob wir überhaupt glauben und was wir glauben: ob wir zum Beispiel glauben, daß Jesus Gottes Sohn ist, daß wir also, wenn wir uns mit Jesus abgeben, Gott in die Hand laufen. Glauben wir das? Oder stufen wir Jesus als einen Heiligen und bedeutenden Religionslehrer ein?
Als Jesus selbst sich in das Gespräch einmischte, ging er nicht auf die Frage ein, wie es mit ihm weitergeht. Er wechselte das Thema, als wollte er sagen: „Das ist doch nicht das Problem! Das Problem seid vielmehr ihr. Die Frage ist, wie es mit euch weitergeht. Und darüber will ich euch etwas sagen." Das heißt auf heute übertragen: Die wichtigste Frage, über die man sich klar werden muß, ist nicht die, ob vielleicht ein neues Zeitalter anbricht und unter welchem Sternzeichen es steht. Es fragt sich vielmehr, was wir in Zukunft mit unserem Glauben anfangen. Werden wir uns auch in Zukunft von Jesus etwas sagen lassen oder nicht? Wenden wir uns an ihn, oder suchen wir anderswo unser Heil? Sind wir noch Menschen, die ihre Fragen an ihn richten möchten und von ihm Antwort erwarten? Zählen wir uns zu seinen Jüngern? Sind wir noch Christen? Darüber muß man sich klar werden. Allein schon deshalb, weil das, was

Johannes 16,16–23

Jesus im folgenden sagte, nur für Christen gilt. Wer sich nicht festlegen will oder meint, sich nicht festlegen zu dürfen, wird damit vermutlich wenig anfangen können.

Die Wendezeit Gottes

Denn Jesus führte eine Unterscheidung ein. Die damals Anwesenden rechnete er zu seinen Jüngern. Er sprach sie direkt an: *„Ihr"*, sagte er. Und von ihnen unterschied er die *„Welt"*. Die Jünger sind Menschen, die auf Jesus hören und die immer wieder zusammenkommen, um sich von ihm etwas sagen zu lassen. Die anderen dagegen, die nicht auf ihn achten, weil sie von ihm nichts, jedenfalls nichts Entscheidendes, erwarten, werden im Johannes-Evangelium als *„Welt"* bezeichnet. Möglicherweise deshalb, weil sie zahlreicher sind. Wozu würden Sie sich zählen? Zu den Jüngern? Oder zur *„Welt"*? Wer nach einem neuen Zeitalter Ausschau hält, in dem die Bedeutung Jesu zurückgeht, dürfte nach dieser Einteilung wohl zur *„Welt"* zu rechnen sein. Aber ich glaube, man muß sich jetzt noch nicht endgültig festlegen. Der Übergang aus dem Bereich der *„Welt"* zu den Jüngern ist möglich. Vielleicht kann das, was Jesus seinen fragenden Jüngern mitteilte, doch auch Ihnen etwas sagen.
Das erste, was an Jesu richtungsweisendem Gesprächsbeitrag auffällt, ist, daß auch er mit einer Wende rechnet. Auch er kündigt ein neues Zeitalter an. Dieses kommende neue Zeitalter wird sich inhaltlich, was die Grundstimmung betrifft, wesentlich von dem bis dahin andauernden unterscheiden. Auch er sieht also eine Wendezeit heraufziehen, ohne sich jedoch zeitlich festzulegen. Astrologische Spekulationen hat er, obwohl sie auch zu seiner Zeit schon verbreitet und beliebt waren, als unseriös verschmäht. So einfach ist das nicht. Depression schlägt nicht auf einmal weltweit in Freude um, nur weil die Erdachse sich bezüglich ihrer Stellung zur Frühjahrssonne geringfügig verschiebt. Aus Raubtieren werden nicht Lämmer, nur weil die nächsten zwei Jahrtausende unter einem neuen Tierkreiszeichen stehen sollen. Aggressivität wandelt sich nicht automatisch in Sanftheit um.
Dennoch ist ein neues Zeitalter zu erwarten. Wann es eintritt, liegt bei Gott. Statt eines New Age, das von den Sternen herabträufeln soll, kennt die Bibel einen Neuen Äon, den Gott heraufführen wird. Da wird *„eure Traurigkeit in Freude verwandelt werden"*. Das kommt nicht von selber, sondern es ist an eine Bedingung geknüpft. Es geht die Jünger an und ergießt sich nicht wahllos über die *„Welt"*. Es setzt voraus, daß man sich an Jesus orientiert. *„Eure"* Trauer, sagte Jesus, verwandelt sich in Freude. Dabei sprach er Menschen an, die nicht von der Verschiebung

eines Tierkreiszeichens am Sternenhimmel erwarteten, nun werde alle Bosheit, Härte und Aggressivität in ihnen verdampfen, sondern die glaubten, daß das *„Lamm Gottes" „die Sünde der Welt"* trägt. Nicht der Wassermann, diese Traumgestalt menschlicher Phantasie, sondern das Lamm Gottes, wie die Bibel Jesus nannte, trägt das Destruktive, Unduldsame, Zerstörerische aus uns weg, und nicht nur das: auch Feigheit und Lauheit, falsche Zärtlichkeit und narzißtische Eigenliebe.

Die Jünger sind Menschen, die unter den Augen Jesu erkennen, was nichts taugt in ihrem Leben, was den Anforderungen Gottes nicht entspricht. Daher können sie nicht mehr zufrieden sein mit sich selbst. Sie klagen, wie es Jesus von einem erzählte, der sich von seinem Ursprung losgerissen hatte und nun zurückkehren wollte: *„Vater, ich habe gesündigt gegen den Himmel und vor dir."* Dieses Geständnis machen sie sich zu eigen. Nein, die Bosheit kommt nicht aus den Sternen. Sie kommt aus dem eigenen Herzen. Und wenn nun der Wassermann an die Stelle der Fische rückt, folgt nicht, daß die Menschen dadurch grundlegend besser werden. Aber Gott kann man bitten: „Schaffe in mir, Gott, ein reines Herz, und gib mir einen neuen, gewissen Geist." Darum kann man beten.

Und daß ein neues Herz und ein neues Denken nötig sind, sieht fast jeder ein. Christus hat Sünden vergeben und zu einem neuen Denken angeleitet. *„Tut Buße"*, heißt das in der Bibel. Und er hat eine geistige Kraft verheißen, seinen Heiligen Geist, der Menschen von innen her umwandelt, so daß aus ihnen gleichsam neue Geschöpfe werden. Ein Apostel konnte formulieren: *„Ist jemand in Christus, so ist er eine neue Kreatur."* Die Wendezeit, die Jesus ankündigte, hat also zwei Phasen. Zuerst werden Menschen zu Jüngern Jesu. Das heißt, sie hören auf ihn. Dadurch gelangen sie in das Kraftfeld des Heiligen Geistes und werden innerlich verändert. Dabei werden sie freilich denen, die nicht auf Jesus hören, immer fremder. Das führt zu Reibungen. Die *„Welt"* macht den Jüngern das Leben nicht gerade leicht. Also hält Traurigkeit bei ihnen Einzug. Und damit auch die Sehnsucht nach der zweiten Phase: Wenn Christus wiederkommt, wird er die Welt verändern, und dabei wird die Traurigkeit der Jünger in Freude verwandelt werden.

Der Finger Gottes

Das zweite, was an dieser Rede Jesu auffällt, ist, daß er die Entwicklung bis dahin mit einer Schwangerschaft verglich. Ich finde, daß die Verwendung dieses Bildes aussagekräftig ist. Zunächst muß man sich an den Gedanken gewöhnen, daß Christen traurig sein können. Man muß

Johannes 16,16–23

sich erst daran gewöhnen, weil oft das Gegenteil behauptet wird. Aber eigentlich liegt es nahe und ist ja auch tatsächlich häufig zu beobachten. Jesus sagte jedenfalls unmißverständlich: „*Ihr werdet weinen und klagen.*" Und zwar gerade zu Zeiten, in denen die „*Welt*" vergnügt, befriedigt oder sogar ausgelassen ist.

Damit ist nicht nur widerlegt, daß Christsein eine Garantie für ununterbrochene Fröhlichkeit wäre, sondern auch gesagt, daß es eine besondere, zusätzliche Art des Leidens mit sich bringt. Nämlich ein Leiden, das man mit den Wehen einer Schwangerschaft vergleichen kann.

Wenn es sich damit vergleichen läßt, dann ist es jedenfalls kein unnötiges, überflüssiges und sinnloses Leiden, sondern auf ein Ziel gerichtet. Es ist die vorübergehende negative Begleiterscheinung von etwas Hocherfreulichem. Man könnte sagen: Es ist ein notwendiges Übel. Die Schmerzen sind groß, wenn „*die Stunde*" da ist. Aber sie sind auch rasch wieder vergessen. Jesus sagte treffend: Sobald das Kind geboren ist, denkt man nicht mehr an die Angst, die vorausging; so groß ist die Freude, „*daß ein Mensch zur Welt gekommen ist*". Wir wären der Natur sehr entfremdet, wenn diese Freude bei uns nicht mehr überwiegen würde.

Aber was wollte Jesus damit sagen? Meinte er, daß seine Jünger sozusagen mit etwas schwanger gehen? Ist in ihnen etwas entstanden und gewachsen, was aber vorerst nur in ihnen ist? Es ist noch nicht heraus. Es hat noch nicht das Licht der Welt erblickt. Was ist das, womit die Jünger Jesu schwanger gehen?

Sie konnten sich vielleicht daran erinnern, daß Jesus nach einer überraschenden, gelungenen Heilung einmal sagte: „*Wenn ich mit dem Finger Gottes Dämonen austreibe, so ist ja das Reich Gottes zu euch gekommen*" (Lukas 11,20). Das hatten sie miterlebt. Davon hatten sie etwas zu spüren bekommen.

Hat uns dieser Finger Gottes noch nie berührt? Haben wir es nicht selber schon erlebt, wie Dinge, die uns beherrscht hatten, in den Hintergrund traten, wie sie die Macht über uns verloren, weil das, was Jesus sagte, für uns an Bedeutung gewann? Haben wir nicht Jesus im Gedächtnis, wie er Dämonen vertrieb, zumindest, wie er uns ein wenig freier machte, weil er auf unser Leben Einfluß nahm, und wie das doch „etwas ganz anderes" war als vorher ohne ihn? Wir haben eine Ahnung bekommen, wie das Leben sein könnte. Wir haben Geschmack gefunden an einer neuen Erde unter einem neuen Himmel, wie die Bibel sagt, wo Gerechtigkeit wohnt. Wir glauben nicht, daß ein neues Zeitalter die alte Erde unter den alten Sternen zum Himmelreich macht. Aber wir glauben, daß Christus in die alte Erde, in unsere Herzen zum Beispiel, das Reich Gottes gepflanzt hat. Das ist eine starke Hoffnung. Sie wächst von Tag zu Tag.

Daraus folgt natürlich auch, daß wir uns von Tag zu Tag weniger mit dem Zustand dieser Welt zufriedengeben können. Und Selbstzufriedenheit gelingt erst recht nicht. Wer zum Reich Gottes berufen wurde, der bricht, wenn ihm, wie Petrus, der Hahnenschrei ins Gewissen gellt, in bittere Tränen aus: in Tränen über sich selbst, weil er dreimal oder öfter durch Wort und Verhalten verleugnet hat, wonach er sich doch selber sehnt. Wir haben bei Jesus den Anbruch des Reiches Gottes verspürt. Es scheint fast unwirklich zu sein wie ein Traum oder eine schöne Legende. Wo ist der Finger Gottes? Sind nicht die Dämonen wieder zurückgekehrt?
Daraus erwächst ein Leiden. Es ist ein Leiden an der Wirklichkeit, an der eigenen vor allem: an ihrem Widerspruch zum Wort vom Reich Gottes. Das ist das Elend der Christen, daß sie eine Botschaft haben, deren Verwirklichung noch aussteht. Sie können sich mit der „*Welt*" nicht mehr zufriedengeben, weil sie etwas Besseres geschaut haben. Aber was sie geschaut haben, das „haben" sie noch nicht. „*Nicht, daß ich's schon ergriffen hätte*", gab der Apostel zu. „Ich bin ergriffen", das ist alles. Und weil es mich ergriffen hat, deshalb „*bin ich dahinter her*" (Philipper 3,13 f.). „*Die Welt wird sich freuen.*" Sie kennt nichts anderes. „*Aber ihr werdet traurig sein.*" Denn in euch wächst eine Sehnsucht, die erst dann gestillt wird, wenn ich wiederkomme, sagte Jesus.

Das Reich Gottes reifen lassen

Das dritte, was an Jesu Rede auffällt, ist, daß er eine Wende ankündigt, der keine weitere mehr folgen wird. Wenn es mit dem Zeitalter des Wassermanns etwas auf sich hätte, dann wäre auszurechnen, wann es wieder durch ein neues Zeitalter abgelöst wird. Dann könnte auch die Freude erneut in Trauer verwandelt werden, vorausgesetzt, daß die erste Umwandlung überhaupt zustande kam beziehungsweise daß eine Wandlung der Lebenseinstellung überhaupt auf so äußerliche Weise zustande kommen könnte. Jesus dagegen stellte denen, die das Reich Gottes in sich heranreifen lassen, in Aussicht, daß der Tag kommen und nicht mehr vergehen wird, an dem ihr Herz sich freut. „*Euer Herz wird sich freuen, und niemand wird euch die Freude mehr wegnehmen.*" Dann werden alle Fragen gelöst sein.
Die Lösung ist nicht in einem neuen Zeitalter zu suchen, das nach einer leisen Verschiebung der Erdachse zu einem neuen Sternzeichen hin doch nur eine Variation des alten sein kann. Die Lösung wird vielmehr die Geburt des Reiches Gottes sein, das jetzt schon gleichsam wie ein Embryo in den Gläubigen wächst, eines Tages aber, bei der Wiederkunft

Jesu, ans Licht der Welt tritt. Das ist jedenfalls die Anwort Jesu. Sie müssen sich entscheiden, welche sie wählen wollen.
Welche ich empfehle, kann keine Frage sein. Mir ist das auch wirklich keine Frage. Dann kommt es aber darauf an, daß wir uns auf das Wachsen des Reiches Gottes in uns konzentrieren. Bei einer Schwangerschaft muß man ja wohl auch auf sich aufpassen. Achten wir also darauf, daß das, was wir glauben, hoffen und lieben, in uns zunehmen kann und daß wir unser Verhalten darauf abstimmen, so daß das, was da wächst, nicht Schaden nimmt, bis es eines Tages in Erscheinung treten wird.

„Wir warten dein, o Gottes Sohn",
betet die Gemeinde der Christen,
„und lieben dein Erscheinen.
Wir wissen dich auf deinem Thron
und nennen uns die Deinen.
Wer an dich glaubt,
erhebt sein Haupt
und siehet dir entgegen;
du kommst uns ja zum Segen" (EG 152,j1).
Amen.

Sonntag Jubilate, 10. Mai 1992
Daß Jesus der Christus ist
1. Johannes 5,1–4

Ein Einzelschicksal aus der ehemaligen DDR, das aber keineswegs das einzige dieser Art ist. Liebe Hörer, ich glaube, es sagt über die Qualität der Evangelischen Kirche mehr aus als vieles, was sich aus Stasi-Akten erheben läßt.

In einem Thüringer Dorf hat ein Lehrer vierundzwanzig Jahre lang an der Volksschule unterrichtet, bis er kurz vor der Wende in Rente ging. Er machte kein Hehl daraus, daß er der Kirche angehört, und weigerte sich, in eine Partei einzutreten. Sonntag für Sonntag schritt er durch die Gassen zum Gottesdienst, obwohl nur noch wenige dem Ruf der Glocken in das immer schadhafter werdende Gotteshaus folgten. „Manchmal war es wie Spießrutenlaufen", berichtet er. Beruflicher Aufstieg blieb ihm versagt. Und noch jetzt „zahlt" er gleichsam „Strafe" für sein hartnäckiges Bekennen: Seine Rente wurde nach der Wende niedriger festgesetzt als die seiner SED-Kollegen, die ungehindert hatten Karriere machen können.

Warum verhielt sich dieser Mann so? Warum nahm er sein Leben lang Nachteile in Kauf – und bereut es heute noch nicht? Wem war damit gedient, daß er zur Kirche ging, wenn dies doch unerwünscht war und sich ihm kaum jemand anschloß? Wem nützt es, daß er „nichts werden konnte" und noch heute finanzielle Nachteile erleidet? Keinem Menschen, scheint es, ist damit geholfen. Es geschah auch nicht aus freundschaftlicher Verbundenheit mit dem Pfarrer, dessen Predigten den Lehrer oft enttäuschten.

Was war der Grund für sein Verhalten? War es nur eine gewisse persönliche Sturheit – nichts weiter? Eine unbeirrbar konservative Haltung? Oder war es etwa Liebe zu Gott?

Aber was ist das eigentlich? Unter „Liebe zu Gott" kann man sich nicht leicht etwas vorstellen. Daher fragen wir immer: Wem nützt es? Wenn es niemandem Erleichterung brachte, sondern nur ihm und seiner Familie schadete – hätte er es dann nicht auch bleiben lassen können?

Als ich diesem Menschen begegnete, spürte ich, wie schäbig es ist, so zu denken. Ich hätte mich geschämt, ihm die Frage zu stellen, ob sein unbeirrbarer Kirchgang während vierundzwanzig Jahren, der soviel Anstoß erregte, denn für irgend jemanden nützlich gewesen sei. Gesichtspunkte der Nützlichkeit, aber auch der Menschenfreundlichkeit, so bemerkte ich, reichen zur Bewertung nicht aus. Wollte man nur danach bewerten,

so hätte der Thüringer Lehrer sich ruhig ebenso verhalten können wie alle seine Kollegen und wie es die Schulleitung von ihm erwartete. Aber dabei wäre etwas Wesentliches übersehen. Menschenfreundlich wollte in seiner Weise auch der „Sozialismus" sein. Wer nur darauf achtete, konnte glauben, sich damit in gewissen Grenzen anfreunden zu können. Aber eine Bindung an Gott und seine Gebote wurde durch das DDR-Regime nicht nur abgelehnt, sondern nachdrücklich bekämpft.
Ob es richtig war, Abstriche am eigenen Rechtsempfinden zu machen, um in Einzelfällen menschliche Erleichterungen zu erzielen, also sozusagen „ein Auge zuzudrücken", wird angesichts peinlicher Enthüllungen von Tag zu Tag fraglicher. Die öffentliche Meinung schwankt, und das Vertrauen schwindet zusehends.

Die Liebe zu Gott

Ein befremdlicher Satz aus der Bibel, dessen Logik mich nie überzeugt hatte, leuchtet mir seit dieser Begegnung in Thüringen ein. Im 1. Johannesbrief steht: *„Daß wir die Kinder Gottes lieben, erkennen wir daran, daß wir Gott lieben und seine Gebote halten."* Als ich Theologiestudent war, wandte ich ein: umgekehrt! Ich ging über diesen Satz wie über eine nicht ganz gelungene Formulierung hinweg. Stillschweigend stellte ich richtig: Die Menschenliebe ist jedenfalls das Näherliegende; und sie ist erkennbar. Und was mit der Liebe zu Gott allenfalls gemeint sein kann, das muß sich in tätiger Liebe zu Menschen erweisen. Daher wäre eher umgekehrt zu formulieren: Ob wir Gott lieben, kann sich nur darin zeigen, daß wir Menschen zuliebe etwas leisten. Das Christliche muß sich in Beiträgen zur Vermenschlichung des Lebens bewähren. Aber nun fand ich, daß diese sperrige Formulierung im 1. Johannesbrief durchaus etwas für sich hat. Sie half mir, das Verhalten dieses Mannes, vor dem ich Respekt hatte, einzuordnen. Weil ihm die Gebote Gottes höher standen als das, was Schulleitung und Lehrerkollegium vertraten, nahm er es in Kauf, sein Leben lang als Außenseiter gestempelt zu werden. Die Liebe zu Gott – was denn sonst? – war das Motiv für sein Verhalten.
Obwohl wir uns nicht im geringsten kannten, bestand vom ersten Augenblick unserer Begegnung an ein spürbares Vertrauensverhältnis. Ich fand die befremdliche Logik des biblischen Textes bestätigt, daß man, wenn jemand Gott liebt und seine Gebote hält, damit rechnen kann, bei ihm auch Menschenliebe zu finden. Ich schließe daraus, daß, wer Gott in allem den Vorrang gibt und sich von seinen Geboten nicht abbringen läßt, unter Umständen mehr zur Humanisierung beiträgt, als wer aus Rücksicht auf vordergründige Bedürfnisse die Weisungen Gottes großzügig auslegt.

Daß Jesus der Christus ist

In der Epistel des Sonntags Jubilate ist der erwähnte Satz zu finden. Ich lese aus dem 1. Johannesbrief Kapitel 5, Verse 1 bis 4:

„Jeder, der glaubt, daß Jesus der Christus ist, der ist aus Gott geboren. Und wer den, der ihn geboren hat, liebt, der liebt auch den, der von ihm geboren ist.
Daran erkennen wir, daß wir die Kinder Gottes lieben, wenn wir Gott lieben und seine Gebote halten.
Das ist nämlich die Liebe zu Gott, daß wir seine Gebote halten; und seine Gebote sind nicht schwer.
Alles, was von Gott geboren ist, besiegt die Welt. Und das ist der Sieg, der die Welt überwunden hat: unser Glaube."

Liebe Hörer, um die Welt zu überwinden, so wird man annehmen müssen, ist großes taktisches Geschick erforderlich. Aber dann erleben wir, wie das geschickt Eingefädelte sich nicht bewährt. Schlichte Geradlinigkeit wäre besser gewesen. Und man gewinnt den Eindruck, daß der 1. Johannesbrief doch recht haben könnte, wenn er behauptet, der „Glaube" sei der Sieg, der die Welt überwindet. Gemeint ist der Glaube, *„daß Jesus der Christus ist"*, also eine Überzeugung, die sich in einem kurzen Satz ausdrücken läßt. Wir hatten vielleicht noch nie Anlaß, über diesen Nebensatz gründlich nachzudenken: *„daß Jesus der Christus ist"*. Man setzt ihn normalerweise voraus. Er gehört zu den Grundlagen. Aber was ist damit gesagt?

„Der Gesalbte"

„Der Christus" heißt, ins Deutsche übersetzt, „der Gesalbte". Er ist, wie gelegentlich aus aktuellen Zeitungsartikeln zu entnehmen ist, für Juden bis zum heutigen Tag eine Figur, an die sich ganz außerordentliche Erwartungen knüpfen. Wenn der Gesalbte kommt, dann werden die quälenden Debatten der Gesetzesausleger zu Ende sein, was nach Gottes Willen erlaubt oder verboten ist. Dann wird Er klare Weisung geben. Das Schwanken wird aufhören, wie weit man in der Zusammenarbeit mit der Welt gehen kann. Die erregten Auseinandersetzungen darüber, was in Konfliktfällen das Gebotene sei, werden sich beilegen lassen. – Wenn der Gesalbte kommt, so erwartete Israel, wird er Gott zurückbringen in eine Welt, die ihn verleugnet und zum Teil vergessen hat. Als Jesus kam, führte er Gott wieder ein in das Leben derer, die durch Schicksal oder Schuld den Kontakt zu ihm verloren hatten, und erwies sich damit als der erwartete Gesalbte. Wer glaubt, daß Jesus der Christus ist, hat den Auftrag und das Anliegen, für die Versöhnung mit Gott zu werben, damit Menschen wieder vertraut werden mit Gott und ihn

1. Johannes 5,1–4

liebgewinnen. Wenn das geschieht, wird nicht mehr „Gott" das Problem sein, über das man sich den Kopf zerbricht. Man braucht sich nicht immer wieder etwas Neues einfallen zu lassen, um das Gottesbild aufzuklären. Gewisse Ungereimtheiten der Bibel kann man ruhig stehen lassen wie die, daß Gott zwar als „Vater" angeredet wird, daß er aber doch, wenn man „aus Gott geboren" wird, folgerichtig als Mutter verstanden werden müßte. Gott wird sich wohl, denke ich, kaum jahrtausendelang ungeschickt ausgedrückt haben in seinem Wort, bis endlich einige Zeitgenossen dahinterkamen, wie es sich wirklich verhält. Wer wird wohl jemals Gottes Natur durchschauen?

Das Problem ist vielmehr, ob ich bereit bin, mein Leben dem unbegreiflich bleibenden Gott anzuvertrauen. Das Problem bin ich. Und um dieses Problem zu lösen, ist Christus auf die Welt gekommen. Wer glaubt, daß Jesus der Christus ist, der läßt sich gleichsam von ihm bei der Hand nehmen und führen. Vermeintlich neue Gotteserkenntnisse werden ihn nicht besonders interessieren, weil er den unfaßbaren Gott, der sich in Christus seiner gnädig angenommen hat, dankbar liebgewinnt. Der Thüringer Dorfschullehrer war überzeugt, *„daß Jesus der Christus ist"*. Er hielt sich kompromißlos an ihn. Jetzt steht er aufrecht da, während alle anderen im Dorf sich mehr oder weniger schämen müssen. Gestalten wie er haben für das Überleben der evangelischen Kirche mehr Bedeutung als Führungskräfte, die heute zögernd gestehen, daß sie der Staatssicherheit bei allen unvermeidlichen Kontakten leider vielleicht doch zu weit entgegengekommen sind. An dem stillen, leidensbereiten und zugleich unerbittlichen Widerstehen solcher unauffälligen Leute dürfte das System gescheitert sein, weniger am Verhandlungsgeschick derer, die eine bewegliche Taktik anwandten.

Der 1. Johannesbrief stellt lapidar fest: *„Das ist die Liebe zu Gott, daß wir seine Gebote halten."* Dann weiß man, was das Gebotene ist, und es erübrigt sich das Experimentieren mit Alternativen.

Daß jemand *„aus Gott geboren"* sei, erscheint wie eine sehr hoch gegriffene Aussage. Welche Qualitäten muß ein Mensch aufweisen, um als *„Kind Gottes"* gelten zu können? Der 1. Johannesbrief gibt eine ganz schlichte Antwort auf diese Frage: *„Aus Gott geboren"* ist *„jeder, der glaubt, daß Jesus der Christus ist"*.

Wer gehört dazu?

Am Ostermontagabend war ich in Halle unterwegs. Ich kam zum Markt. Es war schon spät. Wiederholt hatte ich die hohe, viertürmige Marktkirche, in der Luther gepredigt hat, besichtigen wollen, aber ich fand sie jedesmal verschlossen. Nun gewahrte ich in den schmalen Spitzbogenfenstern der Marktkirche Licht. Ich trat ein und geriet in eine Versammlung, die nicht öffentlich war. Im Altarraum waren Tische gedeckt. Man aß und trank. Lebhaft kreuzten sich Stimmen unter dem hohen Gewölbe. Ich wollte nicht stören, aber doch die Gelegenheit nutzen, mich umzusehen. Da erhob sich an einem der Tische ein Mann; er fragte, ob ich nicht Platz nehmen und mitfeiern möchte. „Wir feiern das Osterlamm", sagte er. Aus Teig gebackene Lämmer lagen bedeutungsvoll auf den Tischen, in Stücke geschnitten; und jeder nahm und aß. Aus großen Flaschen goß man Weißwein in die Gläser. Alt und Jung war im Gespräch, Behinderte saßen dabei. Ich war nun einbezogen.

Die Gemeinde feierte im vertrauten Kreis: die wenigen nämlich, die nie verheimlicht haben, daß sie an Jesus Christus glauben; die sich dazu bekannt haben all die Jahre hindurch; die es in Kauf nahmen, von der fortschrittlichen „*Welt*" dafür belächelt und manchmal auch böse angefeindet zu werden, was schmerzliche Folgen haben konnte. Sie kannten sich und wußten voneinander. Nein, öffentlich war die Feier des Lammes nicht. Aber sie war offen für jeden, der an Christus, das Lamm Gottes, glaubt und sich zu ihm bekennt.

Es werden klare Grenzen gezogen. Das erfuhr ich im Gespräch. Von 17000 Einwohnern des Stadtkerns zählen sich noch etwa 1200 zur Gemeinde, mehr nicht. Weniger als 10 Prozent. Neuerdings sind einige Hundert dazugekommen. Sie bezahlen auf einmal Kirchensteuer. Stillschweigend haben sie damit wieder angefangen. Gehören sie nun dazu oder nicht? Die unter Märtyrergemälden aus der Reformationszeit zwischen Taufbecken und Altar Versammelten äußerten Zweifel: Wir kennen sie nicht; sie haben bisher den Eindruck erweckt, sie gehörten nicht zu uns. Auf diese Weise konnten sie bequemer leben. Was soll man von ihnen denken? Glauben sie an Christus oder nicht? Zu erkennen gegeben haben sie es nie.

Wer gehört dazu? Johannes antwortet mit einem weit geöffneten Satz: „*Jeder, der glaubt, daß Jesus der Christus ist.*" Jeder, der glaubt. Aber das heißt auch: nur, wer glaubt; wer nicht glaubt, nicht. Nichts anderes zählt hier – nur der Glaube. Und nichts kann ein Hinderungsgrund sein für den, der glaubt: weder der mangelnde politische Durchblick, den man ihm jetzt zurückschauend vorwerfen kann, noch sonst etwas Anrüchiges aus der Vergangenheit, weder Schwäche noch Beschränktheit. Die Zugehörigkeit zur Gemeinde beruht nur auf Glauben.

Über Osterbrote und Weißweinflaschen blickte ich zum Altarbild auf, einem Werk der Cranach-Schule. Die Patrone der Stadt sah ich abgebildet, Soldaten der Thebäischen Legion. Mauritius und Alexander, so ließ ich mir erklären, Afrikaner im römischen Heer, christliche Widerständ-

1. Johannes 5,1–4

ler in einem antichristlichen System. Sie standen auf verlorenem Posten; ihnen wurde der Prozeß gemacht. Aber – welch ein Bild! Zu Füßen eines der Märtyrer windet sich, in Purpur gehüllt, die Krone noch über dem entsetzten Gesicht, ein gestürzter Kaiser.

Das Bild veranschaulicht mir den Satz: „Unser Glaube ist der Sieg, der die Welt überwunden hat." Noch tragen da und dort die Häupter dieser Welt, die den Christusglauben verfolgen, die Krone. Aber schon erleben wir es gelegentlich mit, wie sie stürzen. Der Glaube hat Geduld und kann warten, bis die Stunde des Christus kommt.

So wurde ich am Ostermontagabend bei der Feier des Osterlamms in Halle eingestimmt auf den Sonntag Jubilate. Die traditionelle lateinische Bezeichnung dieses Sonntags ist ein Aufruf zum Jubeln. Ich ließ mir übrigens das alte bronzene Taufbecken zeigen, in dem unter Tausenden auch Georg Friedrich Händel getauft worden ist, der später den Jubel über den Messias so prächtig zu gestalten wußte. Zur Orgelweihe, so hörte ich, war Johann Sebastian Bach in der Marktkirche anwesend.

Und längs der Empore wird in goldenen Lettern die Reformation wie ein Sieg Gottes gefeiert. Auf dem Aufgang zur Kanzel steht geschrieben: „Christus hat Einzug gehalten." So bezeugen das prächtige Bauwerk und seine reiche Geschichte den Sieg Jesu ebenso wie die klein gewordene, aber erprobte Gemeinde, die zur Feier des Osterlammes zusammengekommen war.

Amen.

Sonntag Jubilate, 2. Mai 1993
Bald werdet ihr mich sehen
Johannes 16,16–23

Bei der Eröffnung des Holocaust-Museums in Washington wurde eine Frage gestellt, die man nicht beiläufig stellen und unbeantwortet stehenlassen kann. Daß sie dort eher am Rande anklang und im Zusammenhang der Reden keine besondere Rolle spielte, entnehme ich Presseberichten. Der Fernsehmoderator Ted Koppel habe gefragt: „Wo war Gott?" Diese Frage drängt sich auf. Auch wenn Gott nur selten erwähnt wird und die Beziehung zu ihm locker geworden ist angesichts der grauenhaften Vorgänge, die in dem neuen Museum dokumentiert sind, und der ähnlich grauenhaften, die sich gegenwärtig abspielen, würde man sich wünschen, daß Gott auftauchte und einschritte. Der Schriftsteller Elie Wiesel sagte in seiner Eröffnungsrede in Washington, er könne „nicht mehr schlafen", seit er vor wenigen Wochen die Kriegsschauplätze auf dem Balkan besucht hat. Dabei soll er sich an den amerikanischen Präsidenten gewandt haben. Ted Koppel dagegen warf die Frage nach Gott eher nebenbei oder der Vollständigkeit halber auf; denn daß Gott nicht eingreift, daran hat man sich wohl schon gewöhnt.
Im Evangelium dieses Sonntags aber lese ich, daß Jesus angekündigt hat, dieser Zustand werde vorübergehen. Eine Zeitlang wird man den Eindruck haben, daß von Gott nichts zu sehen ist. Die Gläubigen werden sich schwer tun, von ihm zu reden. Denn die Kritiker werden triumphierend fragen: „Wo ist er denn?" Eine Weile wird es so sein, sagte Jesus; aber es bleibt nicht dabei. „Nur eine kleine Weile, dann werdet ihr mich sehen." Dann würde sich sogar Ted Koppels Frage erübrigen.
Aber langsam! Noch ist es nicht soweit. Zunächst wäre einmal zu fragen, wie dieser Satz Jesu überhaupt aufzufassen ist.
Beim ersten Hören klingt er fast belanglos. Wie wenn jemand ruft: „Moment mal! Ich komme gleich wieder." Das hört man x-mal am Tag, und es hat nicht viel zu bedeuten. Was wollte Jesus damit sagen? Die Hörer wußten es nicht. Darüber waren sie beunruhigt und sahen sich nicht in der Lage, über diesen Satz einfach hinwegzugehen. Eine Diskussion setzte ein. Im 16. Kapitel des Johannes-Evangeliums ist sie festgehalten. Der möglicherweise belanglose, möglicherweise aber auch bedeutungsschwere Satz Jesu kommt in dem knappen Bericht gleich dreimal vor. Das zeigt, wie sehr er die Hörer beschäftigt hat. „Was soll das heißen?" fragen sie. „Wir verstehen nicht, was er meint." Fragen über Fragen knüpfen sich an. Die Hälfte des Pedigttextes für den Sonntag Jubi-

Johannes 16,16–23

late, das heißt vier von acht Versen, erschöpfen sich in einer ergebnislosen Erörterung, was Jesus damit gemeint haben könnte. Danach gab er selber Aufschluß und verlieh seinem Wort das gehörige Gewicht.

Ich lese aus Johannes 16, Verse 16 bis 23:
> *‚‚Noch eine kleine Weile'"*, sagte Jesus, *‚‚‚dann werdet ihr mich nicht mehr sehen; und abermals eine kleine Weile, dann werdet ihr mich sehen.' Da sprachen einige seiner Jünger untereinander: ‚Was bedeutet das, was er zu uns sagt: Noch eine kleine Weile, dann werdet ihr mich nicht sehen; und abermals eine kleine Weile, dann werdet ihr mich sehen; und: Ich gehe zum Vater?' Da sprachen sie: ‚Was bedeutet das, was er sagt: Noch eine kleine Weile? Wir wissen nicht, was er redet.' Da merkte Jesus, daß sie ihn fragen wollten, und sprach zu ihnen: ‚Danach fragt ihr untereinander, daß ich gesagt habe: Noch eine kleine Weile, dann werdet ihr mich nicht sehen; und abermals eine kleine Weile, dann werdet ihr mich sehen? Wahrlich, wahrlich, ich sage euch: Ihr werdet weinen und klagen, aber die Welt wird sich freuen; ihr werdet traurig sein, doch eure Traurigkeit soll in Freude verwandelt werden. Wenn eine Frau gebiert, so hat sie Schmerzen; denn ihre Stunde ist gekommen. Wenn sie aber das Kind geboren hat, denkt sie nicht mehr an die Angst um der Freude willen, daß ein Mensch zur Welt gekommen ist. Auch ihr habt nun Traurigkeit; aber ich will euch wiedersehen, und euer Herz soll sich freuen, und eure Freude soll niemand von euch nehmen. An dem Tag werdet ihr mich nichts mehr fragen.'"*

„Es zieht sich hin"

„Nur noch eine kleine Weile, dann werdet ihr mich sehen." Es scheint so, daß dieser anfangs ebenso ausgiebig wie ergebnislos diskutierte Satz Jesu tatsächlich als eine Antwort auf Ted Koppels Frage aufgefaßt werden kann. Wenn das zutrifft, hat dieser Satz natürlich ein außerordentliches Gewicht. Und auch die Frage selbst, die Frage, wo Gott war, hätte es verdient, bei der Eröffnungsfeier des Holocaust-Museums nicht nur am Rande anzuklingen, sondern im Mittelpunkt zu stehen, weil eine Antwort in Aussicht steht. Die Sehnsucht nach einer Antwort auf diese Frage ist groß. Menschen sehnen sich nach einer Hand, die segnet, die heilt und die für Gerechtigkeit sorgt.

Nun kann sich die Sehnsucht an diesen Satz klammern und sagen: „Du wirst sehen: Er kommt!"

Aber ist dieser Trost stichhaltig? Klingt der Aufschub: *„Nur noch eine kleine Weile"*, nicht wie eine Vertröstung, die zu spät kommt, wenn der Tod eintritt?

Millionen haben sich nach Rettung gesehnt, Millionen haben nach Gott gerufen, und ihre Stimmen wurden erstickt. „Wo war Gott?" Und Elie Wiesel sagt, daß er nicht schlafen kann, weil es so weitergeht.
Wie soll man Jesus verstehen? Wie ist es zu verantworten, daß er sich nicht sehen läßt? Warum zieht sich die angeblich „*kleine Weile*" so quälend in die Länge?
Welchen Sinn hat das Leiden, das im Holocaust-Museum dokumentiert ist, und die Qual, die vielleicht eines Tages im Stalinismus-Museum ans Licht kommt? Die Schuldverstrickung, in der das Gewissen sich windet und die in Prozessen teilweise aufgedeckt wird, hat das alles ein Ziel? Worauf läuft das hinaus?
Die jüdische Dichterin Nelly Sachs fragte:
„Wohin o wohin
du Weltall der Sehnsucht
mit der Träume verlorenen Erdreichen
und der gesprenkelten Blutbahn des Leibes?"
Kommt der Satz Jesu als Antwort in Frage: „Ich komme, ihr werdet mich sehen"? Kommt das in Frage, obwohl zunächst einmal *„eine Weile"* nichts von ihm zu sehen ist und diese *„Weile"* sich hinzieht? Kann man sich darauf verlassen, obwohl er die Christenverfolgungen nicht unterbunden und den Dreißigjährigen Krieg nicht gestoppt hat, obwohl er beim Holocaust nicht eingriff, dem Bolschewismus nicht wehrte und gegenwärtig auch nicht in Erscheinung tritt?

Wie die Wehen einer Geburt

Jesus, der oft Gleichnisse erzählte, um seinen Zuhörern eine Vorstellung von dem zu vermitteln, was es mit dem Glauben auf sich hat, versuchte auch bei dieser Frage eine Verstehenshilfe zu geben.
„Ihr müßt euch die Geschichte vorstellen wie einen Geburtsvorgang", sagte er.
Was zum Beispiel Elie Wiesel „nicht schlafen" läßt, das ist wie die Wehen vor einer Geburt. Die Wehen können sich bekanntlich lange hinziehen. Und sie sind schmerzhaft, geradezu qualvoll.
Für mich ist dieses Gleichnis Jesu sehr anschaulich. Als unser drittes Kind geboren wurde, habe ich meine Frau zur Klinik begleitet. Dort wurden in einer einzigen Nacht zwölf Kinder geboren. Als wir eintrafen, hörten wir aus verschiedenen Räumen die Schreie der Gebärenden. Dann tickte der Wehenschreiber, der Herzschlag des Kindes trommelte über Lautsprecher. Das lenkte uns eine Weile ab. Aber als die Stunde kam, kurz vor Mitternacht, hatten wir nicht mehr Ohren für die Schreie von nebenan oder die

Johannes 16,16–23

Geräusche der Apparate. Meine Frau sagte nachher: „Die Schmerzen wären nicht auszuhalten, wenn man nicht wüßte wofür."
Jesus sagte: So muß man sich den Glauben vorstellen: wie Wehen, die sich steigern, tagelang, immer heftiger, immer häufiger, bis die Stunde kommt, der man mit Angst entgegensieht, zugleich aber in freudiger Erwartung.
So steht es mit der Frage, wo Gott vorkommt im Weltgeschehen und warum der Erlöser sich nicht sehen läßt. Die Antwort bildet sich erst heraus. Es dauert noch eine Weile. Im Augenblick läßt sich nichts beweisen. Aber es wird sich zeigen.
Da Jesus das Leben im Glauben so beschrieben hat, darf man sich das Christsein nicht als abgesicherte, behagliche Existenz vorstellen, wo alles in Ordnung ist. Auch Christen haben keine Antwort auf die Frage, wo Gott war im Holocaust. Sie können nur sagen: „Unser Gott kommt. Wir warten auf ihn. Dann werden wir es sehen." Bis dahin spielt sich ihr Leben nicht im Vorhof des Paradieses, sondern gleichsam in einem großen Kreißsaal ab, wo man Schmerzensschreie hört und wo sich etwas ankündigt, was noch nicht zu sehen ist.
„*Ihr werdet weinen und klagen*", sagt Jesus. Das Schmerzliche wird im Vordergrund stehen.
Aber ihr werdet die Schmerzen ertragen können, weil ihr wißt wofür; weil eure Sehnsucht weiß wohin: „Kommt her zu mir"; „ihr werdet mich sehen."

Wartezeiten

Das Schmerzliche ist, daß man von dem, was der Glaube sagt, gegenwärtig nichts sieht; und was man sieht, widerspricht dem Glauben. Mit Schmerz haben viele vom Glauben Abstand genommen. Und die am Glauben festhalten, werden von diesem Widerspruch ebenfalls schmerzlich berührt.
Propheten hatten verheißen, Gott werde einmal das steinharte Herz aus den Menschen wegnehmen; der Unmenschlichkeit werde er ein Ende bereiten; weiche Herzen werde er einpflanzen. Und er wolle die Menschen lehren, nicht mehr gegeneinander die Waffen zu erheben. Ja, sogar von seiner Liebe, von göttlicher Liebe, werde er etwas in die Menschenherzen gießen.
Wo ist die Liebe? Wo bleibt der Friede? Wo herrscht auch nur Menschlichkeit? Im eigenen Herzen vermisse ich sie. Auch Christen kommen nie darüber hinaus, Sünden bekennen zu müssen. Aber sie singen in ihren Gottesdiensten: „O Lamm Gottes, unschuldig / am Stamm des

Kreuzes geschlachtet", und meinen damit Jesus, der am Kreuz vor Schmerzen schrie. „All Sünd hast du getragen", singen sie in diesem liturgischen Gebet, „sonst müßten wir verzagen." Als Jesus blutend am Kreuz hing, so glauben wir, hat er vor Gott die Verantwortung für die Sünden der Welt übernommen. Sich selbst hat er als Opfer verstanden. Und Gott nahm das Opfer an. Unter diesem Gesichtspunkt wurde das Kreuz zu einem tröstlichen Zeichen, gleichsam zum Versprechen, daß die Frage, wo Gott war in den unzähligen Leidensgeschichten, einmal eine befriedigende Antwort finden wird.

Doch nun mehren sich die Stimmen, sogar in der Kirche, die aufdecken wollen, daß es ein bedenklicher, geradezu perverser Vorgang sei, wenn jemand eine Folterszene, ja eine Hinrichtung in den Mittelpunkt seiner geistlichen Betrachtung rücke. Das müsse sich auf die Seele schädlich auswirken. Es könne keine guten Folgen haben. Mit anderen Worten: Man muß sich das Kreuz aus dem Kopf schlagen. Wie soll die Qual eines Menschen einem anderen etwas nützen können? Und der Glaubende, der meinte, eine Spur, einen Hinweis zu „sehen", wo Gott in der Geschichte vorkommt, wird unsicher, weiß nicht, was er entgegnen soll, und Trauer überkommt ihn.

Aber er hat die Erfahrung gemacht, wer Christus vertraut, in dem ruft der Heilige Geist Werke der Versöhnung, des Friedens und des Heilens hervor. „Sieht" man da nicht das Wirken Gottes? Es lassen sich Beispiele aufzählen. Doch dann kommt der Einwand, in anderen Religionen, ja auch ohne Religion, komme Vergleichbares ebenso gut zustande. Erneut verliert sich die Spur des Herrn im Ungewissen. Und der Glaubende stellt traurig fest: Man sieht nichts von ihm. Aber daß die Gebote Gottes sinnvoll sind und daß die Welt besser dastünde, wenn sie eingehalten würden, – das wenigstens wird man festhalten können. Doch der Einwand lautet: Ob die Gebote sinnvoll sind oder nicht, das muß sich jeweils erst erweisen. Vieles dürfte zeitgebunden sein. Wir sind darüber hinaus. Es könnte sich herausstellen, daß manche Gebote der Entfaltung menschlicher Möglichkeiten im Weg standen. Wer ihnen folgt, verkümmert. Und wer sie predigt, muß sich als Fundamentalist oder sogar als Sektierer einstufen lassen.

„Die Welt wird sich freuen", kündigt Jesus an; sie wird triumphieren. *„Aber ihr werdet traurig sein."*

Vorfreude

Doch es bleibt nicht so. *„Eure Trauer soll in Freude verwandelt werden."* Ihr werdet das Ganze einmal positiv sehen. Es ist eben wie bei einer Geburt.

Johannes 16,16–23

„Wenn das Kind geboren ist, denkt man nicht mehr an die Angst um der Freude willen, daß ein Mensch auf die Welt gekommen ist", sagt Jesus.
Zur Geburtsvorbereitung werden heute psychoprophylaktische Übungen empfohlen. Um Verkrampfungen zu vermeiden, wenn die Wehen heftig werden, bringen Hebammen den werdenden Müttern Atmungs- und Entspannungsübungen bei. Man kann sie auch anhand von Büchern erlernen.
In einem dieser Bücher habe ich geblättert. Im Anhang sind einige Geburtsberichte abgedruckt, die bestätigen sollen, daß die in diesem Buch empfohlenen Atmungs- und Entspannungsübungen sich bewährt haben. Diese Berichte sind durchweg positiv gehalten und stimmen insofern mit dem überein, was Jesus sagte.
Unmittelbar nach der Geburt wurden Mütter befragt, ob sie noch ein Kind haben möchten; sie bejahten spontan. Fast überschwenglich schildern manche Frauen die Gefühle, die sie nach der Geburt hatten. Die Trauer hat sich in Freude verwandelt.
Albrecht Goes, jetzt hochbetagt, hat seinerzeit, als er aus der Kriegsgefangenschaft heimkehrte, „Verse für ein Kind" gedichtet. Er schrieb:
„Noch fühl ich rings verstörende Gewalten,
des alten Hasses Hall und Widerhall.
Du aber lächelst, Kind, und dieses Lächeln
ist wie der Liebe Lied und Sternenfall."
Nur noch *„eine kleine Weile"*, sagte Jesus, *„dann werdet ihr mich sehen"*. Damit hat er die Hoffnung geweckt, daß unsere Verlegenheit angesichts der Frage, wo Gott war im Holocaust und wo er heute ist in dem, was uns den Schlaf raubt, einmal aufhört. Wir hoffen, daß die Trauer über den Zwiespalt zwischen Glauben und Welterfahrung sich einmal definitiv in Freude über die Bestätigung des Glaubens verwandelt. Der Hall und der Widerhall des Hasses wird dann übertönt sein von dem Lied der Liebe Gottes.
Jesus sagte: *„Ich will euch wiedersehen, und euer Herz soll sich freuen."* Diesem Tag gehen wir mit Vorfreude entgegen. Wie Mütter sich auf eine Geburt vorbereiten, so hat Jesus dazu angeleitet, sich auf Zeiten der Anfechtung und Trauer einzustellen.
Ich „war auf den Schmerz vorbereitet", lese ich in einem der erwähnten Geburtsberichte. „Ich fühlte mich bereit, den Schmerz anzunehmen", „so daß ich in diesem Bewußtsein keine Angst mehr hatte". So wurde die Geburt zu einem wunderbaren Erlebnis. Ich hatte „wirklich Freude" daran. Die Frau, die das schrieb, fügte hinzu: „Ich hoffe, Sie glauben nicht, daß ich jetzt angebe, aber ich bin ziemlich stolz."
Der Satz Jesu: „Eine Weile werdet ihr mich nicht sehen, aber nach einer Weile seht ihr mich dann wieder; denn ich sehe mich um nach euch",

sollte die Seele der Gläubigen vor Verzweiflung schützen, wenn bedrückende Erfahrungen überhand nehmen und sie den Argumenten des Unglaubens nichts entgegenzusetzen haben.
Eine Frau, jetzt hoch in den Achtzigern, hat mir wiederholt erzählt, wie sie einmal, von Schwermut bedrückt, zum Fenster ihres Zimmers ging, in der Absicht, sich in die Tiefe zu stürzen. Da sei ihr, wie auf einem Gemälde, das sie oft angeschaut hat, Jesus erschienen und habe vernehmlich gesagt: „Tu's nicht!"
Mich interessiert an diesem Vorgang vor allem, daß Jesus seine Ankündigung: *„Ich will euch wiedersehen"*, wahrgemacht hat, als es nötig war, wie er es zu Lebzeiten oft getan hat, wenn er einschritt, wo Menschen verzweifelt oder besessen waren. Ted Koppels Frage bei der Eröffnung des Holocaust-Museums, wo Gott damals war, hätte man an die Opfer des Holocaust richten müssen, die an Gott glaubten. Nicht wenige Zeugnisse sind überliefert, die dem oft zitierten letzten Wort Dietrich Bonhoeffers glichen, als es zur Hinrichtung ging: „Das ist das Ende – für mich der Anfang des Lebens."
Am Ende, heißt es, werden alle Augen ihn sehen.
Amen.

Sonntag Kantate, 23. April 1989

Loblieder singen

Jesaja 12

Dieser Sonntag heißt „Kantate". „Sänger gesucht", übersetze ich das. Es ist wie ein Aushang: „Wir wollen im Herbst Haydns ‚Schöpfung' aufführen. Dazu fehlen noch Stimmen im Alt und Tenor." Ich vermute, die fehlenden Stimmen werden sich finden lassen. Denn viele, die den Aushang lesen, werden sagen: „Ach ja, singen sollte ich wieder einmal! Singen ist gut. Wenn man auch gebunden ist – die vielen Chorproben! Aber es macht doch Freude. Mir fehlt das richtig. Ja, ich werde mitsingen!" Der Predigttext für den Sonntag Kantate ist das kurze 12. Kapitel im Buch des Propheten Jesaja, alle Verse von 1 bis 6:

„Zu der Zeit wird man sagen: ‚Ich danke dir Herr, daß du zornig gewesen bist über mich und dein Zorn sich gewendet hat und du mich tröstest.
Siehe, Gott ist mein Heil. Ich habe Vertrauen und fürchte mich nicht; denn Gott, der Herr, ist meine Stärke und mein Psalm und mein Heil.'
Ihr werdet mit Freuden Wasser schöpfen aus dem Brunnen des Heils.
Und ihr werdet sagen zu der Zeit: ‚Dankt dem Herrn! Ruft seinen Namen an! Macht kund unter den Völkern sein Tun, verkündigt, wie sein Name so hoch ist!
Lobsingt dem Herrn; denn er hat sich herrlich erwiesen. Das soll bekannt werden auf der ganzen Erde.
Jauchze und rühme, du Tochter Zion; denn der Heilige Israels ist groß bei Dir!'"

Zu Menschen, denen das momentan völlig fernlag, sprach der Prophet so. Die politischen Realitäten erlaubten es nicht, sich sicher zu fühlen. Der Druck Assurs nahm Israel den Atem. Angst hielt die Leute im Klammergriff.
Es würde mich nicht wundern, wenn nicht auch Sie Gründe hätten, die das Lobsingen erschweren. Ein neidischer und aggressiver Nachbar macht einem das Leben schwer. Wenn Sie nur an seinem Haus vorbeigehen, steigt der Pulsschlag vor Erregung und Bitterkeit. Oder ein Vorgesetzter läßt Sie eisig spüren, daß er am längeren Hebel sitzt. Ein langgehegter Plan muß endgültig zu den Akten gelegt werden. Oder das Ergebnis der letzten Arztuntersuchung wirft Schatten auf die Zukunft. Die Lebensfreude ist gedämpft, wenn nicht erstickt. Manche stört dieses ganze frohgemute Sängerwesen an Kantate: „Tut mir leid, aber ich finde gar keine Veranlassung zu singen, wirklich nicht!"

Jesaja 12

Aufatmen und dankbar sein?

Ist es nicht ganz allgemein deplaziert, Haydns „Schöpfung" aufzuführen angesichts apokalyptischer Bilder wie der Ölpest vor Alaska, entnadelter Waldstücke und des unheilverkündenden Schreckensbegriffs „Ozonloch"? Aber der Prophet weissagt: Die Zeit wird kommen, daß auch du wieder aufatmen kannst. *„Zu der Zeit wirst du sagen: ,Ich danke dir, Herr.'"* Du wirst dann bekennen: „Ich fürchte mich nicht mehr. Jetzt setze ich Vertrauen in die Zukunft."
Und der Prophet kündigt an: Ihr werdet unerschöpflich *„Heil"* erreichbar finden; wie aus einem tiefen Brunnen werdet ihr es schöpfen können. *„Heil"* heißt, daß alles gut wird. Davon werdet ihr dann reden wollen. – *„Zu der Zeit"* werdet ihr auch mit Kantate, Kirchenchor und Lobgesängen etwas anfangen können.
Vorletzte Woche habe ich an einer Tagung teilgenommen, die die „Bewahrung der Schöpfung" zum Thema hatte. Sie können sich vorstellen, wovon bei dieser Tagung die Rede war: von Umweltkatastrophen, von einer drohenden Klimaveränderung und ihren vorhersehbaren Folgen. Die Eiskappen am Nord- und Südpol werden teilweise schmelzen, sagte ein Referent voraus: Der Meeresspiegel steigt, Bangladesh geht unter, ebenso Holland; New York, Los Angeles und Hamburg verschwinden im Meer. Die fruchtbaren Tiefebenen versinken, aus denen die Welt zwei Drittel ihrer Nahrungsmittel bezog. Bedrückend legten sich solche Aussichten auf das Gemüt der Versammelten. Ein Teilnehmer sagte: „Wir wissen das alles, aber wir verändern unser Verhalten nicht, weder im Kleinen noch im Großen. Ich habe für diese Schöpfung keine Hoffnung mehr. Ich bin eigentlich verzweifelt."
Doch es war nicht zu übersehen, wie vor den Fenstern der Tagungsräume die Natur erblühte. Und eines Morgens klang uns durch den Flurlautsprecher im Gästehaus eine Choralmelodie ins Erwachen: „Du, meine Seele, singe, wohlauf und singe schön."

Auf und ab der Stimmungen

Und in den Gesang mischten sich Stimmen der Vögel vom Park her. Das beschwingte die Seele am Morgen. Zuversicht und etwas Wohlgemutes zogen ein. War das nun die *„Zeit"*, die der Prophet vorhergesagt hatte? Ein Teilnehmer fragte: „Warum liegen bei diesem Thema die Gesangbücher ungeöffnet auf dem Tisch? Warum singen wir nicht viel mehr Loblieder?" Dürfen wir nicht bekennen: „Wir vertrauen dem Schöpfer dieser Natur, der sie immer noch erhält, und freuen uns an ihr?"

Aber dann blätterte ich die Zeitung auf: Bilder von Enten und Möwen, die, von Schwanz bis Schnabel ölverschmiert und zur Unkenntlichkeit entstellt, an den Folgen eines Tankerunglücks zugrunde gehen. Wieder und wieder versuchen die Tiere, ihr Gefieder zu säubern, fortwährend schlagen sie mit den Flügeln, richten sich häufig im Wasser auf. Schon nach wenigen Tagen sind sie erschöpft und erfrieren; denn das ölverklebte Federkleid schützt nicht mehr vor der Kälte. „Verschlucktes Öl tut ein übriges", las ich, „die inneren Organe sind oft entzündet und in ihrer Funktion gestört." „Der Tod durch Öl hat viele Gesichter."[1]
Ist es nicht mißlich, solchem Auf und Ab der Stimmungen ausgeliefert zu sein? Auf dem Weg zur Tagungsstätte ging ich an den blühenden, duftenden Gärten entlang, und Freude löste im Herzen Loblieder aus, die ich, die Mappe unter dem Arm, auf den Lippen summte. Verdrängte ich dabei, was ich an Manuskripten in der Tasche und was ich im Gedächtnis trug? Schon eine Viertelstunde später, als ich wieder in den Tagungsunterlagen blätterte und Diskussionsbeiträge über das Saalmikrophon hörte, kehrte die Bedrückung zurück. Zahlenmaterial und Fotos von anderswo erinnerten mich daran, daß das soeben Gesehene fast schon Vergangenheit ist. Kommt und vergeht die „*Zeit*" der Lobgesänge also im Viertelstundentakt? „Du, meine Seele, singe" und: „Ich bin eigentlich verzweifelt" – schwankt das so hin und her? Und ist etwa zu befürchten, daß die „*Zeit*" der Lobgesänge immer seltener eintritt, weil die positiven Erfahrungen durch die Last der Fakten erdrückt werden, weil die Blicke mehr und mehr auch in den scheinbar noch heilen Bereichen auf Spuren der Zerstörung fallen?
Läge es uns nicht näher, die Botschaft des Propheten umzukehren? Würden wir nicht eher vermuten, daß die „*Zeit*" kommt, wo auch denen, die sich jetzt noch in der Biotop-Idylle ihres Privatgärtchens vergnügen, das blanke Entsetzen ins Gesicht tritt, wo auch die Christengemeinden, statt das Erntedankfest zu feiern, nur noch die Umweltschäden beklagen und wo das fordernde Skandieren besorgter Demonstranten endgültig den Lobgesang der Gottesdienste ablöst?

Wenn Gott zornig ist

Gottes Wort aber kündigt das Gegenteil an. Die Botschaft unseres Propheten, das zeigt sich bei näherem Zusehen, ist alles andere als ein harmloser Text. Diese Worte setzen sich nicht leichthin über Realitäten hinweg. „*Zu der Zeit wirst du sagen: ‚Ich danke dir Herr'*", sagte Jesaja voraus.

---
1 FAZ, 15.4.1989, S. 9.

Jesaja 12

„Aber wofür denn, bitte?" werden die Leute gefragt haben. „Ich bin verzweifelt. Lobsingen liegt mir fern. Es ist mir vergangen."
Nun sagte der Prophet nicht: „Vergiß den ganzen Ärger! Denke an etwas anderes! Schlage die Psalmen auf und singe, als ob nichts gewesen wäre!" So kann auch heute die Losung nicht lauten: „Macht einen Frühlingsspaziergang, hört euch Haydns ‚Schöpfung' an und schlagt euch die Informationen über Umweltschäden aus dem Kopf! Oder was euch sonst Kummer macht."
Im Gegenteil. Der Prophet redete den Bekümmerten ihren Kummer nicht aus, sondern deckte auf, woraus er im Grunde entspringt. „Es ist nicht gut Wetter bei Gott", sagte er, „ihr habt es euch mit ihm verdorben. Die ganze Misere ist ein Zeichen seines Zürnens. Ihr habt Fehler begangen; jetzt holen euch die Folgen ein." Damals war es der Druck der Assyrer. Heute sind es die niederdrückenden Zukunftsperspektiven. „Das habt ihr euch selber zuzuschreiben."
Wenn man es wagt, die Dinge so zu deuten, wie es der Prophet tat, wenn man im Zusammenhang mit Gott von Zorn redet und das ernst meint, wenn man also glaubt, daß Gott zornig ist, dann kann damit nicht eine vorübergehende Mißstimmung oder Laune gemeint sein; dann ist das sicher verheerend und unausweichlich. Ungefähr so, wie wir heute die Folgen menschlichen Fehlverhaltens hochrechnend, voraussehen können. Dann ist der ganze Horizont pechschwarz. Und alles treibt auf die Katastrophe zu. Wie jener Referent es bei der besagten Tagung aussprach: „Eine Politik des ‚nach uns die Sintflut'", die nach Gottes Geboten nicht fragt, „bewirkt im wahrsten Sinne, daß wir die Sintflut bald vor uns haben". Die gnadenlosen Folgen des Raubbaus sind wie ein Gleichnis dafür, daß es kein Entrinnen gibt, wenn Gott zornig ist.

Hier wendet sich das Blatt

Aber Propheten sprechen nicht, wie unsere Referenten, Selbstverständliches aus, auf das man, wenn man nachdenkt, auch selber kommen kann. Sie bringen eine Botschaft Gottes in diese Welt. Das ist das völlig Unerwartete. Hier wendet sich das Blatt. Eine neue Seite wird aufgeschlagen. So unausweichlich auf der einen Seite der Zorn Gottes drohte, so hell und uneingeschränkt steht auf der anderen Seite, daß der Zorn sich gewendet hat. Das wäre natürlich eine unsagbar gute Botschaft. Wenn man das glauben könnte, fiele eine Zentnerlast vom Herzen.
Kann man das aber, fragen wir skeptisch, so aus heiterem Himmel sagen? Gibt es dafür irgendeinen Anhaltspunkt? Wozu unsere Referenten aufrufen können, ist ja immer nur, das Rad der Entwicklung noch

rechtzeitig zurückzudrehen, und zwar sofort, energisch und mit ganzer Umdrehung. Aber wer tut es? Wer hätte auch nur die Möglichkeit, es zu tun? Und ob es nicht schon zu spät ist? Daher werden die Stimmen häufiger, die sagen: „Ich habe keine Hoffnung mehr. Ich bin eigentlich verzweifelt."
Eine wirksame Hilfe könnte man sich nur vorstellen, wenn Gott vom Himmel her eingriffe. Wenn so etwas denkbar wäre. „Das predige ich eben", sagte der Prophet, „und wenn du zum Glauben kommst – an dem Tag wirst du sagen: ‚Ich danke dir, Gott, daß du zornig gewesen bist über mich und dein Zorn sich gewendet hat und du mich tröstest.'" Und ich sage Ihnen heute als christlicher Prediger: Dafür gibt es einen Anhaltspunkt. Diese Wende ist tatsächlich eingetreten. Als nämlich einmal mitten am Tage der Himmel nachtschwarz wurde und der ans Kreuz genagelte Gottessohn in die Finsternis schrie: *„Mein Gott, mein Gott, warum hast du mich verlassen?"* – da hat sich der Zorn Gottes gewendet. Da hat sich der unausweichlich die Menschheit bedrohende Zorn Gottes über Jesus entladen. Die gnadenlosen Folgen brachen über ihn herein. Er wurde zum Opfer. *„Die Strafe liegt auf ihm, auf daß wir Frieden hätten"*, lautet das erlösende Wort. Also haben wir Frieden. So wurde das Kreuz von Golgatha zum Hoffnungszeichen, zum Erlösungszeichen, zum Lebenszeichen auch einer sich zugrunderichtenden Welt. Daher grüßten Christen dieses Zeichen des Kreuzes und besangen es als ihre einzige Hoffnung. Das Kreuz Jesu gehört selbst zu den finsteren Realitäten der Geschichte, und es überwand sie zugleich. Im Blick auf das Kreuz kann man diese Realitäten ins Auge fassen, ohne sich zur Erholung davon manchmal vormachen zu müssen, ganz so schlimm könne es wohl doch nicht stehen. Und buchstäblich im gleichen Atemzug, Auge in Auge mit Ölpest und Vernichtungspotentialen, aber auch mit den Willkürakten mißgünstiger Vorgesetzter, die mich knicken möchten, ja sogar mit dem, wofür ich mich selber schämen muß, kann ich Loblieder singen aus erlöstem Herzen.

Gott ist mein Heil

Ein russischer Provinzjournalist, der das Puschkin-Museum in Moskau besuchte, dort unverhofft eine Konzertkarte erhielt und unvorbereitet mit altbulgarischer Kirchenmusik konfrontiert wurde, erlebte diese Art des Gesangs wie den „Schrei des Lebens, den Schrei des Menschen mit hoch erhobenen Händen, der von dem ewigwährenden Durst kündet ..., einen Halt zu finden in den unermeßlichen Weiten des Universums". So schildert der kirgisische Schriftsteller Tschingis Aitmatow den Eindruck christlicher Gesänge, die aus der Tiefe des Lebens aufbrechen. Doch sie künden nicht nur von dem unendlichen Dürsten nach Gerechtigkeit, sondern sind Lobgesang derer, die *„mit Freuden Wasser schöpfen aus dem Brunnen des Heils"*. „Es schien, als habe sich in der Stille der göttliche Himmelswagen langsam von seinem Platz gelöst, mit glitzernden Rädern und Speichen, und er rollte auf unsichtbaren Wellen über die Grenzen des Saales, er hinterließ eine lange, nicht abebbende, feierliche und jubilierende Stimmenspur, die jedesmal aus unerschöpflichen geistigen Reserven wiedererstand."

Das ist nicht nur der bange Schrei des Menschen ins Universum hinaus, ob sich der Zorn wohl wenden werde, sondern Jubel darüber, daß Gott gekommen ist, die Geängsteten zu trösten.

Der Zorn hat sich gewendet. Darum fürchte ich mich nicht. Ich fasse Vertrauen. Denn Gott ist mein Heil. Er ist groß bei mir, größer als alles, was angst macht. Aitmatow schreibt: „So kam über die Versammelten" im Konzertsaal „unversehens eine Gnade, ihre Gesichter waren bewegt, bei einigen schimmerten Tränen in den Augen"[2].

Solche „Gnade" wünsche ich Ihnen, „und Frieden von Gott, unserem Vater, und unserem Herrn Jesus Christus".
Amen!

---

[2] Der Richtplatz, Zürich 1988, S. 84–86.

Sonntag Kantate, 13. Mai 1990

Kantate

Psalm 137,1–4

„Psalter"– das war in biblischer Zeit auch ein Saiteninstrument – „und Harfe: wacht auf"! Das heißt: Die Musikinstrumente sollen aus ihrer Stummheit befreit werden. Wie lange schon wartet die Geige unbenutzt in einer Ecke! Das Klavier wurde schon seit Monaten nicht mehr aufgeklappt. Sogar die Saiten der Gitarre kamen schon lange nicht mehr in Schwingung. Das ruht alles. Es ist eingeschlafen. Keine Zeit. Und man ist auch nicht in Stimmung. Ich, zum Beispiel, kann kein Instrument spielen. Aber singen könnte ich. „Du summst eine Melodie", sagte meine Frau neulich, es muß dir gutgehen." Ich war beschwingt in die Wohnung eingetreten; denn eine Sitzung, der ich mit Sorgen entgegengesehen hatte, war gut verlaufen, besser als erwartet. Ich „war durch" und fühlte mich befreit.

Aber oft hängen unsere Instrumente gleichsam an den Trauerweiden wie einst „*an den Wassern zu Babel*" Israels Harfen. „*An den Wassern zu Babel saßen wir und weinten*", heißt es im 137. Psalm, „*wenn wir an Zion gedachten.*" Traurige, lähmende, entmutigende Gedanken gehen einem durch den Kopf. „Es ist nicht mehr schön", klagte mir ein Kollege am Telefon, der jahrzehntelang seinen Dienst mit Freude getan hat. „Wenn ich denke, wie unsere Kirche in der Nachkriegszeit war – und jetzt, wo man dauernd dagegen sein muß: Es ist nicht mehr schön."

„*Unsere Harfen hängten wir dort an die Weiden im Lande.*
Denn die uns gefangen hielten, hießen uns dort singen."
Kantate! Singt doch einmal! Singt etwas vor! „*Singt uns ein Lied von Zion!*" – „*Wie könnten wir*", war die Antwort. „*Wie könnten wir des Herrn Lied singen im fremden Lande!*" Nein, Psalter und Harfen müssen weiterschlafen. Es ist nicht der Ort, und es ist nicht die Zeit, sie erwachen zu lassen. Jedenfalls für uns nicht. Auch so kann die Antwort auf Kantate lauten.

Oft gehe ich an Bert Brechts Geburtshaus vorüber. Mindestens zweimal in der Woche gehe ich die Gasse entlang, in die der Schatten des hohen Chors der Barfüßerkirche fällt und wo ein Stadtbach an den Häusern entlang rauscht. Auf den Rain sieben. Jedesmal sehe ich die Hauswand und suche hinter den Fensterscheiben das bleiche Gesicht des Dichters, der kein Blatt vor den Mund nahm und der hoffte, seine „Virginia nicht ausgehen" zu lassen „durch Bitterkeit".

Aber wie lautet seine Kantate, sein „Großer Dankchoral" in der Hauspostille? Im Versmaß und auf die Melodie von „Lobe den Herren" sang er grimmig: „Lobet die Kälte, die Finsternis und das Verderben". Also nicht „den Herren, der alles so herrlich regieret". „Herrlich regieret" – wo denn? „Nach Auschwitz", hat uns eine Theologin weisgemacht, könne man nicht mehr so singen. Und es wurde nachgebetet: „Kann man nicht mehr, es gibt ihn nicht mehr". – Singen kann man höchstens noch mit rauher Stimme und in verzerrter Melodie: „Lobet... das Verderben".

Jesus hat seinerzeit ermuntert: *„Freuet euch, daß eure Namen im Himmel geschrieben sind!"* Im Himmel, bei Gott, ist keiner vergessen. – Auch die nicht, die weinend *„an den Wassern von Babel"* oder sonstwo sitzen? Die die entscheidenden Jahre ihres Lebens im Gefängnis verbrachten – verloren, möchte man sagen – nur weil sie politisch anders dachten als die Herrschenden?

Auch die älteren Pfarrer nicht, denen jetzt unverblümt nahegelegt wird, sie sollen ihren Dienst aufgeben – ohne zu sagen, wovon sie leben sollen – nur weil sie die Bibel anders lesen, wörtlicher als die gerade vorherrschende Richtung? Sind ihre Namen im Himmel geschrieben?

Brecht sang noch im Exil Lieder und ließ die Virginia nicht ausgehen:
„Lobet von Herzen das schlechte Gedächtnis des Himmels!
Und daß er nicht
weiß euren Nam' noch Gesicht.
Niemand weiß, daß ihr noch da seid."

Glaubt doch das nicht, daß sich da jemand um euch kümmert!

„Und ich sah", schreibt der Visionär der Offenbarung (Kapitel 15,2–4), *„und es war wie ein gläsernes Meer, mit Feuer gemischt. Und die den Sieg behalten hatten über das Tier und sein Bild und über die Zahl seines Namens, die standen an dem gläsernen Meer und hatten Gottes Harfen und sangen das Lied Moses, des Knechtes Gottes, und das Lied des Lammes: Groß und wunderbar sind deine Werke, Herr, allmächtiger Gott! Gerecht und wahrhaftig sind deine Wege, du König der Völker. Wer sollte dich, Herr, nicht fürchten und deinen Namen nicht preisen? Denn du allein bist heilig! Ja, alle Völker werden kommen und anbeten vor dir, denn deine gerechten Gerichte sind offenbar geworden."*

Der Gesang der Befreiten

„Gottes Harfen" haben sie. Vielleicht sind ihre eigenen Harfen an den Trauerweiden hängengeblieben, dort *„an den Wassern zu Babel"*. Aber ihnen wurden neue Harfen in die Hand gedrückt, himmlische Harfen, Harfen von Gott. Und darauf spielen sie nun. Und ein neues Lied erklingt.

Kantate

Man hatte ihnen zugerufen: Kantate nobis – *„Singet uns ein Lied von Zion."* Aber sie schüttelten traurig den Kopf: Unter diesen Umständen nicht mehr. Jetzt ist das überwunden. Jetzt singen sie wieder. Nicht als ob nichts gewesen wäre, sondern als Überwinder. Sie singen in den Zeiten des Tieres – gerade da. Nicht als Leute, die davon nichts mitbekommen haben, die in einer Nische überdauerten. Sondern als die, die zu kämpfen hatten. Und die es nun durchgekämpft haben. Es ist, als hätten sie einen Ozean des Leidens und der Demütigung durchschritten, Wasser, in dem man untergehen, Feuer, in dem man verbrennen kann: *„wie ein gläsernes Meer, mit Feuer gemischt"*. Einer sagt im Blick auf die letzten zehn Jahre Dienst, die ihm noch bevorstehen: „Es ist nicht mehr schön." Einer wird erst mit siebzig aus dem Gefängnis entlassen; und er hätte vielleicht das Zeug gehabt, sein Land besser zu regieren, als es in den Jahrzehnten seiner Haft geschah.[1]

Aber nun haben sie die Bitterkeit überwunden. Sie stehen am Ufer und schauen zurück. Da nehmen sie die Harfen von den Trauerweiden und sagen: Jetzt wollen wir des Herrn Lied singen – gerade jetzt: wo das herrscht, was die Offenbarung unter dem Bild des gekrönten Tieres apokalyptisch beschrieben hat, des Tieres, das das Maul auftut *„zur Lästerung gegen Gott"* (Offenbarung 13,6), das gegen *„die Heiligen"* kämpft und sie niedermacht (V. 7). Ja, wir hatten zu kämpfen. „Den Herren", sagt man uns, „der alles so herrlich regiert", gibt es nicht mehr, wir nehmen das nun selber in die Hand. Und Gottes Wort darf man nicht so wörtlich nehmen. Was gut ist und gut tut, verstehe sich von selbst. Das muß man schließlich auch gegen die alte Bibel durchsetzen. – Und wer sich nicht anpassen wollte, wer sich nicht gleichschalten ließ, für den gab es keinen Platz mehr – wer nicht die Ziffer des Tieres an der Stirn trug. „Gehen Sie doch!" „Wohin?" „Das ist Ihre Sache!"

Es gab Augenblicke, wo wir Angst hatten. Wir fühlten uns verfolgt wie Israel, das vor den Truppen Pharaos auf der Flucht war und dem das Meer den Fluchtweg abschnitt. Es gab kein Entkommen. Bis Gott, wunderbar, einen Ausweg bahnte mitten durchs Meer und die Bedroher, die nachsetzten, in der Flut wegschwemmte. Da stimmte Mose sein Lied an, das Lied der Befreiten: „Der Herr hat eine herrliche Tat getan." Er ist noch da – es gibt ihn noch, „der alles so herrlich regieret". Wie Mose damals sang, so singen wir jetzt, in den Zeiten des Tieres. *„Die das Tier überwunden hatten und sein Bild und die Zahl seines Namens, die standen an dem gläsernen Meer ... und sangen das Lied von Moses, des Knechtes Gottes."* „Groß und erstaunlich sind deine Werke, Herr, Gott, Herrscher des

---

1 Nelson Mandela, im Februar 1990 nach 27 Jahren aus der Haft entlassen, war von 1994 bis 1999 der erste schwarze Staatspräsident Südafrikas.

Alls." Ja, es gibt sie – *„deine Werke"*. Man kann sie bemerken, wenn man die Augen aufmacht. So sagte mir eine alte Frau im Pflegeheim, weißhaarig, die nicht mehr aus dem Bett aufstehen kann, aber deren Gedanken klar sind: „Immer wieder hat der Herr mir durchgeholfen – immer wieder!" Das halten wir aller anderslautenden Propaganda entgegen. – Und sehen Sie, wie die aufwendig atheistische Propaganda zerschellt ist an den armen Lobgesängen der Gläubigen? *„Gerecht und wahr sind deine Wege, du König aller Völker."* Auch wenn ich keinen Ausweg sehe: Du weißt ihn schon. Und wenn du ihn mitten durchs Wasser legen müßtest. Du wirst auch Wege finden, da mein Fuß gehen kann. Und ich will den Weg gehen, den du zeigst: den Weg deiner Gebote, und will mir nicht einen besseren ausdenken, wie man jetzt allgemein tut und meint, damit weiterzukommen, über deine beschränkten Anfänge hinaus. Ich glaube, daß du ein gutes Gedächtnis hast und daß du mit meinem Namen durchaus etwas verbindest. Und daß es nicht eine naive Anmaßung ist, wenn ich dein Wort auf mich beziehe, du habest mich erlöst und bei meinem Namen gerufen.

Das Lied des Lammes

Jacopone da Todi, der im dreizehnten Jahrhundert für eine Erneuerung der Kirche betete, kämpfte und litt, ein Jünger des Franz von Assisi, verdarb es sich mit dem Papst Bonifaz VIII.: Er unterschrieb ein Manifest, das die Wahl dieses Kirchenführers ungültig nannte. Wäre sie nur für ungültig erkannt worden! Wie hätte die Kirche an Glaubwürdigkeit gewonnen! Aber der Papst saß weltlich gesehen am längeren Hebel. Jacopone wanderte ins Gefängnis. Einer der Dissidenten, denen auf der Höhe des Lebens der Mund verboten und die Hände gebunden wurden. Er konnte höchstens noch Gedichte schreiben, Untergrund-Literatur. Er klagte über karge Kost, Ungeziefer in der Zelle und üblen Geruch. Und daß er mit niemandem reden durfte.
  „Leg ich mich zur Ruhe nieder,
  wälz ich schlaflos meine Glieder,
  bin in Eisen fest verstrickt,
  von den Fesseln wundgedrückt."
Aber bei Jacopone gab nicht die Bitterkeit den Ton an. Seine Lieder wurden Lobgesänge, immer reiner und immer schöner. Er sang „das Lied des Lammes". Und dieses Lied klang am Ende auch anders als Moses uraltes Lied, das lautet: *„Der Herr hat eine herrliche Tat getan. Roß und Mann hat er ins Meer gestürzt."* Jacopone triumphierte nicht; so wenig wie sein gekreuzigter Herr. Wer Christus nachfolgt, dem sind nicht weltliche

Siege verheißen. Er darf nicht erwarten, die Leichen seiner Gegner ans Ufer des Meeres geschwemmt zu sehen, wie Israel die Ägypter fand, als Mose sein Siegeslied anstimmte (2. Mose 14,30). Das Lied des Lammes unterscheidet sich davon wie die Christusbotschaft von dem Glauben Israels. An den Wassern zu Babel sangen sie schließlich, daß die Kinder ihrer Unterdrücker am Felsen zerschmettert werden sollten. „Lobet die Kälte, die Finsternis und das Verderben!" So singt man mit geballter Faust. Aber Christus betet am Kreuz, daß Gott seinen Mördern verzeihe. So überwindet die Liebe die Macht der Finsternis. So behielten die Sänger am gläsernen Meer den Sieg „*über das Tier und sein Bild und über die Zahl seines Namens*". So klingt Jacopones Epistel an „Papa Bonifazio" noch heute wie ein zur Harfe Gottes gesungenes Siegeslied am gläsernen Meer gegen den Tyrannen, wegen dessen Machtgebaren sich die Christenheit heute noch schämt.

„Der Schilde zwei trage ich
und beb vor keinem Schlag
in allen Ewigkeiten
solange sie für mich streiten."

Wer „nach Auschwitz" oder zu den Zeiten des Tieres oder wenn „es nicht mehr schön ist", an Kantate das Lied des Lammes anstimmen will, muß diese Art des Siegens lernen.
Angriffswaffen besaß Jacopone nicht, aber Verteidigungswaffen: zwei Schilde. Damit meint er erstens die Selbstüberwindung und zweitens die Liebe. Darüber lacht die Welt, auch die christliche Welt. Aber dieses Gelächter hat mit den Harfen Gottes nichts zu tun.
Der eine Schild, so sang Jacopone:

„Es heißt, das Selbstverachten,
nach Gottes Ehre trachten."

Mein Wunsch, Anerkennung zu finden, kann geopfert werden. Daher schließe ich keinen Kompromiß. Es geht nur um die Ehre Gottes. Und wenn mein eigenes Geltungsbedürfnis ihr Konkurrenz machen will, dann begrüße ich alles, was es dämpft. Es tut meiner Seele gut. So wird man schließlich unverletzlich.

„Findest keinen dir mehr feindlich,
jeder war dir Freund und freundlich,
ich nur war durch eig'ne Fehle
Feind dem Heile meiner Seele."

Die das Lied des Lammes singen, lamentieren nicht über ihr Schicksal, sondern nehmen, wie Bonhoeffer, gleichfalls im Gefängnis, doch „von guten Mächten wunderbar geborgen" sang, auch den Kelch, den bittern, aus Gottes guter und geliebter Hand. Sie akzeptieren das Gekreuzigtwerden mit Christus. Die andere Seite dieser Selbstlosigkeit ist die

Liebe. Jacopone vergleicht sie mit der Glut, die rot und prachtvoll in der Kohle glimmt wie ein funkelnder Rubin, ganz edles Gestein, in einem Schacht, in den Licht fällt.

„Wie wütend dein Bekriegen,
es muß der Lieb erliegen."
„Leb wohl, leb wohl, Gott scheide
dich ab von allem Leide
und send' es mir aus Gnade,
der heiter ich es trage.
Mein Schreiben ich hier schließe,
verlassen im Verließe."[2]

So, zum Beispiel, singt man vom Sieg, der die Welt überwunden hat. Und die den Sieg behalten haben über das Tier, intonieren das Lied des Lammes. Singt mit, Kantate domino, nehmt die Harfen von den Trauerweiden, singt mit Freuden vom Sieg in den Hütten der Gerechten! In den Hütten – und doch vom Sieg! In den Kerkern – mit göttlicher Heiterkeit! Am Grab – die Osterlieder! Wenn es nicht mehr schön ist – von dem Kommen Christi! Und nach Auschwitz – von der Vergebung der Sünde:

„damit von Sünden wir befreit,
den Namen dein gebenedeit
frei mögen singen allezeit: Halleluja!"
Amen.

---

[2] Jacopone da Todi: Lauden. Italienisch mit deutscher Übersetzung von Herta Federmann, Köln 1967, Nr. LV und LVZ.

Christi Himmelfahrt, 12. Mai 1988
Botschaft aus dem All
Offenbarung 1,4–8

Eine Zeitlang gehörte es fast zum guten Ton, über Himmelfahrt Witze zu machen.
„Himmelfahrt", so etwas Unaufgeklärtes und Altmodisches!
Christi Himmelfahrt, dieser Feiertag vierzig Tage nach Ostern, der seit dem vierten Jahrhundert begangen wird, schließt allen Ernstes die Behauptung ein, daß das, was Jesus sagte und tat, im ganzen Weltall gültig ist. Im ganzen Weltall, man denke, was das heißt! Dieser Anspruch ist manchen Predigern peinlich. Was sollen die Leute von der Kirche denken! Das grenzt ja an Größenwahn! Mit verlegenen Bemerkungen versuchen sie, sich aus der Affäre zu ziehen.
Aber angenommen, das war wirklich zuviel behauptet, was wäre dann die Erinnerung an Jesu Worte und Taten mehr als private Liebhaberei? Und die Kirche wäre ein Zusammenschluß derer, die sich für die Geschichte interessieren. Darüber hinaus könnte man sagen: Was Jesus wollte und wirkte, habe bleibende moralische Bedeutung; wir möchten uns dafür stark machen, daß es sich öffentlich durchsetzt und endlich auch politisch wirksam wird. Auf jeden Fall aber hätte die christliche Botschaft dann nur so viel Geltung, wie wir ihr verschaffen. Ihre Zukunft hinge von uns ab und nicht etwa umgekehrt.
Aber was man Glauben nennt, war eigentlich immer die Überzeugung, daß es sich umgekehrt verhält. Ob ich mich in meiner gewohnten Umgebung befinde oder in Gedanken durch das Weltall irre und an allem zu zweifeln beginne, ob ich handle oder träume, bei Sinnen oder ohnmächtig bin, ob ich lebe oder sterbe – der Glaube kann es sich nicht anders denken, als daß, was Christus sagte und tat, gültig bleibt. Nicht ich erhalte es durch meine Entschiedenheit aufrecht, sondern es trägt gleichsam mich. Wenn der Glaube im Leben und im Sterben tragfähig sein soll, dann muß er im Himmel wie auf Erden gelten. Andernfalls wäre er nur eine Meinung, die Menschen aufgebracht haben und auch wieder ablegen können. Wer heute Christi Himmelfahrt feiert und sich nicht verlegen von der Aussage dieses Festes distanziert, der bekennt: Was Jesus sagte und tat, hat im ganzen Weltall Geltung.
In vielgelesenen Büchern wird gegenwärtig beschrieben,[1] wie „in seltenen Augenblicken des Lebens" das „Gefühl" entstehen kann, „in Reso-

---
[1] Fritjof Capra: Wendezeit, S. 336.

Offenbarung 1,4–8

nanz mit dem ganzen Universum zu sein". Viele bemühen sich um diese Erfahrung. Ich meine, daß es sich auch hier um so etwas handelt. Christi Himmelfahrt besagt, daß, wer an Christus glaubt, sich in Resonanz mit dem Universum weiß. Er glaubt, daß das Weltall und seine Entwicklung auf Christus ausgerichtet ist. Davon handelt besonders eindrucksvoll das letzte Buch der Bibel.

Ich lese aus dem 1. Kapitel der Offenbarung des Johannes die Verse 4 bis 8:
"Johannes an die sieben Gemeinden in der Provinz Asien: Gnade und Friede sei mit euch von dem, der ist und der war und der kommt, und von den sieben Geistern vor seinem Thron und von Jesus Christus, dem treuen Zeugen, dem Erstgeborenen von den Toten und Herrn über die Könige auf Erden.
Ihm, der uns liebt und uns erlöst hat von unseren Sünden mit seinem Blut und uns zu einem Königreich und zu Priestern gemacht hat vor Gott, seinem Vater, ihm gebührt Ehre und Macht von Ewigkeit zu Ewigkeit! Amen.
Siehe, er kommt mit den Wolken, und es werden ihn sehen alle Augen und alle, die ihn durchbohrt haben, und um seinetwillen werden wehklagen alle Geschlechter der Erde. Ja, Amen.
Ich bin das A und das O, spricht Gott der Herr, der da ist und der da war und der da kommt, der Allmächtige."

Gnade sei mit euch

Vor so weitreichenden Aussagen scheuen wir normalerweise zurück. Aber es läßt sich nicht verdrängen, daß dieser Text behauptet, Christus halte gleichsam das Weltall in seinen Händen. Die eine Hand heißt A und die andere O, erster und letzter Buchstabe des griechischen Alphabets: Dazwischen spielt sich alles ab. Wir würden sagen: „Christus von A bis Z". Womit ich auch immer zu tun habe oder noch zu tun bekomme, Jesus ist dafür maßgeblich.
In diesem Sinne könnte man sagen, die Botschaft dieses Textes sei eine Botschaft aus dem All. Ein einzelner, Johannes hieß der Mann, hat sie auf einer Insel im Mittelmeer empfangen. Nun wandte er sich an viele.
Was ich vorgelesen habe, klingt wie der Anfang eines Briefes. An sieben asiatische Gemeinden schrieb er. Aber wenn man in alten Zeiten „sieben" sagte, wußte jeder, daß nicht nur die abgezählten Sieben, sondern mit ihnen auch alle anderen gemeint waren. Die ganze Menschheit scheint hier angesprochen zu sein.
Die Botschaft aus dem All besteht an dieser Stelle aus zwei Worten, Schlagworten sozusagen: *„Gnade"* und *„Friede"*.

Das zweite ist uns geläufig, wir können uns vorstellen, daß es als Botschaft an die ganze Menschheit in Frage kommt. Es ist aussagekräftig. In Ost und West läßt sich in dem Begriff „Friede" alles zusammenfassen, was als erstrebenswert gilt. Man muß freilich aufmerken, wer jeweils die Parole ausgibt und worauf er damit hinaus will. Dagegen ist uns der erste Begriff in solchen Zusammenhängen fremd. Was heißt „Gnade"? „Gnade" ist so etwas wie Schonung. „Bitte, nicht zerstören, nicht zertreten!" sagen wir, wenn wir etwas schützen wollen. „Schau, da sind Blumen; zertritt sie nicht!" Dieses achtsame Ausweichen ist gnädig. Wir appellieren an Autofahrer: „Auf der Straße sind Tiere. Man kann zwar sagen, Sie haben das Recht, achtzig oder hundert zu fahren, und wenn Tiere dabei draufgehen, kann man nichts machen. Aber weichen Sie doch aus, wenn es geht, bremsen Sie, schonen Sie das Leben!" Ich habe in diesen Tagen einen Aufruf gelesen: „Schont die Urwälder Malaysias!" Und natürlich: „Verschont die Embryonen, keimendes menschliches Leben!" Das ist nicht „Fötolatrie", Vergötzung ungeborener Menschenkinder; um diesen lästerlichen Begriff hat jüngst ein Hochschullehrer das „Wörterbuch des Unmenschen" bereichert. Sondern das ist so etwas wie Gnade.

Unsere Mentalität ist „gnadenlos". Mag die Natur verkommen, mag Menschenleben weggeworfen werden, wenn wir nur Bewegungsfreiheit behalten! Man hat dem Christentum „gnadenlose Folgen" angedichtet. Aber in Wirklichkeit sind es Folgen des Vergessens der Gnade. Der Gruß wurde nicht mehr ernst genommen, den Johannes auf der Mittelmeerinsel Patmos aus dem All empfing. Wir starrten hinaus in das Universum, als ob es keine Botschaft enthielte, und betrachteten die Evolution als eine gigantische Walze, die gnadenlos zermalmt, worüber sie hinwegrollt.

Aber hier tönt ein Gruß durch das Weltall: „Gnade sei mit euch." Gott will nicht, daß jemand verlorengeht. Er schaut, sieht das Elend, bückt sich herab, schont. Er *„will, daß allen Menschen geholfen werde"* (1. Timotheus 2,4). Er beugt sich auch zu Ihnen, wenn Sie klagen: „Auf mich hört ja doch niemand! Immer werde ich übergangen, niedergeredet, sogar von den eigenen Kindern. Und niemand schaut nach mir. Das rollt so über mich hin, und am Ende werde auch ich zermalmt." – Nein! „Gnade sei mit Dir" – Gnade „von Gott" „für Dich". Er hat sein Ohr an Deinem Mund.

„Gnade sei mit euch" von anderen an die Wand Gedrängten; mit euch, die nirgends eine Berechtigung haben, die aus der Heimat verstoßen und im Asylland nicht angenommen sind; mit euch, die an keinem Arbeitsplatz gebraucht werden, entlassen wurden und beschäftigungslos sind.

Offenbarung 1,4–8

Friede von oben

Und „Friede", das weiß jeder, ist Überlebensbedingung. Die Weltchristenheit wird zusammengerufen: „Konvokation" nennt man das nun statt „Konzil". Sie soll „einmütig" einen „gangbaren" Weg aufzeigen. Aber das wird schwierig werden, meinte vor ein paar Wochen in Königstein ein nüchterner Bischof; denn auch Christen haben in den letzten Jahren reichlich „derb" um den Frieden „gestritten". Die Aussichten sind nicht gerade günstig.
Aber der Gruß, den Johannes von Patmos versandte und der Resonanz im ganzen Universum hat, spricht nicht von dem fraglichen Frieden, der uns aufgegeben ist, sondern von dem Frieden, den Gott gibt. Alte Gebetstexte danken für den „Frieden, der von oben kommt".
Aber nun sagen Sie vielleicht: „Gott", „von Gott", damit kann ich nichts anfangen. Ich habe keinen Kontakt zu ihm und kann mir unter diesem Begriff auch nichts Vernünftiges vorstellen. Mir hat sich Gott nicht offenbart. Dann geht also diese Sache wohl an mir vorbei. *„Gnade und Friede"*, aber nicht für mich. Wie es eben auch sonst geht: Man wird übergangen, unachtsam oder absichtlich; man ist aus dem Informationsfluß ausgeschlossen. So etwas kommt häufig vor. Ich übersehe manchmal jemanden auf der Straße, versäume es zu grüßen, weil ich „den Kopf voll" habe. Mir steht nur „ein" Geist zur Verfügung, und der ist gerade abwesend.
Aber diese Gefahr besteht bei Gott nicht. Er hat „sieben Geister", heißt es! Das heißt, seine Aufmerksamkeit reicht aus für alle. Er übersieht niemanden. Er streckt seine Fühler überallhin aus: auch in Ihre Verschlossenheit und in Ihr inneres Schneckenhaus hinein, in das Sie sich vor der Kälte der Welt verkrochen haben. Für Gottes „sieben Geister" ist nichts unzugänglich. Jetzt sind gerade Sie dran: *„Gnade und Friede"* für Sie!
Aber muß man nicht einwenden, daß das mit der „Botschaft aus dem All" doch als ziemlich zweifelhaft erscheinen könnte?
Der Autor eines seit 1974 in vielen Auflagen erschienenen Buches schreibt: „Vor fünf Jahren hatte ich ein wunderbares Erlebnis... Eines Nachmittags im Spätsommer saß ich am Meer und sah, wie die Wellen anrollten, und fühlte den Rhythmus meines Atems, als ich mir plötzlich meiner Umgebung als Teil eines gigantischen kosmischen Tanzes bewußt wurde." „In diesem Augenblick wußte ich, daß dies der Tanz Shivas war, des Gottes der Tänzer, den die Hindus verehren."[2] Aber wie zuverlässig ist dieses vermeintliche „Wissen"? Was spricht eigentlich dafür? Könnte es nicht sein, daß man sich das nur einbildet?

---

2 Fritjof Capra: Das Tao der Physik, 1986, S. 7.

Johannes verweist in diesem Zusammenhang auf einen „Zeugen": Ich kann einen Zeugen benennen für die Botschaft, die ich aus dem All vernommen habe. Er hat sie auf der Erde bestätigt. Er stand dafür gerade unter Kranken, die ihre Fragen hatten, an Gräbern zu früh Verstorbener, gegenüber Ausländern, mit denen niemand Umgang haben wollte, und im Bereich von Kasernen, bei Geldmenschen und Bettlern, mitten in den Konflikten der Zeit, auch bei Normabweichlern und sogar gegenüber einem zum Tod Verurteilten. Da vertrat er das. Er „bezeugte" es durch seinen eigenen Einsatz: Es ist so: Gnade für euch, und zwar von Gott. Aus diesem Grund meide ich Ihr Haus nicht und werfe nicht mit Steinen auf Sie, obwohl das im Gesetz vorgesehen ist. Jesus bezeugte den Menschen die Gnade. Da wurde der Begriff göttlicher Schonung sehr konkret.

Das kosmische Zeichen der Gnade

Die „spirituelle Einheit mit der Natur" wird heute vielfach als Schlüssel zur Erlösung empfohlen. Es hängen gleichsam ganze Schaufenster voll solcher Schlüssel: „Hier finden Sie Frieden im Einssein mit dem Universum" oder kurz: „universelles Leben". Aber vermittelt denn die Erfahrung der Einheit mit der Natur Erlösung? Kann man das sagen? Erfahren wir darin nicht eher die Gemeinschaft mit der Unerlöstheit? Vom „Seufzen der Kreatur" spricht die Bibel. Sie seufzt in ihrer Vergänglichkeit und Hinfälligkeit. Bei jedem Begräbnis hören wir, wenn die Erdbrocken auf den Sargdeckel schlagen: „Von Erde bist du genommen, zu Erde sollst du werden." Das ist die kosmische Einheit.
Eiszeiten gingen über diese Welt hin, die großen Saurier starben aus, und Katastrophen stehen weiterhin in Aussicht. Wer erlaubt es sich, die Todesschreie im Ohr, „survival for the fittest", nur die Starken und Listigen setzen sich durch, wer erlaubt es sich angesichts dessen, von Harmonie in der Natur zu schwärmen? Klänge das nicht zynisch? Erlösung in der Natur, davon mag man an einem Maitag träumen, wenn man rüstig und wohlgelaunt ist. Aber schon eine Migräne macht den Zauber zunichte oder ein Hagelwetter, das die Blüten zerschlägt.
Es ist wahr: Wir existieren nicht isoliert in der Natur. Es besteht tatsächlich so etwas wie eine „spirituelle Einheit". Alles Sterbliche seufzt nach Erlösung. Aber wir warten nicht auf einen Kollektivrausch mystischer Erlebnisse, sondern auf den Erlöser. Wir warten darauf, daß die Akte der Schonung, die Jesus an Kranken und Sündern vollzog, universal werden. Wir erwarten, daß die gequälte Kreatur befreit wird. Jesus ist *„der treue"*, der zuverlässige *„Zeuge"*. In dieser Formulierung klingt ein alter Psalm

Offenbarung 1,4–8

an. Im 89. Psalm ist von dem *„treuen Zeugen in den Wolken"* die Rede (Vers 38).
Erinnern Sie sich an die Sintflutgeschichte? Als die verheerende Flut sich verlaufen hatte, sagte Gott, er wolle so etwas nie wieder tun. Er versprach, die Erde künftig zu schonen und ihr gnädig zu sein. „Und wenn ihr Angst bekommt", sagte er, „weil unheildrohende Wolken am Himmel stehen, dann werdet ihr immer wieder einmal den zauberhaft in allen Farben schimmernden Regenbogen in den Wolken sehen. Er ist mein Zeuge: Ich verschone die Welt!"
Christi Himmelfahrt ist so etwas wie dieses kosmische Zeichen der Gnade: Was Jesus sagte und tat, ist im ganzen Weltall gültig. Und nun warten wir darauf, daß es offenbar wird. Aber noch ist es sogar auf der Erde unterdrückt. *„Er kam in sein Eigentum"*, heißt es am Beginn des Evangeliums, *„aber die Seinen nahmen ihn nicht auf."* Mit Sticheleien versuchten sie, ihn hinauszudrängen. Sie hoben Steine auf gegen ihn. Am Ende schrien die Demonstranten auf der Straße: „Kreuzige ihn!" – und hatten Erfolg.
Nun warten wir, daß er zurückkommt und daß die Eigentumsverhältnisse unwidersprechlich geklärt werden. Dann wird man die Schreier wehklagen hören: „Da ist er wieder, den wir durchbohrt haben! Der, von dem wir dachten, er sei tot!" Aber er hat nicht Kampf und Rache geschworen. Er wird auch nicht einfach die gnadenlosen Folgen bestätigen, die die Menschheit heraufbeschworen hat. Seine Botschaft bleibt: *„Gnade und Friede."*
Der Glaube des Mittelalters verstand es, dies symbolisch auszudrücken. In St. Lorenz in Nürnberg spannt sich über das Kirchenschiff von einem Pfeiler zum anderen ein hölzerner Bogen. Ich erinnere mich an eine Führung vor Jahren, bei der darauf aufmerksam gemacht wurde, daß er mit Regenbogenfarben bemalt ist. Er wurde als jener *„treue Zeuge"* gedeutet. Und auf diesem Bogen thront das Kreuz Christi, das Marterholz, der Todesbalken, der aber österlich blüht und als Lebensbaum ausbricht in Blätter und Früchte. Diese Symbolik ist, glaube ich, auch heute noch einleuchtend.
Das Bild des Gekreuzigten stellt, wie Fotos von Massakern, die durch die Weltpresse gehen, eine bleibende Anklage dar: So richten sich Menschen gegenseitig zugrunde! So sind sie über Jesus hergefallen. Das Blut schreit zum Himmel. Deswegen ist kein Friede. Das sind die gnadenlosen Folgen des Sündenfalls. Jesus war eines ihrer Opfer.

Jesus als Zeuge der Gnade

Aber was hier aufhorchen läßt, ist die Tatsache, daß Jesus diesen Sachverhalt anders verwendet als üblich. Hier klagt das Opfer nicht an. Jesus

verweist auf sein Leiden, um uns zu entschuldigen. Die Strafverfolgung kann abgebrochen werden. „Die Strafe liegt auf ihm." Daß er bluten muß, soll als Sühne verstanden werden. Die Verursacher werden nicht mehr zur Rechenschaft gezogen. Das gibt Johannes als Botschaft aus dem Weltall wieder: „Er hat uns erlöst von unseren Sünden durch sein Blut."
Nicht ein Ignorieren des Leidens, nicht ein Sich-darüber-Hinwegsetzen macht glücklich. Erlösend wirkt vielmehr dieser Vorgang, in dem Jesus das ihm aus Bosheit zugefügte Leid in Liebe annahm, damit denen, die es ihm angetan haben, ihre Bosheit vergeht.
Nun erwarten wir, daß er gleichsam „auf den Wolken" erscheint und sich als göttlicher Pantokrator erweist, wie das letzte Wort unseres Textes lautet, als Allherrscher, damit endlich herauskommt, daß dieser Gruß: *„Gnade sei mit euch und Friede"*, auch denen gilt, die „mundtot gemacht" oder „abgeschossen" wurden. Er ist *„der Herr über die Könige auf Erden"* und holt ans Licht, wen sie „verschwinden lassen" wollten. Kein Schicksal entgeht der liebevollen Nachforschung seiner „sieben Geister". Sie vermögen die Gnade auch den längst Aufgegebenen, irgendwohin Verschleppten oder in dumpfe Apathie Versunkenen zu vermitteln. – Und er ist *„der Erstgeborene von den Toten"*. Das heißt, er wird dieses Massengrab Erde, das von dem Staub vermoderter Leichen bedeckt ist, gleichsam in einen Mutterleib verwandeln. Die Toten werden noch einmal geboren. „Auferstehung" heißt das. Er war der erste, der wiederkehrte. Das stellt er nun allgemein in Aussicht.
Die Botschaft von der Himmelfahrt Christi stellt, so glaube ich, eine Alternative dar zu der verbreiteten Parole: „Spirituelle Einheit mit der Natur!" Zwar besteht, wie gesagt, eine Einheit mit der leidenden und zugleich grausamen Natur. Wir sind eins mit ihrem Seufzen nach Erlösung. Ihre unbewußte Grausamkeit hat sich in uns Menschen verschärft, und uns schlägt ihretwegen das Gewissen. Johannes auf Patmos aber empfing in einem jener seltenen Erlebnisse der Offenbarung eine Botschaft aus dem All, die Jesus als Zeuge bestätigt. Er vernahm mit Resonanz im ganzen Universum: *„Gnade sei mit euch und Friede"*. Und was ergibt sich nun daraus als Aufgabe derer, die daran glauben?
Die Aufgabe der Glaubenden ist, so heißt es, ein „Reich" darzustellen, ein *„Königreich"*, wo jetzt Gnade und Friede herrschen. Unter diesem Vorzeichen kommen christliche Gemeinden zusammen. Das ist die eine Aufgabe. Und die andere: Sie sollen zugleich als *„Priester"* für die Welt dienen. Sie stehen Gottes „sieben Geistern" als Boten zur Verfügung. Sie rufen den Verzweifelnden zu: „Machen Sie die Ohren auf! Das ganze Weltall ist erfüllt von dem Ruf: Gnade und Friede! Gnade von Gott, und zwar für Sie. Jawohl, das gilt auch Ihnen." Heute hören Sie es von mir.

Offenbarung 1,4–8

Ich bin auch Priester. Und Sie können es auch werden. Sagen Sie es weiter! Machen Sie es denen glaubhaft, die sich ausrangiert vorkommen, über die man immer hinweggeht, die unter der Gnadenlosigkeit der Welt leiden: Gott hat ein Herz für sie. Er beugt sich über sie. Er hat sein Ohr an ihrem Mund. Und er paßt auf, daß sie nicht zertreten werden und daß ihnen schließlich der Tod zum Mutterleib wird, aus dem sie von neuem geboren werden.

Ich spreche ein Gebet von Gerhard Tersteegen:
„Du kannst alles allerorten
nun erfülln und nahe sein;
meines armen Herzens Pforten
stell ich offen, komm herein!
Komm, du König aller Ehren,
du mußt auch bei mir einkehren,
ewig in mir leb und wohn
als in deinem Himmelsthron."[3]
Gnade sei mit euch und Friede von dem, der da ist und der da war und der da kommt.
Amen.

---

[3] Im Evangelischen Gesangbuch (EG) ist unter 574 nur noch die Melodie erhalten, davor im Evangelischen Kirchengesangbuch (EKG) 95,6.

Sonntag Trinitatis, 29. Mai 1994
„Gott macht von sich reden"
Epheser 1,3–14

Schon früh am Tag – morgens – meditiere ich.
Mein Gott, ich sinne über Dich nach. *„Du bist mir eine Hilfe; unter dem Schatten Deiner Flügel frohlocke ich"* (Psalm 63,8). *„Mein Leben lang will ich Dich loben und in Deinem Namen meine Hände aufheben"* (Psalm 63,5). *„Meine Seele dürstet nach Dir. Mein ganzer Mensch verlangt nach Dir"* (Psalm 63,2).
Ergreifend klingt dieser mönchische Psalmgesang. In einem handgeschriebenen Codex des zehnten Jahrhunderts ist die Weise aufgezeichnet. So sang man in mittelalterlichen Klöstern während der Wochen nach Ostern. Die Worte sind dem 63. Psalm entnommen: Früh am Morgen sinne ich nach über Dich. Das macht mich froh. Ich will Dich loben, mein Gott.
Doch wie aus weiter Ferne kommen diese Töne zu uns ins Wohnzimmer, wo wir soeben noch Nachrichten gehört haben: wie das Wetter wird heute; wo sich der Ausflugsverkehr staut; wo es Neues gibt. – Die Zeiten liegen weit zurück, wo Menschen so inständig nach Gott fragten, über ihn nachsannen, sich in die Gedanken an ihn versenkten und geradezu begierig erfahren wollten, wie es sich mit Gott und mit Jesus und mit dem Heiligen Geist verhalte. – Wir sind in dieser Hinsicht nachlässig geworden. Denn wir zweifeln, wie man sich da vergewissern soll. Von Gott kann man schließlich alles behaupten. Nachprüfen läßt es sich nicht. In früheren Zeiten war man an diesem Punkt zuversichtlicher. Die Menschen trauten sich Gotteserkenntnis zu. Man hat sich die Dogmen des Glaubens schließlich nicht aus den Fingern gesogen. Gott selbst hat von sich reden gemacht. Er hat sich zu erkennen gegeben. Er ist gleichsam aus sich herausgegangen. Er hat sich sogar darauf eingelassen, ein Menschenleben am eigenen Leib durchzumachen. – „Gott war in Christus" (2. Korinther 5,19), bezeugt die Bibel. Wo Jesus erschien, da trat Gott ein. Und noch in der äußersten Not und Erfolglosigkeit, als Jesus soeben am Kreuz gestorben war, konnte ein Außenstehender, heißt es, ein römischer Soldat, in ihm den Gottessohn erkennen. Markus hat dies in seinem Evangelium ausdrücklich hervorgehoben (Markus 15,39). – Und wenn in diesem Menschenleben Gott zum Vorschein gekommen ist, dann muß umgekehrt, so folgerten die Evangelisten, dieser Mensch, Jesus, von jeher in Gott beheimatet gewesen sein. Er stammte aus Gott. Er muß eigentlich in Gottes Gedanken bereits alle Stadien der Schöp-

Epheser 1,3–14

fungsgeschichte begleitet haben, von Ewigkeit her. – Und seit Pfingsten kann man davon ausgehen, daß Gottes Geist ausgegossen, das heißt verbreitet, ist. Auf diese Weise stellt sich Gott selbst in unseren eigenen Überzeugungen ein, in unserem Geist, und macht uns mit sich vertraut. Es ist also damit zu rechnen, daß auch in uns selbst etwas von ihm vorkommt. Nein, Gott hat sich uns gegenüber nicht verborgen gehalten. Innerhalb bestimmter Grenzen kann man sich durchaus eine Vorstellung von ihm bilden.
In früheren Zeiten, als Dome gebaut wurden und als der Thomaskantor in Leipzig auf jedes Notenblatt seiner unsterblichen Kompositionen als Widmung schrieb: „Soli Deo Gloria" – ganz allein Gott zu Ehren –, da war man überzeugt, daß sich das Nachsinnen über Gott lohne. Und noch der Philosoph Georg Friedrich Wilhelm Hegel war ganz erfüllt von dieser Idee, wenn er sie auch umdeutete, so daß sie schließlich verblaßte zu einer Deutung der Geschichte und des menschlichen Denkvorgangs.
Uns ist diese Anschauung fremd geworden. Daher wird uns auch der biblische Text für den Sonntag Trinitatis, das Fest der Dreieinigkeit, fremd anmuten. Der Anfang des Epheserbriefes erscheint wie ein verwirrendes Gewebe, in dem viele Fäden verschlungen sind, so daß man es nicht recht überblicken und das Muster kaum im Gedächtnis behalten kann. – Ob es uns jetzt gelingt, zu diesen Gedanken Zugang zu finden? Ob wir den einen oder anderen Faden aufnehmen und ein Stück weit verfolgen können?
Aus dem Epheserbrief lese ich aus Kapitel 1 die Verse 3 bis 14:
„Gelobt sei Gott, der Vater unseres Herrn Jesus Christus, der uns gesegnet hat mit allem geistlichen Segen im Himmel durch Christus. In ihm hat er uns gewählt, vor Grundlegung der Welt, daß wir heilig und tadellos vor ihm sein sollten.
In Liebe hat er uns zur Adoption ausgesucht (daß wir seine Kinder sein sollten) durch Jesus Christus nach seinem Gutdünken und Willen, zum Lobpreis der Herrlichkeit seiner Gnade, mit der er uns beschenkt hat in dem Geliebten. In ihm haben wir Erlösung durch sein Blut, Vergebung der Sünden, entsprechend dem Reichtum seiner Gnade.
Sie strömt auf uns über in Weisheit und Einsicht.
Gott hat uns das Geheimnis seines Willens bekanntgemacht, wie er es sich vorgenommen hatte nach seinem Gutdünken in Christus, daß nämlich zur Verwaltung der Fülle der Zeiten alles in Christus zusammengefaßt werden sollte, was im Himmel und auf Erden ist. In ihm sind wir auch zu Erben eingesetzt worden.
Er führt alles nach dem Ratschluß seines Willens aus. Nach seinem Plan sind wir dazu bestimmt, etwas zu sein zum Lob seiner Herrlichkeit. Wir haben nämlich zuvor schon unsere Hoffnung auf Christus gesetzt. In ihm seid auch

ihr, nachdem ihr das Wort der Wahrheit gehört habt, nämlich das Evangelium eures Heils – in ihm seid ihr, als ihr zum Glauben kamt, mit dem verheißenen Heiligen Geist versiegelt worden. Er ist eine Anzahlung unseres Erbes, zu unserer Erlösung, daß wir sein Eigentum werden, zum Lob seiner Herrlichkeit."

Schon früh am Morgen meditiere ich – sinne über Dich nach, mein Gott. – Auch wenn wir sonst nicht daran gewöhnt sind, uns über Gott Gedanken zu machen, will ich es heute anhand dieses Textes versuchen. Aber wo fängt man da an? Wo findet man einen Einstieg in diese Abfolge erstaunlicher Sätze?

Mir fiel beim Lesen auf, daß dieser Text sich nicht darauf beschränkt, aus einer Vergangenheit zu berichten oder etwas Zukünftiges anzukündigen. Er erteilt auch nicht nur Weisungen für heute. Er springt vielmehr durch die Zeiten. Es kann einem leicht passieren, daß man dabei nicht mitkommt; dann steigt man aus, schüttelt den Kopf, sagt: Ich versteh' das nicht. Wenn man sich aber die Mühe macht mitzugehen, wird der Weg atemberaubend. Aus der Gegenwart springt der Gedankengang in die Vergangenheit, in fernste Vorgeschichte, und greift zugleich aus in die Zukunft.

Von diesem ersten Eindruck gehe ich jetzt aus.

Gott hat uns gesegnet

Der Epheserbrief spricht zunächst von Vorgängen, die sich in der Gegenwart abspielen. Interessante Stichworte klingen an. Das läßt aufhorchen. Vielleicht berühren sie mich.

Zum Beispiel das Stichwort „Segen". Damit beginnt dieser Text. – „Segen" ist ein verheißungsvolles Wort. Manchmal sprechen wir davon, daß es „ein Segen", „ein wahrer Segen" ist, wenn ein wohlmeinender und wohltuender Mensch am richtigen Platz sitzt. – „Gott hat uns gesegnet", heißt es hier. Das griechische Wort für „Segen" bedeutet: Er hat ein gutes Wort gesprochen. Aus einer positiven Einstellung heraus hat er die Sache zum Guten gewendet. Wie wenn man „Schalom" sagt zu jemandem, von dem man nicht weiß, wie er eingestellt ist und was man von ihm zu erwarten hat. Ich habe erlebt, wie sich die Lage entspannt, wenn man einander Frieden wünscht: „Friede sei mit dir"; ich führe nichts gegen dich im Schilde. Und wie stehst du zu mir?

„Schalom" ist ein gutes Wort, ein guter Gruß. Auch wenn wir „Grüß Gott" sagen, ist so etwas gemeint: Wir erinnern einander an Gott, wenn wir uns grüßen. „Gott ist mit dir."

Epheser 1,3–14

Das rechte Wort zur rechten Zeit kann Schaden abwenden. Es kann eine Wohltat sein.
Zu einem geängstigten Menschen, der Befürchtungen hegte, sagte Gottes Wort: „Fürchte dich nicht, ich bin bei dir." Oft wiederholte Gott diese Worte. Man könnte sagen, daß dieser Satz geradezu den Inbegriff des guten Wortes Gottes darstellt, das für uns ein Segen ist. – Und Jesus sprach zu einer Frau, die beschuldigt und öffentlich angeprangert war, ohne daß sie sich herausreden konnte: „Ich verurteile dich nicht." Und zu einem Mann, auf dessen Leben ein Fluch zu liegen schien – so schlecht ging es ihm –, sagte er: „Sei getrost; deine Sünden sind dir vergeben." Es ist ein Segen, wenn Gottes Urteilsspruch über einen Lebenslauf so lautet.
Der Epheserbrief teilt mit, daß dies im Blick auf uns der Fall ist: *„Gelobt sei Gott"*, *„der uns gesegnet hat"*.

Gott hat uns auserwählt

Im nächsten Satz stellt der Brief fest: Gott *„hat uns auserwählt, daß wir vor ihm heilig und tadellos sein sollen"*. – Nicht von Menschen, die unter glücklicheren Umständen leben oder sich auf einer höheren Entwicklungsstufe befinden, ist hier die Rede, sondern von *„uns"*. An uns soll nichts mehr auszusetzen sein. Das kann nur heißen, daß Gott entschlossen ist, aus uns etwas zu machen, was wir bis jetzt nicht sind. Denn wir spüren wohl, wie sehr ein Tadel kränkt, der „sitzt", weil er ins Schwarze trifft. Aber Gott hat sich vorgenommen, das, was uns zur Zielscheibe der Kritik macht, zu beseitigen. Also besteht für uns Aussicht, etwas Besseres zu werden.
Wir sollen geheiligt sein.
Der Brief geht noch einen Schritt weiter. Er sagt: Gott hat uns zur Adoption vorgesehen. Wir können als Gottes Kinder gelten. Das heißt, alles, was Gott zu bieten hat, wird uns überschrieben. Was man „das Himmelreich" nennt oder „die Seligkeit", Begriffe, die man nicht genau erklären kann und in denen sich doch die Sehnsucht des Menschenherzens sammelt; das steht uns in Aussicht. Aufmunternd redete Christian Fürchtegott Gellert in einem Lied den Christen zu:
„*Du hast ein Recht zu diesen Freuden,
durch Gottes Güte sind sie dein.
Sieh, darum mußte Christus leiden,
damit du könntest selig sein*" (EG 609,3).
Dagegen spricht freilich die Tatsache, daß wir zu Gott leider nicht in einer solchen Beziehung stehen, die es erlauben würde, uns als Kinder

Gottes zu bezeichnen. Die Voraussetzungen dafür erfüllen wir nicht. Wir sind anderweitig gebunden. Ja, man muß geradezu von Verstrickungen reden. Wir entgehen ihnen leider nicht. Und uns daraus zu lösen ist kaum möglich. Das hängt uns nach. Irgendwann entdeckt es jemand und verwendet es gegen uns – wie es der Teufel will. Der Teufel ist der große Ankläger. Und er findet erbarmungslose Helfer unter den Menschen, die nach Fehltritten fahnden, um einen dabei zu behaften. – Aber Gott will uns nicht dabei behaften. Er arbeitet daran, uns aus den Verstrickungen herauszulösen. Unser Brief stellt fest: *"In ihm haben wir die Erlösung."* Und unsere Fehltritte trägt Gott uns nicht nach. „Wir haben in ihm die Vergebung."
Im nächsten Satz sagt unser Text: Die Gnade Gottes ist „auf uns übergeströmt". Es ist also nicht so, daß wir uns in einem mühevollen Prozeß dazu durchgerungen hätten. Wir haben uns nicht auf Stufen der Vervollkommnung hochgearbeitet. Die Gnade ist nicht etwas Rares und Entlegenes, das man auf geheimnisvollen Pfaden suchen müßte. Vielmehr geht sie so reichlich von Gott aus, daß sie auch auf uns, die keine besondere Qualifikation dafür aufweisen und auch nicht konsequent danach gestrebt haben, übergeht. – Dabei läßt Gott uns wissen, was er mit uns vorhat. Uns ist zugedacht, daß „wir etwas sein sollen zum Lob seiner Herrlichkeit".
Weder von einem vergangenen Goldenen Zeitalter noch von einem kommenden Friedensreich ist hier die Rede, wovon religiöse Dichtung sonst oft in hohen Tönen sang – weder vom Garten Eden noch von Utopia, sondern von unserem gefährdeten und zweifelhaften Leben in der Gegenwart. Segen, Erlösung, Gnade – das alles ist jetzt erreichbar. *„Gelobt sei Gott"*, der uns so segnen will. – Das ist das aktuelle Angebot.

Das alles in Christus

Es ist aber offensichtlich nicht Allgemeingut. Die Gegenwart ist von den genannten geistlichen Gaben nicht gerade überschwemmt. Ohne weiteres sind sie also nicht zu erwerben. Wo sind sie dann aber zu finden?
„In Christus", antwortet der Epheserbrief. – In Christus? Das heißt in der Geschichte Jesu von Nazareth? – Das ist lange her. Auch als der Epheserbrief geschrieben wurde, lag das Leben Jesu wohl schon Jahrzehnte zurück. Die Jüngeren wußten nichts davon, und bei den Älteren verblaßte die Erinnerung – ganz abgesehen davon, daß die Epheser anderswo wohnten und diese Geschichten nicht miterlebt hatten.

Epheser 1,3–14

Ich sagte, dieser Text springt durch die Zeiten. Tatsächlich wird das, was uns zugesprochen und in Aussicht gestellt ist, an eine Geschichte der Vergangenheit geknüpft.
„In Christus", heißt es, hat Gott uns gesegnet. *„In ihm"* wurden wir erwählt.
„Durch Christus" sind wir als Gottes Kinder adoptiert. Wir wurden mit Gnade beschenkt *„in dem Geliebten"*. *„In ihm"* haben wir die Erlösung, und zwar konkret *„in seinem Blut"*. Die Lösung aus unseren Verstrickungen ist also an seine Leidensgeschichte gebunden. Ohne sie könnte von einer Herauslösung keine Rede sein. Alles hängt an dieser Geschichte der Kreuzigung Jesu.
Da kommt einem die Frage: Kann das alles wirklich an Jesus gebunden sein? Bemühen sich nicht alle Religionen um Segen und um Erlösung? Ist es nicht eine Engführung zu behaupten, nur „in Jesus" sei es zu erreichen? – Gewiß streben alle Religionen nach Heil. Aber es ist nicht sicher, ob Religion in jedem Fall ein Segen ist. Sie kann auch zu einem System der Angst und einer angestrengten Angstüberwindung werden. Nicht immer gereicht sie *„zum Lob der Herrlichkeit"* Gottes. Manchmal erweist sich die Verstrickung als stärker, und die Erlösung wirkt sich nicht aus. – „Ihr Gott liebt sie nicht", schreibt Octavio Paz, der mexikanische Nobelpreisträger, in einem Gedicht von Touristen, „Strandnachbarn, getrennt durch Grenzen" – „und sie lieben auch nicht: Sie hassen ihren Nächsten wie sich selbst" (Cuarteto).
Aber *„gelobt sei Gott"*, *„in Christus"* ist die Erlösung gelungen. *„In ihm"* ist erreicht, wonach sich die Menschheit immer gesehnt hat. Ich muß die Geschichte Jesu zu meiner eigenen Geschichte dazunehmen, ich muß sie als den größeren Rahmen betrachten, in dem meine eigene Biographie zurechtgerückt und aufgehoben ist. Dann erfahre ich, wie das Verheißene sich verwirklicht.
Das kann aber eigentlich nur dann der Fall sein, wenn die Geschichte der Menschheit tatsächlich in Jesus ihren Mittelpunkt hat. Christus muß von Anfang an vorgesehen, ja, die ganze Evolution muß auf ihn hin programmiert gewesen sein. Es fällt uns schwer, einen solchen Gedanken zu fassen. Allzu vieles scheint dagegen zu sprechen. Der französische Paläontologe Teilhard de Chardin allerdings hat es gewagt, diesen Gedanken in seinem naturwissenschaftlich-theologischen Werk zu entfalten. Daher leuchtet ihm dieser Text ein, in dem es heißt: *„Vor Grundlegung der Welt"* hat Gott uns in Christus zu seinen Erben bestimmt. – Es handelt sich hierbei nicht um eine nachträgliche Gedankenkombination, sondern um das Programm der Schöpfung. Unser Leben ist nicht ein Zufallsprodukt. Unsere Erlösung ist das, worauf es Gott bei der Schöpfung abgesehen hat. Nicht blinder Zufall regiert die verwirrende

Entwicklungsgeschichte, sondern Gottes Liebe umfängt sie. Der „Reichtum seiner Gnade" fließt in sie ein.

Am Ende eines Kurparks stieß ich an einem Regentag auf die knochenweiße Fassade einer Kirche mitten im Grünen. Ich trat in ein dunkles Oval. Über dem Altar funkelte ein ausgreifendes Mosaik wie ein Weltall aus Galaxien, Monden und Sonnen, aus dem schattenhaft, die Arme ausgebreitet, Christus auf den im All Verlorenen zukommt. Es erweckte mir das Gefühl, ich flöge auf ihn zu, wie Kinder uns in die Arme fliegen.

Fülle der Zeiten

Im Mittelpunkt unseres Textes steht die Aussage, daß in Christus alle Fäden zusammenlaufen. „Alles", sagt der Verfasser pauschal und meint die unabsehbare Natur – er spricht von „Himmel und Erde" – und die verwirrende Vielfalt der geschichtlichen Ereignisse. Bei Christus lüftet sich „das Geheimnis des Willens Gottes". Das Unübersichtliche erschließt sich. Dabei wird es nicht durchschaubar. Es bleibt ein „Geheimnis". Aber es zeigt sich, daß Gott dabei unser Heil im Sinn hatte. Daraus folgt, daß „die Zeiten" nicht auseinanderfallen. Die Schöpfungsgeschichte, diese Jahrmillionen der Evolution, und die Christusgeschichte, die den Anfang unserer Zeitrechnung bildet, und die Menschheitsgeschichte, die man danach zurück- oder vorausdatiert, mit ihren Fortschritten und Rückschlägen, ihren Kriegen und Friedensschlüssen und unsere Lebensgeschichte und was in Zukunft zu erwarten ist – das ist nicht eine maßlose Anhäufung sinnloser Abläufe. Man kann vielmehr von einer „Fülle der Zeiten" reden. Dabei stellt sich heraus, daß alle diese Vorgänge, also unter anderem auch mein Lebenslauf, einer bestimmten Planung unterliegen. Der Epheserbrief gebraucht dafür den Ausdruck „Verwaltung". Über allem waltet eine Zielstrebigkeit. Es ist die Zielstrebigkeit der Liebe Gottes. Sie hat sich vorgenommen, „alles", was scheinbar auseinanderfällt, „zusammenzufassen". Nichts soll verlorengehen. Nichts wird fallengelassen. Alles wird zusammengefaßt und zur Vollendung geführt in Christus.

Damit tritt aber nicht etwa ein Stillstand ein. Der Soziologe Arnold Gehlen hat erwogen, ob „die bunte und erregende Geschichte" nicht eines Tages erschöpft sein könnte. Stationäre Verhältnisse spielen sich ein. Nichts Wesentliches geschieht mehr. „Abwechslung" hält die Oberfläche in Bewegung. Ein hochtouriger Stillstand tritt ein.[1] – Eine derart lähmende Vision liegt dem Epheserbrief fern. Er hegt eine andere Erwar-

---

[1] FAZ, Nr. 109, N 5.

tung. Er sieht sich am Anfang einer großen Bewegung. – Was „wir" erfahren haben, heißt es – „wir", die schon immer auf Christus gehofft haben, wie es in den Prophezeiungen Israels angekündigt war –, das sagen wir jetzt „euch". Wer immer das sein mag – Menschen in Ephesus, Griechen, Asiaten –, jedenfalls „Neue". „Ihr" habt es nun „gehört". Ihr habt den Eindruck gewonnen, nun endlich „die Wahrheit" zu erfahren. Ihr seht „eure Rettung" darin und seid darüber froh. Nun glaubt ihr daran. Und der Heilige Geist, den Gottes Wort verheißen hat, ist für euch nicht eine unbekannte Größe geblieben. Ihr habt sein Walten erfahren. Es wirkt sich so aus, daß es den Glauben fest und gültig macht, wie ein amtliches Siegel das Schriftstück, unter das es gesetzt wird. Die Zweifel, die den Glauben kleinlaut lassen, macht er hinfällig. Wer im Glauben nachsinnt über Gott, den Schöpfer, der sein Ziel nie aus dem Auge verliert, über Gott, den Erlöser, der das Verlorene aus seinen Verstrickungen löst, und über Gott, den Vollender, der uns eine Wahrheit erschließt, für die wir vorher kein Verständnis hatten – wer darüber nachsinnt, erlebt jetzt schon einen Vorgeschmack des himmlischen Erbes.

„*Bin ein Mensch*", schreibt Octavio Paz,
„*nur kurz mein Leben,*
und unermeßlich die Nacht.
Doch ich blicke hinauf,
sehe die Sterne schreiben.
Ohne zu verstehen, begreif ich:
auch ich bin Schrift
und eben jetzt entziffert mich jemand" (Hermandad).
Dann wird das Herz frei und bewegt, das „*Lob der Herrlichkeit*" Gottes anzustimmen.
Amen.

1. Sonntag nach Trinitatis, 9. Juni 1996
„Christus, der Herr"
5. Mose 6,4–9

In Jerusalem, wohin jährlich Millionen Touristen und Pilger reisen, kann man in dem Stadtviertel Mea Shearim orthodoxen, das heißt strenggläubigen Juden begegnen. Sie bemühen sich, Gottes Gebote genau und in allen Einzelheiten einzuhalten. Selbst in ihrer Kleidung drückt sich das aus. Leider lassen sich die Vorübereilenden nicht in Ruhe betrachten, und der Tourist bedauert, daß er in diesem Stadtviertel nicht fotografieren darf.
Aber auf Gemälden Marc Chagalls, zum Beispiel, kann man sich die Details ansehen.
Ich habe das Bild eines Rabbiners vor mir. Es zeigt einen bärtigen Mann, dessen Unterarm mit einem schwarzen Lederriemen siebenmal umwickelt ist, ebenso der Handrücken und der Mittelfinger. Oberhalb des Armgelenks ist, gegenüber dem Herzen, an dem Riemen eine Kapsel angebracht. In der Kapsel befindet sich ein kleines Pergamentstück, auf das ein Bibelvers geschrieben ist. Auch um den Kopf hat sich der Rabbiner einen Riemen gewickelt, der mitten auf der Stirn, unterhalb des Haaransatzes, also nahezu „zwischen den Augen", eine Kapsel trägt. Diese Riemen werden als „Tefillin" bezeichnet, das heißt als Gebetsriemen. Sie sollen daran erinnern, daß man Gottes Wort unausgesetzt im Kopf und im Herzen haben und sozusagen bei jedem Handgriff beachten muß.
Außerdem findet man an jeder Wohnungstür, wo Juden zu Hause sind, am Türpfosten eine Kapsel, die als „Mesusa" bezeichnet wird. Sie enthält ebenfalls eine winzige Pergamentrolle, auf der ein Bibelvers geschrieben steht. Sooft der Jude seine Wohnung betritt oder verläßt, soll er an Gottes Wort erinnert werden. Und was steht auf diesen Pergamentstückchen?
„Höre, Israel, der Herr ist unser Gott, der Herr allein. Und du sollst den Herrn, deinen Gott, liebhaben von ganzem Herzen, von ganzer Seele und mit aller deiner Kraft."
Mit diesen Worten beginnt und endet der Tag des gläubigen Juden. Beim Morgen- und beim Abendgebet sagt er diesen Bibelvers auf: „Höre Israel", auf Hebräisch: „Schma Jisrael".
Die folgenden Verse im 5. Buch Mose ordnen an, wie man mit diesem Zuruf und Gebot umgehen soll. Daraus wurden die geschilderten Bräuche abgeleitet, an die sich strenggläubige Juden halten. Es heißt:
„Und diese Worte, die ich dir heute gebiete, sollst du zu Herzen nehmen und sollst sie deinen Kindern einschärfen und davon reden, wenn du in deinem Hause sitzt oder unterwegs bist, wenn du dich niederlegst oder aufstehst. Und

5. Moses 6,4–9

du sollst sie binden zum Zeichen auf deine Hand, und sie sollen dir ein Merkzeichen zwischen deinen Augen sein, und du sollst sie schreiben auf die Pfosten deines Hauses und an die Tore" (5. Mose 6,4–9).

Für Israel sind das äußerst wichtige Worte. Sie sind heute Predigttext in unserer Kirche. Was sagen sie uns Christen?
Sie betonen in erster Linie: *„Der Herr allein"*! Das klingt exklusiv. *„Der Herr allein"*? Man sieht aber doch, daß er nicht allein ist! Er ist nicht der einzige, der angebetet wird. Hier in Augsburg, zwei Straßen von unserer Kirche entfernt, befindet sich in einem Altbau, Hochparterre, eine kleine Moschee. Dort wird Allah verehrt: „Allah allein". Aber eben nicht unser „*Herr*", nicht „*der Herr*" Jesus Christus, der, wie wir am Ende unserer Gebete sagen, „mit dem Vater und dem Heiligen Geist, in Wahrheit ein Gott, lebt und regiert in Ewigkeit"!
Allah ist nicht unser „*Herr*". Er ist nicht „*der Herr*", der hier gemeint ist, sondern ein anderer. In unserer zunehmend multikulturellen Gesellschaft gibt es viele „Herren": Das war auch in Israel so, als dieser Aufruf formuliert wurde. Auch damals folgten die Menschen unterschiedlichen Religionen. Neben dem „*Herrn*", dem Gott Israels, wurden auch andere Namen angerufen.
Hätte man damals eine Umfrage gestartet und das Ergebnis ausgewertet, so wäre vermutlich herausgekommen, daß hochgerechnet ein bestimmter Prozentsatz der Einwohner Israels angegeben hätte: „Der Herr allein" ist unser Gott, während andere, wahrscheinlich ebenfalls eine beträchtliche Anzahl, statt dessen erklärt hätten: Unser Gott ist Baal; daneben zahlreiche Unentschiedene.
Hier dagegen wird klar und eindeutig gesagt: *„Der Herr allein"* ist Gott. Hier ruft eine Stimme: *„Höre!"* Sie ruft das ganze Volk auf; alle sind angesprochen, ungeachtet dessen, wie ihre religiöse Orientierung im Augenblick tatsächlich aussieht: ganz Israel. *„Höre, Israel!"* Das heißt, ich will dir etwas sagen; daran sollst du dich halten!
Hier verschafft sich also eine Stimme Gehör, die festlegt, was „sein soll". Dieser Aufruf ist wie ein kritischer Zwischenruf. Er stellt das, was üblich ist, in Frage: Es ist nicht in Ordnung; es soll anders sein.

Jesus, der Herr

In der Welt vieler Möglichkeiten vertritt die Bibel eine exklusive Botschaft. Soweit sie Gehör findet, duldet sie es nicht, daß Gott unter anderen Namen angerufen wird. „Höre", ruft die jüdische Bibel dem Volk Israel zu: *„Höre, der Herr ist unser Gott, der Herr allein!"* Und die christliche

Bibel ruft die gleiche Botschaft der ganzen Menschheit zu. In der christlichen Bibel, das heißt in dem durch das Neue Testament ergänzten und von ihm her gedeuteten Alten Testament, versteht man darunter unseren „Herrn" Jesus Christus, der, wie wir am Ende unserer Gebete formulieren, mit Gott-Vater und dem Heiligen Geist, „in Wahrheit ein Gott, lebt und regiert in Ewigkeit". *„Höre"*, er *„allein"*! Also kein anderer. Nicht ein „Vater" ohne Jesus. Nicht Allah. Sondern *„der Herr"*, unser *„Herr"* Jesus Christus. In diesem Sinne fordert ein Kirchenlied auf:
„Aller Zunge soll bekennen,
Jesus sei der Herr zu nennen,
dem man Ehre geben muß" (EG 123,1).
Natürlich könnte nun einer sagen: Das stimmt ja nicht. Man sieht doch, daß andere Glaubensrichtungen herrschen und daß die Wachstumsraten der Religionen nicht eine allgemeine Durchsetzung des Christentums erwarten lassen, ja, daß auch in ehemals christlichen Ländern wie dem unseren, durchaus nicht von allen *„der Herr allein"* angebetet wird. Man überlegt dann, ob nicht realistischerweise die exklusive Botschaft der Bibel abzumildern und statt dessen einzuräumen wäre: Nein, nicht *„der Herr allein"* ist Gott, nicht nur unter diesem, sondern auch unter anderen Namen kann er angerufen werden. Wenn nur „Gott" gesucht wird – auf unseren „Herrn" wollen wir uns nicht einseitig festlegen. Vielleicht hat „Gott" viele Aspekte und mancherlei Namen. Möglicherweise muß man sich öffnen für andere religiöse Erfahrungen.

Gott lieben

Aber nun fordert die Bibel auf, ihn, den *„Herrn allein"*, zu *„lieben von ganzem Herzen, von ganzer Seele und mit aller Kraft"*:
Aber läßt sich denn so etwas so einfach anordnen?
„Du sollst lieben", ist ohnehin ein schwieriges Gebot. Wer „liebt" schon auf Befehl?
Liebe ist nicht ohne weiteres aufzubringen. Sie muß erst geweckt und hervorgerufen werden. Zur Liebe läßt sich niemand drängen.
Sie kennen das doch: Da ist einer „schon nicht mehr der Jüngste", aber „noch immer nicht verheiratet". Und nun kommt der eine und flüstert ihm zu: „Ich wüßte jemanden für Dich." Und der andere schreibt in einem Brief: „Sie würden gut zusammenpassen." Aber so geht das doch nicht! Das nützt einem nichts. Man kennt die Person ja nicht. Und so ein absichtlich arrangiertes „Kennenlernen" eignet sich oft eher als Komödienstoff. Man kann nicht einfach sagen: „Hören Sie, ich weiß da jemanden für Sie." So entsteht doch keine Liebe! Zuerst einmal muß

5. Moses 6,4–9

man sich begegnen. Und wenn dabei eine Zuneigung entsteht, wenn „es funkt", wie man sagt, dann muß man prüfen, ob das anhält. So lernt man sich kennen und weiß schließlich, mit wem man es zu tun hat.
Wer sich die Bibel genauer ansieht, wird feststellen, daß sie keineswegs aus heiterem Himmel gebietet: „Höre, du sollst den Herrn liebhaben, und zwar mit aller Kraft!" Diese Aufforderung steht vielmehr in einem großen Zusammenhang und folgt aus einer langen Geschichte des Kennenlernens. *„Der Herr"* ist nicht ein Unbekannter. Er ist der Gott, auf den unsere Vorfahren vertraut haben und der sie nie enttäuscht hat. Von ihm wußte Israel wunderbare Geschichten zu erzählen, die uns von Kind auf vertraut sind. Zu ihm haben Juden und Christen seit Jahrtausenden gebetet. Sie trugen ihm ihre Sorgen vor und dankten ihm für seine tätige Anteilnahme. Sie bekannten ihm ihre Schuld und priesen seine Gnade. Ihr Leben lang freuten sie sich über ihn, und im Sterben vertrauten sie sich ihm an. So hat beispielsweise in jener letzten Februarnacht vor 450 Jahren, als ein plötzlicher, heftiger Schweißausbruch ihm als ein Vorbote des Todes erschien, Martin Luther dem Vater im Himmel gedankt, daß er ihm seinen Sohn offenbart hat, „den ich geglaubt, den ich geliebt, den ich gepredigt, bekannt und gelobt habe".
In diesen Tagen hat mir eine lebensgefährlich erkrankte Frau aus Kasachstan, die sich unter heftigen Schmerzen noch regelmäßig zum Gottesdienst geschleppt hat, vor einer schweren Operation gesagt: „Mein lieber Heiland hat so viel für mich erlitten; sollte ich da nicht meine Schmerzen für ihn ertragen können?" Und ihre Angehörigen fragten: „Mutter, woher nimmst du die Kraft, das alles auszuhalten und dabei immer so freundlich und liebevoll zu bleiben?" Die Antwort war: „Die Liebe zum ‚Herrn' gibt mir diese Kraft." Ihr ist „der Herr" kein Unbekannter. Sie weiß, was sie ihm verdankt. Daß „Christus für uns gestorben" ist, empfindet sie nicht als eine schwer nachzuvollziehende, mit vielen Fragezeichen zu versehende Aussage, sondern sie spürt darin die Liebe Gottes. Daher liest sie die Leidensgeschichte Jesu tatsächlich als frohe Botschaft. Christen haben sie von jeher so gelesen.
Mir fällt da beispielsweise Jacopone da Todi ein. Man hat ihn als „Minnesänger Christi" bezeichnet. Dieser Franziskaner-Schüler im 13. Jahrhundert muß von einer lebhaften Liebe zu Gott erfüllt gewesen sein. Obwohl er freiwillig am Bettelstab ging und obwohl er fünf Jahre seines Lebens in einem trostlosen mittelalterlichen Kerker angekettet war, dichtete er dankbare Hymnen an den gekreuzigten Christus. Weil er im Leiden Jesu die sich aufopfernde Liebe Gottes erkannte, erschien ihm das Kreuz als das erfreulichste Zeichen, das man sich denken kann:

„Ich sehe das Kreuz von Blumen umwunden,
ich gehe geschmückt, seit ich es gefunden.

„Christus, der Herr"

Noch niemals tat es mein Herz verwunden,
sein Anschaun schien mir nur Glück zu gewähren."[1]
Manche seiner Zeitgenossen wollten ihn für verrückt erklären; da erwiderte er: „Ihr kennt eben die Erfahrung der Liebe Gottes nicht", und fuhr fort zu dichten:
„*O Jubel, der erwacht,*
vor Liebe mich singen macht!"[2]
Ich habe mich gefragt, ob eine derart ungebrochene Liebe zu Gott etwa nur für mittelalterliche Menschen möglich war, während wir Menschen der Neuzeit durch Vorbehalte und Zweifel gehemmt sind, „*den Herrn*" liebzuhaben „*von ganzem Herzen, von ganzer Seele und mit aller Kraft*": Da erinnerte ich mich an den berühmten Merkzettel, das „Mémorial", des französischen Mathematikers und Philosophen Blaise Pascal. Er hat zwar schon im 17. Jahrhundert gelebt, sich aber bereits mit den Fragen und Glaubenszweifeln auseinandergesetzt, die aus dem modernen Weltbild entsprangen. Insoweit kann er vielleicht als ein Mensch der Neuzeit gelten. Ende November 1654, nach Mitternacht, schrieb er merkwürdig abgerissene Sätze auf ein Blatt Papier, das er sich nachher als Denkzettel in seine Jacke einnähte. Die hier festgehaltenen Ausrufe dokumentierten ihm die entscheidende Lebenswende: „Feuer" – „Gewißheit. Gewißheit. Empfindung. Freude. Friede" – „Vergessen der Welt und aller Dinge, ausgenommen Gott. Er wird nur auf den Wegen gefunden, die im Evangelium gelehrt sind." – „Möge ich nie von ihm getrennt sein!"
Das sind Äußerungen, die zeigen, daß hier ein Intellektueller des 17. Jahrhunderts „*dem Herrn*", und zwar dem Herrn Jesus Christus, seine Liebe „*von ganzem Herzen, von ganzer Seele und mit aller seiner Kraft*" zugewendet hat. Mir scheint, daß heutzutage die Schriftstellerin Gabriele Wohmann auf alltagsnüchterne, geradezu unterkühlte Art etwas Ähnliches ausdrückt, wenn sie fragt:
„*Oder wie*
gehen diese gebräuchlichen
Liebeserklärungen?" und dabei das Vaterunser erwähnt.
„*Gestern*
war ich zu faul zum Beten
hab ich einfach vor mich hin
vertraut dem gar nichts
übelnehmenden Gott."[3]

---
1 Lauden LXXV, Jacopone da Todi: Lauden. Italienisch mit deutscher Übertragung von Hertha Federmann. Verlag Jakob Hegner, Köln 1967, S. 38 f.
2 LXXVI.
3 Gabriele Wohmann, „Sendeschluß". In: Das könnte ich sein, 60 neue Gedichte, Eremiten-Presse, Düsseldorf 1989.

5. Moses 6,4–9

Gott, der einem im Blick auf Christus „gar nichts übelnimmt", läßt einen nicht im Ungewissen, „wie man mit ihm dran ist". Ihn darf man einfach *„liebhaben von ganzem Herzen, von ganzer Seele und mit aller Kraft"*.

Zu Herzen nehmen

Das muß man „hören", sagt die Bibel. Und man muß es sich merken. Jederzeit und überall soll man es im Kopf haben. Und man soll es sich *„zu Herzen nehmen"*. Sonst gewinnen andere Eindrücke die Oberhand. Und tausend Dinge fallen vor, die einen an Gott zweifeln lassen.
Hört man sich an, was wir reden, wenn wir zusammensitzen, wieviel Negatives kommt da heraus! Klagen und bittere Kritik, Unzufriedenheit. *„Höre"*, sagt die Bibel, du sollst das nicht hochkommen lassen. Du sollst nicht so einen Ton anschlagen, wenn du mit jemandem redest, zum Beispiel mit deinen heranwachsenden Kindern, wenn du Besuch hast oder Bekannte triffst auf der Straße. Wenn du aufstehst oder dich zu Bett legst, soll dein Herz nicht schwer sein vor Bitterkeit, auch nicht leer und öde, weil du meinst, daß du nichts Erfreuliches erfährst.
Nein, *„höre"* diese Worte, die in der Bibel aufgezeichnet sind! Sie sagen, daß *„der Herr"* dein Gott ist: Und wenn er dein Gott ist, dann brauchst du von keiner Seite etwas zu befürchten.
Das mußt du immer sozusagen *„zwischen den Augen"* haben. Was du auch anschaust, mit ansehen mußt oder kommen siehst – mittendrin sollst du erkennen: *„Der Herr"*, dein Erlöser, macht sich daran zu schaffen. Er ist gekommen, um es zum Guten zu wenden. Diesen erfreulichen Aspekt darfst du zu allem dazudenken, was du erlebst: *„Der Herr"* hat die Dinge in der Hand, er führt sie zum Ziel, er *„allein"*; keiner anderen Macht bist du ausgeliefert.
Wenn ich mir das nicht gleichsam um den Kopf und um die Hände wickle, um es bei jedem Gedanken mitzudenken und bei jedem Handgriff zu beachten, wer weiß, was dann über mich Macht gewinnt!
Wir erschrecken über Menschen, die von einem einzigen Thema geradezu besessen sind. Sie kennen nur noch dieses eine Thema und kommen bei jeder Gelegenheit darauf zurück. In manchen Fällen ist es eine Kränkung, die sie erlitten haben und über die sie nicht mehr hinwegkommen.
Martin Walsers viel diskutierter neuer Roman handelt davon. Sein Titel ist „Finks Krieg"[4]. Der Beamte Fink ist von seinem Posten verdrängt worden. Das erste Kapitel trägt die Überschrift: „Der Rausschmiß".

---

4 Suhrkamp-Verlag, Frankfurt 1996.

Diese Kränkung konnte Fink nicht verwinden. Von nun an führte er „Krieg"; er dachte an nichts anderes mehr, als wie er eine Genugtuung für sich erringen könnte. Jeden Gesprächspartner versuchte er als Bundesgenossen einzuspannen. Alle Bekannten gingen ihm aus dem Weg, weil sie kommen sahen, daß er vor ihnen zum wiederholten Male seine alten Geschichten ausbreiten würde. Tag und Nacht kreisten seine Gedanken um dieses einzige Thema. Die ganze Welt wurde für ihn ungenießbar über dem Unrecht, das er erlitten hatte.

Bei anderen mag es eine beginnende Krankheit sein, um die sich nun alle Gedanken drehen, oder der Konflikt mit einer Person, gegen die sie sich unentwegt wehren zu müssen meinen. Wie leicht verfängt man sich in so etwas!

Deswegen, sagt die Bibel, ist es notwendig, immer *„den Herrn"*, deinen Gott, deinen Erlöser, dazuzudenken. Du sollst die Möglichkeit haben, dich über die enttäuschenden und bedrückenden Erfahrungen, die dich sonst gefangennehmen würden, hinwegzusetzen.

„Finks Krieg" endet so, daß der in seiner Ehre gekränkte Beamte, der sich bis zur Erschöpfung gegen eine als ungerecht empfundene Verwaltungsmaßnahme aufgelehnt hat, schließlich doch von der Fixierung auf seinen vergeblichen Kampf loskommt. Das bleibt nicht sozusagen *„zwischen den Augen"* stehen. Etwas Besseres schiebt sich an seine Stelle. An einem Kurort hört er in einer Klosterkirche den Gesängen der Schwestern zu. Das bringt ihn auf andere Gedanken. Er empfindet es als Befreiung.

Jetzt sitzen wir „jeden Abend in der Vesper", „meistens allein in der in himmlischer Helle verschwimmenden Kirche. Vom Chor herab, der sich in kleinsten Abständen innig um einen Ton windende Gesang der Schwestern." „Hymnus ist es und Lobgesang das abendliche Psallieren."
„Fink, sei so gut und laß uns hier loben lernen", ermahnt er sich selbst. „Zuerst mal lateinisch, Laudamus ... benedicimus ..." Wir loben Dich, wir benedeien Dich!

„Höre", der Herr ist dein Gott, der Herr allein; und du sollst ihn liebhaben von ganzem Herzen!
Amen.

9. Sonntag nach Trinitatis, 27. Juli 1986
Christsein heute
Philipper 3,7–11

Der Apostel Paulus schreibt im Philipperbrief, Kapitel 3, Verse 7 bis 11:
„Aber was mir Gewinn war, das habe ich um Christi willen für Schaden erachtet. Ja, ich betrachte es alles für Schaden, verglichen mit der überschwenglichen Erkenntnis Christi Jesu, meines Herrn. Seinetwegen ist mir das alles ein Schaden geworden, und ich halte es für Dreck, damit ich Christus gewinne und in ihm gefunden werde, so daß ich nicht meine eigene Gerechtigkeit habe, die aus dem Gesetz kommt, sondern die, die durch den Glauben an Christus kommt, nämlich die Gerechtigkeit aus Gott aufgrund des Glaubens. Ich möchte ja ihn erkennen und die Kraft seiner Auferstehung und die Gemeinschaft seiner Leiden und so seinem Tod gleichgestaltet werden, damit ich zur Auferstehung von den Toten gelange."

Wenn jemand fragt: „Sind Sie Christ?" – wie reagieren Sie darauf? Sind Sie unangenehm berührt? Überlegen Sie, warum er wohl fragt und was er dabei im Schilde führt? Will man Ihnen am Zeug flicken? – Liegt Ihnen die abweisende Gegenfrage auf der Zunge: „Was geht Sie das an?" Oder sagen Sie: „Ja, selbstverständlich!" Wieso? Ich habe häufig jüngere Menschen getroffen, die auf eine solche Frage mit Entschiedenheit antworten: „Nein!" Es schien nicht so, daß sie das Gefühl hatten, man trete ihnen mit dieser Frage zu nahe. Sie waren gerne bereit, Auskunft zu geben. Sie hatten Gründe vorzubringen. Sie sagten „Nein", obwohl sie getauft und meist auch konfirmiert waren.
Wenn ich in den vergangenen Jahren an der Universität Programme der Studentengemeinde austeilte, wurde mir oft entgegnet: „Danke! Das ist nichts für mich." – „Warum?" fragte ich. – „Ich bin Atheist", war die Antwort zum Beispiel – Wer aber mit „Ja" antworten will, wird wohl auch nach Gründen gefragt werden.
Obwohl es mancherorts noch so scheint, ist es hierzulande schon längst nicht mehr selbstverständlich Christ zu sein. Wer Christ sein möchte, muß wissen, was er damit will, und sagen können, was er davon hat. Er muß dem Atheisten erklären können, was ihm das Christsein bedeutet, wie umgekehrt der Atheist bereit ist, seine Gründe auf den Tisch zu legen. Haben Sie Gründe? Wenn nicht – oder wenn man nicht bereit ist, sie darzulegen –, verfestigt sich der Eindruck, Christsein oder Kirchenzugehörigkeit sei nur ein anderer Ausdruck für Unentschiedenheit, Angepaßtheit und unbedachtes, unverantwortetes Mitmachen bei dem, was immer war.

Philipper 3,7–11

Als Paulus seinen Brief nach Philippi schrieb, herrschte noch die vorchristliche Ära. Das Christentum war noch nicht bewährt. Es war auch noch kaum bekannt. Die ersten Christen mußten Auskunft geben, was sie denn da glaubten und warum; und wieso sie es sich soviel kosten ließen. – Heute leben wir, wie es heißt, in einem nachchristlichen Zeitalter. Viele sind überzeugt, daß sich das Christentum in seiner knapp zweitausendjährigen Geschichte nicht bewährt hat. Beispiele sind in aller Munde. Ich nenne nur die Stichworte: Naturentfremdung, Umweltzerstörung – die „große Tat" des Bonifatius, eine heilige Eiche bei Geismar zu fällen; oder: Intoleranz, Kreuzzüge, Hexenprozesse und so weiter. – Wer heute Christ sein will, muß begründen, warum er trotzdem daran glaubt, was da eigentlich für ihn überzeugend ist; so überzeugend, daß er es sich auch wieder etwas kosten läßt, Christ zu sein. Die vorchristliche und die nachchristliche Zeit ähneln sich jedenfalls darin, daß Christsein eine Entschiedenheit voraussetzt und ein klares Bewußtsein dessen, was man davon hat.

Christsein bei Paulus

Paulus fiel es offenbar nicht schwer, darüber Auskunft zu geben. Über nichts redet er lieber als darüber. Er sucht überall Gelegenheit, zu erläutern, warum er Christ ist. Das hielt er für seine Pflicht. Und das Motiv war pure Menschenfreundlichkeit; denn er war überzeugt, daß das für jeden etwas ist.
„Ich bin Christ – jawohl. Und was ich davon habe, will ich gerne sagen."
Ich möchte, sagt er, „in Christus gefunden" werden.
Das klingt so, als hätte er eine Nische entdeckt. Der Ausdruck „Nische" ist uns in den letzten Jahren in einem neuen Sinn geläufig geworden. Man spricht von ökologischen Nischen. Das sind geschützte Bereiche, in denen es Pflanzen- oder Tierarten, die sonst von Ausrottung bedroht sind, möglich ist zu überleben. Wir sind darauf aufmerksam geworden, wie wichtig solche Nischen sind. Sie müssen unbedingt erhalten bleiben.
Und nun scheint es, daß es für Menschen auch so etwas gibt. Dabei ist nicht nur im biologischen Sinne an das Überleben der Menschheit gedacht. Paulus sagt: „Ich", ich sterblicher Mensch, ich als Person, habe eine Nische gefunden, in der ich geschützt bin. – Man kann auch „Zuflucht" sagen. In einem alten, vorchristlichen Psalm (90,1) heißt es: *„Du, Gott, bist unsere Zuflucht für und für."* Das heißt, es gibt eine Nische, in der wir uns bergen können und die immer für uns zugänglich ist.
Wir sind ja in Frage gestellt. Unsereiner wirkt auf manche Menschen abstoßend. Das lassen wir einen spüren. Vielleicht ist an Ihnen früher, wie man sagt, viel „herumgenörgelt" worden. Das hat Sie ganz unsicher

gemacht. Es geht Ihnen heute noch nach. Es ist schwer auszuhalten, wenn man sich nicht angenommen fühlt. Wenn einem Unrecht geschieht, ist vielleicht das Bewußtsein des Rechtes noch wie eine Nische: „Ich bin doch im Recht!" Das gibt Kraft zum Widerstand. Dann hält man auch ein Kesseltreiben aus, bei dem man von allen Seiten verleumdet wird. Man birgt sich in seiner Nische und läßt den Sturm vorübergehen. „Das legt sich schon wieder." Aber es kann sein, daß mir im Gewissen diese Zuflucht zerfällt. Da bohrt etwas. Und unter diesem Bohren zerbröckelt, was mir wie eine Nische war. Nun bin ich preisgegeben wehrlos.

Diesen Zustand nennt die Bibel „*Anfechtung*". Angefochten bin ich, wenn ich den gegen mich gerichteten Waffen ausgesetzt bin, ohne irgendwo Zuflucht nehmen zu können. Die Psalm-Beter wußten, daß das von Gott kommt. Vor Jahrtausenden schon klagte Hiob, daß Gott gleichsam mit Pfeil und Bogen auf ihn zielt (6,4) – nicht nur Menschen, die ihn nicht verstehen, mit ihren giftigen Worten, sondern Gott selbst. Und in einer Intensität wie kaum ein anderer hat Martin Luther erfahren, wie Gott einem die Nische der Selbstgerechtigkeit zerbricht. Gottes Wort bohrt an dieser Höhle, bis sie einfällt. Dann bin ich schutzlos im Gewissen.

Paulus sagt: Ich habe eine andere Nische gefunden. Ich brauche „*meine eigene Gerechtigkeit*" nicht mehr. Die Zufluchtsstätte der Selbst-Gerechtigkeit mag einstürzen. Sie war nicht fest; sie war nicht zuverlässig. Daß ich, so sehr ich auch kritisiert werde, doch im Recht bin, weil ich mich richtig verhalten oder es zumindest richtig gemeint habe – das habe ich mir vielleicht nur eingebildet. Ich wage es nicht mehr, es zu behaupten. Das ist mir vergangen. Gott hat es mir ausgeredet. Vor seinem Wort stehe ich anders da. Die Attacke des Wortes Gottes kann ich nicht abwehren. Sie ficht mich zutiefst an. Die eigene Gerechtigkeit aufgrund meines vermeintlich korrekten Verhaltens – „*die eigene Gerechtigkeit, die aus dem Gesetz kommt*", hält nicht stand.

Das hat Paulus erfahren. Da erst merkte er, daß er einer anderen Nische bedarf. Man flüchtet ja nicht gerne. Man hat seinen Stolz. Jeder will selber standhalten.

„Das habe ich auch versucht", sagt Paulus. „Und es wurde respektiert. Ich hatte Ansehen. Von den Menschen war ich nicht angefochten. Das konnte ich alles zurückweisen. Ich war untadelig. Ich brauchte das Licht nicht zu scheuen; auch keine Untersuchungskommission. Wenn jemand selbstbewußt auftreten konnte, dann war ich es." – Am Anfang von Kapitel drei des Philipperbriefes können Sie im Wortlaut nachlesen, was Paulus darüber zu sagen hatte.

Nun hielt das alles den Blicken Gottes nicht stand.

Philipper 3,7–11

In Christus sein

Alles, was ich vorzuweisen gewöhnt war, was für mich sprach, womit ich mich überall durchsetzte – vor Gott kam ich damit nicht durch. Indem ich versuchte, es Gott vorzuhalten, merkte ich, wie es in meinen Händen an Gewicht verlor, wertlos wurde. Die Worte, die ich zu meiner Rechtfertigung vorzubringen wußte – jederzeit erfolgreich –, vor Gott blieben sie mir im Hals stecken.
Liebe Hörer, das kann ich nachvollziehen. Ich habe auch Auseinandersetzungen und kann mich wehren. Oft weiß ich mich im Recht. Aber wenn ich mich dann mit Jesus vergleiche, merke ich, daß ich zugleich auch, und zwar überwiegend, im Unrecht bin. – Ich kann nachempfinden, wie Petrus sich fühlte, als ihn im Hof des Hohenpriester-Palastes ein Blick Jesu traf (Lukas 22,61) und als der Hahn krähte. Er hatte sich so geschickt und erfolgreich aus der Schlinge gezogen, die einige ihm legen wollten. Aber im Munde Jesu hieß das „Verleugnung". Er hatte so etwas immer weit von sich gewiesen. Aber nun ist es doch so gekommen, wie Jesus sagte: *„Ehe der Hahn kräht, wirst du mich dreimal verleugnen."* – Da kamen ihm die Tränen. Worauf er sonst vielleicht stolz gewesen wäre, das erschien ihm nun als Schande. Sein vermeintlicher Erfolg war in Wirklichkeit ein Scheitern. Was er als Gewinn hätte buchen können, erwies sich unter den Augen Jesu als Schaden. Und gerade wenn das so ist, wird man empfänglich für Worte wie „Gnade" und „Vergebung". Früher hat man damit vielleicht nichts anfangen können. Irgendwie war es einem als unwürdig erschienen, auf so etwas angewiesen zu sein. Man wollte sich lieber selber richtig verhalten, nichts versäumen und anerkennenswert korrekt sein. Man suchte seine eigene Gerechtigkeit aus dem Gesetz. Bis einem plötzlich aufging, wie unecht das war. – Von Paulus ist überliefert, daß ihn, unterwegs nach Damaskus, „ein Licht vom Himmel umleuchtete" (Apostelgeschichte 9,3). So geht das vor sich. Ein neues Licht, ein Licht von Gott, ein Licht aus dem Himmel fällt auf die Dinge. Dann sehen sie anders aus. Mit Schrecken erkenne ich: Das war nichts. Ich habe mich auf etwas gestützt, was nicht standhält. Ich habe auf etwas gezählt, was nichts wert ist. Nun versteht man Paulus, der sagt: Da merkte ich, daß ich Dreck in den Händen hatte. Und ich hatte gemeint, es seien Ausweise meiner Gerechtigkeit.
Und es dämmert einem, was er meinte, wenn er sagte: „Ich möchte Christus erkennen." Das ist mir nun die Hauptsache. Damit verglichen, ist wirklich alles dies: „Christus erkennen", begreifen, was es bedeutet, daß Christus gekreuzigt wurde. – Ich hatte es auf sich beruhen lassen. Ich hatte gesagt, ich verstehe es nicht recht, das ist mir fremd. Das Gebot der Nächstenliebe war mir genug. So interpretierte ich das Christentum.

Christsein heute

Mein Engagement – das war das Christliche. Ich eiferte. Ich setzte mich ein. Darin ging ich auf. Das mit dem Kreuz und dem Opfer – das kam mir sehr theoretisch vor. Aber jetzt sehe ich, daß ich dabei im Grunde nur auf mich selbst vertraut hatte. Das heißt, „sich auf Fleisch verlassen" (Vers 4), sagt Paulus. Und „Fleisch" verwest. Es ist am Ende wie Dreck. Als der Blick Jesu mich traf, merkte ich, daß das alles nichts bringt. Und daß es darauf ankommt, das andere zu „*erkennen*", was ich bisher beiseite gelassen hatte: Christus zu erkennen, den Gekreuzigten, sein Kreuz und *„die Kraft seiner Auferstehung"*.
Darauf kommt es an. Und das will ich nun mit aller Entschiedenheit. Davon verspreche ich mir alles. – Und nun beginnt sich mir zu erschließen, was Gottes Wort sagt: daß nämlich Er „meine Zuflucht" ist, daß ich „durch das Blut Jesu rein" bin; daß ich „in ihm gerecht" bin – und wie die Redewendungen der Bibel alle lauten, die mir früher so fremd waren. „*In ihm*" – ja das ist die Nische, die mir noch bleibt. – „Wohin soll ich fliehen vor Deinem Zorn?" Mein Leben hängt an einer Antwort auf diese Frage. Paulus sagt: Ich weiß „wohin". Ich möchte „*in Christus gefunden werden*".
Da Christus für uns gekreuzigt wurde, das ist für mich sozusagen die Nische, in der ich überleben kann. Das ist die wirkliche Gerechtigkeit, sagt Paulus, *„die Gerechtigkeit aus Gott"*. Ich bin nicht selbst gerecht, weil ich mich korrekt verhalten hätte. Aber ich bin gerecht, weil ich das Angespucktsein und die Verurteilung Jesu, seine Gottverlassenheit am Kreuz, diese ganze Leidensgeschichte, als meine Bestrafung ausgeben kann – als ob ich gebüßt hätte, bitter gebüßt, so daß nun alles bereinigt ist. Er hat es für mich getan. – Wenn Gott nach mir fragt – und das merke ich manchmal im Gewissen –, dann will ich sagen: „In Christus bin ich zu finden. Da mußt du mich suchen. Also gewissermaßen da, wo die Wunden des Gekreuzigten klaffen, von denen es heißt, sie haben für mich geblutet."
Verstehen Sie nun, warum ich Christ bin? Warum ich ums Leben gern Christ bleiben will?

Was wir heute brauchen

Daß sich die Werte verschieben, kommt auch sonst vor. Es hängt mit dem Älterwerden zusammen oder mit bestimmten Erlebnissen. Jemand zieht in seinem Leben Bilanz und findet: Was mir früher das Höchste war, erscheint mir nun wie verlorene Zeit. Anderes ist mir wertvoll geworden. Ich kenne einen sehr erfolgreichen Wirtschaftsmanager, der mit 44 Jahren seine Stellung aufgab und anfing, Kunstgeschichte zu stu-

Philipper 3,7–11

dieren. Wir erleben „Aussteiger", die Karriere und hohes Einkommen abrupt hinter sich lassen, weil ihnen, was mit dem Begriff „Lebensqualität" gemeint ist, wichtiger wurde. Prominentes und konsequentestes Beispiel war ein Prinz am Fuß des Himalaya vor zweieinhalbtausend Jahren. Als er einen gebeugten Greis am Stock gehen, einen hilflosen Kranken in seinem Kot liegen, einen Leichnam von Verwesungsflecken entstellt sah („Die Götterboten") und nicht mehr verdrängen konnte, daß das auch seine Zukunft sein wird, verließ er Schloß und Familie und suchte etwas jenseits eines Lebens, das auf so etwas hinausläuft. Man nannte ihn den „Erleuchteten" oder Buddha.

Das alles hat Paulus nicht gemeint. Derartige Entwicklungen hatte er schon früher durchgemacht, beziehungsweise er war dazu erzogen worden. Er war sozusagen schon bevor er Christ wurde, ein Alternativer gewesen. Er konnte sagen: „Ich faste zweimal in der Woche und gebe den zehnten Teil von allem, was ich habe, den Armen" (Lukas 18,12). Aber alle diese schätzenswerten Bemühungen haben für ihn nun ihren Wert verloren. *„Ich betrachte es alles als Schaden."*

Gut zweihundert jüngere Deutsche, meist Mittzwanziger, sind beispielsweise in Berlin während der letzten Jahre zum Islam übergetreten. Sie kamen aus einem unentschiedenen Christentum, und sie halten sich nun streng an den Koran. Darin sehen sie einen großen Gewinn. Was früher ihr Leben ausmachte, verdammen sie nun. – Aber Paulus sagt: „Das habe ich auch einmal ausprobiert, nämlich meine Gerechtigkeit aus dem Gesetz zu gewinnen. Wer aber Christus erkannt hat, verspricht sich davon nichts mehr."

Liebe Hörer, können Sie jungen deutschen Muslimen, die von einem unentschiedenen Christentum enttäuscht waren, begründen, warum Sie selbst entschieden Christen bleiben möchten?

Oder anderen jungen Menschen, die sagen: „Was soll der ganze Quatsch – das Gegeneinander der Religionen –, wo doch das Leben bedroht ist?!" Ich frage zurück: Ist denn durch die Bedrohung des Überlebens der Menschheit etwa die Frage meines eigenen, todsicheren, früher oder später eintretenden Sterbens und der Trennung von Menschen, die mir nahestehen, gegenstandslos geworden? Selbst wenn Tschernobyl und alle Kernkraftwerke ihren Betrieb einstellen, selbst wenn die Gefahren aus herkömmlicher Energiegewinnung allesamt gebannt wären, selbst wenn man in dieser Hinsicht ganz beruhigt sein könnte – wird doch weiterhin alles, was zum Leben kommt, wieder sterben müssen. Darin steckt etwas Bitteres. Mir ist es ein Problem. Darum sagt es mir durchaus noch etwas, wenn Paulus bekennt: *„Ich möchte die Kraft der Auferstehung Christi erkennen."* Ich möchte auch etwas mitbekommen von dem österlichen Mut, mein eigenes, sterbliches Leben in den auferstandenen Christus hineinzubergen wie in eine Nische, in der ich meinen eigenen Tod überlebe. Das ziehe ich bei weitem einer Resignation vor, in der ich mein Leben als einen rein biologischen Vorgang betrachten und mich mit dem unausweichlichen Absterben abfinden müßte. „Ich möchte die Kraft seiner Auferstehung erkennen!" Ich wage es viel lieber, so etwas zu glauben, als daß ich mich durch Fixierung auf Gefahrenherde lähmen und traurig machen lasse.

Und noch etwas: So selbstgerecht man sich auf allen Seiten geben mag – das Leben, das wir führen, ist doch auch nicht das Wahre. Ich möchte mich damit nicht zufriedengeben. Und nun weckt das Christentum – sehen Sie, warum ich Christ sein will? – die Hoffnung, daß der Glaube an Christus nicht nur eine Nische ist, in der ich überleben kann, sondern auch ein Ort der Metamorphose. Wer *„in Christus"* ist, sagt Paulus an anderer Stelle, wird verändert. Wonach sich die Menschheit schon immer gesehnt hat, das wird *„in Christus"* Wirklichkeit. Man kann, so heißt es, *„in ihm"* ein neuer Mensch werden. *„Ist jemand in Christus, so ist er eine neue Kreatur"* (2. Korinther 5,17). Das heißt, es stirbt etwas ab, und etwas Neues entsteht.

Das möchte ich ausprobieren. Ich möchte Christus *„gleichgestaltet"* werden, schreibt Paulus. Sie fragen, ob ich Christ bin? Ich antworte: Ja – deswegen!

Heute, im sogenannten nachchristlichen Zeitalter, möchte ich den Brief, den Paulus einst in der noch vorchristlichen Ära verfaßt hat, unterschreiben und meinerseits bestätigen, daß das, was Christus anbietet, genau das ist, was wir heute brauchen.

Amen.

10. Sonntag nach Trinitatis, 4. August 1991
„Unter der Wolke"
1. Korinther 10,1–13

Ende Juli wird in Augsburg die Jakober Kirchweih gefeiert, das älteste Volksfest weit und breit. Bei dieser Gelegenheit hält die Gemeinde der Jakobskirche ihren Gottesdienst ausnahmsweise im Bierzelt. Ob das der passende Ort ist, darüber kann man verschiedener Meinung sein. Aber warum denn nicht? Gott ist überall. Und wir wollen versuchen, ihn auch dort zu ehren. Nun wogen also die weißblauen Zeltwände um uns her. Wo sonst die Blasmusik spielt, auf der Bühne, steht der Altar. Die Gemeinde und viele Besucher nehmen an den Tischen Platz, wo anschließend zum Frühschoppen aufgetragen wird.

Die Atmosphäre ist von Anfang an lockerer als sonst. Und ich finde, zumindest ein Satz aus dem Predigttext, den ich für diesen Sonntag ausgewählt habe, paßt genau in diesen Rahmen. Man könnte sogar sagen, er beschreibt das, was sich hier abspielt, und zeigt dabei, daß es nichts Neues ist. Die Verbindung von Gottesdienst und Volksfest ist uralt. *„Das Volk"*, steht in der Bibel, *„setzte sich, zu essen und zu trinken, und stand auf zu spielen."* Gemeint ist das Volk Israel, das heimatlos durch die Wüste wanderte und am Fuße des Berges Sinai vorübergehend sein Lager aufschlug. Dort feierte das Volk Gottesdienst, und der Gottesdienst ging in ein Volksfest über. Und am Ende tanzte alles um das Goldene Kalb.

Wenn man nun den Zusammenhang beachtet, in dem dieses heitere Bild entsteht, wie da viele zusammensitzen, plaudern und lachen und anschließend tanzen, dann wird daraus geradezu ein warnendes Beispiel. Und der Apostel Paulus behauptet, daß diese Geschichte, wie viele andere, genau zu dem Zweck aufgeschrieben worden sei, um uns als warnendes Beispiel zu dienen. Wovor soll sie warnen? Etwa davor, daß man eine Kirchweih besucht und sich ins Bierzelt setzt? Das wird wohl kaum gemeint sein. Aber sie erinnert daran, daß wir auf Schritt und Tritt in Versuchung sind, von Gott Abstand zu nehmen, und daß alles, was fromm anfängt, unversehens umkippen kann. Es kippt dann um, wenn Gott nicht mehr beachtet wird. Und das liegt unheimlich nahe. Von einem Augenblick zum anderen stellt sich das Gefühl ein, daß alles auch ohne Gott läuft. Sein Wort bringt mir nichts mehr. Ich überlege, ob es nicht genügt zu fragen, was mich selber weiterbringt und anderen nicht schadet. Wozu brauche ich Gottes Gebote? Aus Fehlern lernt man; Vergebung beanspruche ich nicht. Auch hat man sich rasch daran gewöhnt, ohne Gebet auszukommen und den Gottesdienst nicht zu vermissen. –

1. Korinther 10,1–13

Daß es naheliegt, so zu denken – das nennt die Bibel „Versuchung". Durch Naheliegendes wird Gott verdrängt.
Am Fuß des Berges Sinai konnte man sich das Goldene Kalb zeigen lassen: auch anfassen ließ es sich – während von Gott nichts zu hören war. Und schon drehte sich das Fest um das Goldene Kalb. Diese Begebenheit gilt als ein Beispiel, wie man in Versuchung fallen kann. Der Apostel Paulus erinnert daran. Und er erwähnt noch einige weitere Begebenheiten. Die Vorfahren, die er respektvoll und zärtlich als „die Väter" bezeichnet, haben dabei Erfahrungen gemacht, aus denen wir lernen sollten. So lesen wir im 1. Korintherbrief, Kapitel 10, Verse 1 bis 13:

> *„Ich will nicht, daß ihr übersehet, liebe Brüder, daß unsere Väter alle unter der Wolke waren; und sie sind alle durchs Meer gezogen. Alle wurden auf Mose getauft in der Wolke und im Meer. Und alle haben die gleiche geistliche Speise gegessen und denselben geistlichen Trank getrunken; sie tranken nämlich von dem geistlichen Felsen, der ihnen folgte; und dieser Fels war Christus.*
> *Aber an der Mehrzahl von ihnen hatte Gott kein Wohlgefallen; sie wurden nämlich in der Wüste niedergemacht. Das ist geschehen als ein Beispiel für uns, damit wir nicht Lust bekommen zum Bösen, wie jene Lust daran hatten. Ihr sollt auch nicht Götzendiener werden wie einige von ihnen. Es steht geschrieben: ‚Das Volk setzte sich nieder, um zu essen und zu trinken, und stand auf, um zu tanzen.'*
> *Auch sollten wir nicht Hurerei treiben* (vielleicht könnte man übersetzen: allzu freizügig sein, auch in religiöser Hinsicht), *wie einige von ihnen Hurerei trieben – und dann fielen an einem einzigen Tag dreiundzwanzigtausend. Wir sollen den Herrn nicht versuchen, wie einige von ihnen ihn versuchten und dann einer Schlangenplage zum Opfer fielen.*
> *Murrt auch nicht, wie einige von ihnen murrten und durch den Verderber ums Leben kamen. Das alles ist jenen beispielhaft widerfahren. Aufgeschrieben wurde es zur Warnung für uns. Denn das Ende der Zeiten ist nahegerückt. Daher, wer meint, er stehe fest, der sehe zu, daß er nicht falle!*
> *Bisher hat euch nur menschliche Versuchung betroffen. Aber Gott ist treu. Er wird euch nicht versuchen lassen über eure Kraft, sondern wird bewirken, daß die Versuchung so ein Ende nimmt, daß ihr's ertragen könnt."*

Gott war zu bemerken

Trotz bemerkenswerter Erfahrungen, sagt Paulus, ist die Mehrzahl der Väter in Versuchung gefallen. Man kann nicht behaupten, daß Gott sich ihnen gegenüber verborgen gehalten hätte; ganz im Gegenteil.

„Unter der Wolke"

„Sie waren alle unter der Wolke." Paulus spielt damit auf eine biblische Geschichte an. Er konnte mit bibelfesten Lesern rechnen, die solche Texte im Gedächtnis parat hatten. Wir müßten vielleicht erst einmal nachschlagen, zumindest uns besinnen: Wie war das doch mit der Wolke? Eine Wolkensäule, heißt es, zog mit den Vorfahren der heutigen Israelis her, als sie durch die weglose Wüste wanderten, um das Land zu suchen, das Gott ihnen versprochen hatte. Nachts leuchtete die Wolkensäule wie Feuer. Das war ein Zeichen, daß Gott mit ihnen ging. In der Bibel steht: Gott ging ihnen voraus, *„um sie den rechten Weg zu führen"* (2. Mose 13,21). Gott war also zu bemerken. Es zeigte sich, daß er sein Versprechen hält. Man konnte sich auf ihn verlassen.

Manchmal, wenn ich auf mein bisheriges Leben zurückblicke, möchte ich sagen: Ich habe zwar keine Wolkensäule gesehen, aber daß Gott mich auf erstaunliche und bemerkenswerte Weise geführt hat, diesen Eindruck habe ich auch. Man könnte sagen, ich war und bin also ebenfalls *„unter der Wolke"*.

In einem Psalm lese ich: Die Wolke „deckte sie" (105,39). Sie hüllte die fliehenden Juden ein. Wie wenn Nebel aufkommt und die Verfolgung erschwert, so machte die Gegenwart Gottes sein Volk unauffindbar. – Solche Erfahrungen kann man machen. Es kommt vor, daß das befürchtete Schicksal an einem vorübergeht.

Paulus fährt fort zu berichten: Und *„sie sind alle durchs Meer gezogen"*. Dieses unvergeßliche Erlebnis haben sie gemeinsam gehabt. Wo es absolut keinen Ausweg mehr gab, wo niemand Rat wußte, da bahnte sich Gott einen Weg. Und wenn sie später daran zurückdachten und die Erinnerungen auffrischten, war ihnen, als hätten sie Gottes Hand die Fluten teilen sehen. Obwohl das Verderben ringsum wie eine mauerhohe Springflut auf sie zuraste, brach es doch nicht über sie herein. Erlöst jubelten sie auf und sangen das Festlied: Der Herr *„hat eine herrliche Tat getan"* (2. Mose 15,1). Paulus sagt, sie waren gleichsam getauft, gerettet durchs Wasser hindurch, wunderbar bewahrt. Das Leben war ihnen noch einmal geschenkt.

Und in der Wüste, sagt Paulus, war Christus unsichtbar um sie herum. Wenn sie Mangel litten, Hunger und Durst, blieb die Erquickung nicht aus. Zeigt sich daran nicht, wer hungert und dürstet nach Gerechtigkeit oder wer nicht darüber hinwegkommt, daß Licht und Schatten so ungleich verteilt sind, wird nicht in der Wüste des Lebens verschmachten? Christus ist nahe, der Fels, an den Moses Stab schlug – und Wasser sprudelte heraus, erfrischendes Wasser. So war die Gegenwart Christi bei ihnen als eine unausgesetzte Erquickung. Und sie zogen spirituelle Nahrung daraus. Die Väter haben also Gottes Führung überwältigend erlebt.

1. Korinther 10,1–13

Fünf warnende Beispiele

Und trotzdem sind sie gefallen. Die Versuchung lag zu nahe. Unversehens erlagen sie ihr. Dabei verloren sie Gottes Zuneigung. Er hatte kein Wohlgefallen mehr an ihnen. Die Verbindung riß ab. Und sie kamen in der Wüste um. Paulus zeigt dies an fünf Beispielen auf. Es sind warnende Beispiele, aus denen man lernen soll. Denn es könnte uns ebenso ergehen. *"Wer meint, zu stehen, sehe zu, daß er nicht falle!"* Man könnte sich selbst täuschen in seiner Selbsteinschätzung. Niemand glaube, darüber erhaben zu sein.

Paulus weist nur kurz auf diese Beispiele hin. Wer sich die Mühe macht, sie in der Bibel nachzulesen, wird vielleicht verwundert sein, daß es ganz alltägliche Vorgänge waren, die zur Versuchung wurden. In Wünschen, die uns zunächst als unbedenklich erscheinen, und in einleuchtenden Überlegungen und Entscheidungen klafft plötzlich etwas Abgründiges auf: Wie wenn man beim Blumenpflücken auf ein leuchtendes Büschel zugeht und erst im letzten Augenblick bemerkt, daß dahinter ein Abgrund ist und daß die Erde bröckelt, das Rasenstück sich löst, so daß man abstürzen kann. Man könnte erschrecken, daß die Versuchung so unheimlich naheliegt. Uns zur Warnung wurden diese Geschichten aufgeschrieben, sagt Paulus.

Das erste Beispiel soll uns lehren, *"daß wir nicht Lust bekommen zum Bösen, wie jene Lust daran hatten"*. Wie war das? Ich lese im Alten Testament, daß die Juden in der Wüste jammerten und weinten: *"Wir denken an die Fische, die wir in Ägypten umsonst essen konnten, an die Kürbisse und Melonen, den Lauch und die Zwiebeln und den Knoblauch"* (4. Mose 11,5). Das Wasser läuft einem im Mund zusammen. *"Aber jetzt"*, klagen sie, *"ist unsere Seele matt"* (Vers 6). Ganz normale Wünsche sind das. Doch Gottes Wort sagt: Weint nicht dem Verlorenen nach! Gott hat euch ein Ziel gesetzt. Verliert es nicht aus dem Auge! Man muß Entbehrungen ertragen lernen auf dem Weg, den einen Gott führt. Die *"Seele"* soll nicht *"matt"* werden, wenn einem etwas versagt bleibt. Seht zu, daß diese wünschenswerten Dinge euch zweitrangig bleiben! Hängt eure Seele nicht daran! Sonst nimmt sie Schaden.

Es kann ja sein, daß ich das Ersehnte eines Tages erreiche: daß ich es mir leisten kann. Auf einmal fielen in der Wüste Wachteln vom Himmel. Auf einmal war alles zu haben. Aber das Einverständnis Gottes bestand nicht mehr. In der Bibel ist zu lesen: *"Als das Fleisch noch zwischen ihren Zähnen war ... da entbrannte der Zorn des Herrn"* (4. Mose 11,33). Aus dem Wohlstand wurde etwas Heilloses.

Das zweite Beispiel, das Paulus andeutet, ist schon der erwähnte Tanz um das Goldene Kalb. *"Früh am Morgen standen sie auf"*, steht in der

Bibel, *"und opferten Brandopfer und brachten Dankopfer dar. Danach setzte sich das Volk, um zu essen und zu trinken, und stand auf, um seine Lust zu treiben. Der Herr aber sprach: Sie sind schnell von dem Weg gewichen, den ich ihnen geboten habe"* (2. Mose 32,6–9). Die Aktivität und Opferbereitschaft bei der Gottesdienstgestaltung schon früh am Morgen dürften vorbildlich sein. Alles sieht ganz fromm aus. Aber eines hat sich bei dieser Feier verändert. Es ist nicht mehr eindeutig, daß sie Gott zugedacht ist. Nebenabsichten haben sich damit verbunden. Statt der Ehre Gottes rückt vielmehr das eigene Wohlbefinden in den Mittelpunkt. Oder ein fortschrittlicher Gedanke findet Anklang, der den alten Gott hinter sich läßt. Die Sinne werden durch Goldglanz und Bewegung stärker angesprochen als durch das schlichte und manchmal strenge Wort des unsichtbaren Gottes. Und vielleicht geht man auf die Straße, um dem Wort Gottes einen Nachdruck zu verleihen, den man ihm selber nicht zutraut. Vorsicht! – sagt Paulus, man kann leicht von dem Weg abkommen, den Gott geboten hat!

Das dritte Beispiel soll uns davor warnen, *"Hurerei"* oder *"Unzucht"* zu treiben, wie unsere Bibelübersetzungen sich ausdrücken. Wer im Alten Testament nachschlägt, stößt auf folgende Geschichte: Juden hatten sich mit Ausländerinnen angefreundet, mit den Töchtern der Moabiter. Und nun luden die Moabiter freundlicherweise das fremde Volk zu den Opfern ihrer Götter ein. Und die Juden feierten mit, aßen und nahmen an den Gottesdiensten teil (4. Mose 25,2).

Warum denn nicht? – würden wir vielleicht sagen. Ist das nicht erstrebenswert? Man muß sich doch um Völkerverständigung bemühen! Ist dies nicht ein gelungenes Beispiel? Sollte man es nicht geradezu nachahmen? Versöhnung der Religionen, so verschieden sie sind, könnte ein Schritt sein auf dem Weg zur Versöhnung der Völker. „Weltfrieden durch Religionsfrieden", lautet die Parole.

Und im Grunde müssen die verschiedenen Auffassungen des Göttlichen doch miteinander verträglich sein. Was spricht denn dagegen, am Kultus anderer Religionen gelegentlich teilzunehmen? Aber eben dieses Mitmachen bezeichnet die Bibel als „Hurerei". „Des Herrn Zorn entbrannte" (V. 3) darüber. Gott ging von seinem Ersten Gebot nicht ab: *„Du sollst nicht andere Götter haben neben mir!"* So wurde auch dieses schöne interreligiöse Fest zum warnenden Beispiel.

Die vierte Begebenheit soll uns davor warnen, Gott zu versuchen. „Es ist kein Wasser da", schimpfte das Gottesvolk in der Wüste. „Muß man das hinnehmen?" *„Ist der Herr unter uns oder nicht?"* (2. Mose 17,7). Kann man von ihm Wunder erwarten? Mose wandte ein: *„Warum versucht ihr den Herrn?"* (V. 2). Weiß Gott nicht Wege, uns auch durch den Mangel zu führen? Natürlich kann er Wunder tun! Die Frage ist nur, ob er will.

1. Korinther 10,1–13

Die Menge war aufgebracht. *„Es fehlt nicht viel, so werden sie mich noch steinigen"*, sagte Mose (V. 4). Da gab Gott nach. Das Wunder geschah. Aber eine Schlangenplage folgte wie eine Strafe. Und die Leute gingen in sich und mußten bekennen: *„Wie haben gesündigt"* (4. Mose 21,7). Neben den schönen Blüten eines großen Vertrauens zu Gott und eines fast verwegenen Glaubensmutes, wie er Heilige auszeichnet, klafft ein Abgrund der Sünde. Man soll Gott nicht versuchen.

Die fünfte Warnung lautet: *„Murrt nicht, wie einige von ihnen!"* Das ist sozusagen das andere Extrem. An die Stelle der Verwegenheit, Gott zu versuchen, kann eine Resignation treten, die im Blick auf die realen Gegebenheiten Gott nichts zutraut. Zweifelnd, fast ungläubig, fragte das Volk: *„Kann Gott wohl einen Tisch bereiten in der Wüste?"* (Psalm 78,19). Kaum! Wüste ist Wüste – da kann man nichts machen. Das wird wohl auch Gott nicht ändern können.

Wer so denkt, dessen Herz hängt nicht fest an Gott, wie es ein Psalm ausdrückt (78,37). Darin besteht die Versuchung, daß man sich im tiefsten Herzen von Gott verabschiedet. Man läßt die Hoffnung fallen, spinnt sich in seiner Unzufriedenheit ein und wird womöglich zum ewigen Nörgler. *„Wer meint zu stehen, sehe zu, daß er nicht falle!"*

Fehlendes Vertrauen

Mir scheint, daß die fünf Beispiele eines gemeinsam haben. Der gemeinsame Nenner ist eine Zurückhaltung im Vertrauen zu Gott. Das eine Mal fürchtet man, zu kurz zu kommen, und versucht, sich selbst zu besorgen, was einem fehlt. Das andere Mal wendet man sich vermeintlich glänzenderen Göttern oder aussichtsreicheren Programmen zu, um erfüllt zu bekommen, was Gott zu versagen scheint. Man setzt sich über das Einengende der Gebote Gottes hinweg; vielleicht läßt sich jenseits der Grenzziehung Lebensqualität steigern? Oder man will Gott drängen, Außerordentliches zu tun, als ob er ohne Grund zögerte. Die Fähigkeit, die Durststrecken der Wüste zu durchmessen, erschlafft, weil man am Ziel zweifelt, das Gott gesetzt hat. In jedem Fall entzieht man Gott ein Stück weit das Vertrauen.

Dabei könnte man sich ruhig auf ihn verlassen. War er nicht wie eine Wolke um uns? Hat er uns nicht durch Gefahren geführt? Erwies sich sein Wort nicht immer wieder als eine Quelle der Erquickung? *„Gott ist treu"*, bekennt Paulus. Und die mißlichen Geschichten aus der Vergangenheit hat der Apostel nur zu dem Zweck aufgewärmt, um zu versichern: Gottes Wort führt uns nicht irre. Und wer Gott vertraut, wird auch die Versuchungen überstehen.

„Unter der Wolke"

Gottesdienst im Bierzelt: Christen wollen an diesem Ort, wo laute und ausgelassene Lebensfreude zu Hause ist, das Lob Gottes anstimmen. Sie bekennen damit, daß sie glauben, Gott ist treu. Wie immer und überall die Versuchung naheliegt, sich von Gott zu verabschieden, so besteht auch immer und überall die Gelegenheit, zu ihm zurückzukommen. Ob wir uns gerade im Festzelt niedergesetzt haben, um zu trinken und zu essen und nachher die Kirchweihbuden aufzusuchen, oder ob Sie im Krankenhaus liegen, wo aus Infusionsschläuchen eine Lösung in Ihr Blut tropft, oder ob Sie gerade unbeschwert in den Urlaub abreisen oder verstimmt in Ihrem Zimmer sitzen, die Anwesenheit Gottes ist wie eine Wolke um uns. Jesus ist uns gefolgt, auch wenn wir nicht an ihn dachten. Immer liegt die Versuchung nahe, darüber hinwegzusehen. Aber ebenso oft erinnert uns sein Wort: *„Ich bin bei euch alle Tage."* Paulus wollte uns den Blick schärfen für die Versuchung, damit wir nicht unvorsichtig werden. Vor allem aber wollte er uns versichern: Wir haben Gottes Zuneigung noch nicht verloren. Wer sich an Jesus wendet mit der schlichten Bitte: „Hilf mir! Laß mich nicht verlorengehen! Ich verlasse mich auf Dich!", an dem hat Gott Wohlgefallen. Er wird die Verbindung nicht abreißen lassen. Und was auch immer passiert ist und wie schwer es auf uns lastet – er bewirkt, daß es mit der Versuchung so ausgeht, daß wir es aushalten können. Es ist sein erklärter Wille, daß wir durchkommen und nicht etwa auf der Strecke bleiben *„wie jene"*. Denn Jesus ist gekommen, um die zu suchen und selig zu machen, die ohne dies verlorengehen würden.

Jesus empfahl: Betet! Fangt einfach zu beten an! Ihr könnt zum Beispiel so beten:

„Vater unser im Himmel, geheiligt werde Dein Name,
Dein Reich komme, Dein Wille geschehe,
wie im Himmel, so auf Erden,
unser tägliches Brot gib uns heute und vergib uns unsere Schuld,
wie auch wir vergeben unseren Schuldigern,
und führe uns nicht in Versuchung,
sondern erlöse uns von dem Bösen."

Amen.

11. Sonntag nach Trinitatis, 30. August 1992
Reich an Erbarmen
Epheser 2,4–10

„Gott ist reich an Erbarmen", sagt die Bibel. Der Zustand der Welt tut ihm leid. Aber was folgt daraus? Ändert sich etwas durch sein Erbarmen? Oder sieht er uns nur nach, daß sich nichts ändert? Gott hat Gebote erlassen; aber unsere Lebenswirklichkeit hält sich nicht daran. Verzichtet Gott darauf, daß seine Gebote gehalten werden? Oder setzt er es durch?
Was viele annehmen, hat der Held des griechischen Romans „Alexis Sorbas" munter ausgesprochen: „Ich habe alle Gebote übertreten", bekannte er. „Wie viele gibt es? Nur zehn? Warum nicht gleich zwanzig, fünfzig, hundert? Ich würde sie alle übertreten! Und doch, wenn es einen Gott gibt, so habe ich nicht die geringste Angst, am jüngsten Tage vor ihn hinzutreten. Ich weiß nicht, wie ich dir das erklären soll, damit du's begreifst. Das alles ist, denke ich, gar nicht so wichtig. Ob der liebe Gott es wirklich für nötig erachtet, sich um die Erde zu kümmern und über uns Buch zu führen? Soll er womöglich eine Predigt halten und gallig werden, weil wir einen Fehltritt begangen ... haben?"[1]
Nein, so kann sich Sorbas Gott nicht vorstellen. „Sein Gott" ist großzügig. „Gott ist reich an Erbarmen."
Aber kann das wirklich heißen, daß er es nicht für nötig erachtet, sich um die Erde zu kümmern? – Daß ihm das alles nicht so wichtig ist? – Daß er über Fehltritte der Menschen hinwegsieht?
Zum Beispiel wenn ein Besitzender, der Besuch bekommt, es nicht übers Herz bringt, auch nur ein Tier aus seinen zahlreichen Herden schlachten zu lassen, sondern in die Hütte des ärmsten Schluckers in der Nachbarschaft schickt, ihm das einzige Lamm entreißt, das dieser besitzt, es nicht bezahlt und es dem Gast auftischen läßt, erbarmungslos: Ein Vorgang, der sich heutzutage in Ländern mit krassen sozialen Gegensätzen in vielen Abwandlungen wiederholt, der aber auch wie ein Gleichnis die ungerechte Weltwirtschaftsordnung bloßstellen könnte. Sollte Gott sich darum nicht kümmern?
In der Bibel war es ein Prophet Gottes, Nathan, der in anklagendem Ton diese Geschichte publik machte.
Und als wieder einmal ein Monarch sich an die Regeln, die für die Untertanen galten, nicht halten zu müssen meinte, als er seiner Neigung

---
[1] Nikos Kazantzakis: Alexis Sorbas, rororo 10158, Hamburg, S. 191.

Epheser 2,4–10

zu einer verheirateten Frau nachgab, sie in seiner Selbstherrlichkeit einfach „nahm" und den Ehemann unauffällig aus dem Weg räumen ließ, hätte Gott darüber hinwegsehen sollen, etwa weil es sich in diesem Fall um den gesegneten, großen König David handelte? Die Bibel vermerkt: „Dem Herrn mißfiel" dieser Fehltritt. Ja, Gott wurde, wie Sorbas sich ausgedrückt hätte, ausgesprochen „gallig", und die Predigt des Propheten Nathan fiel dementsprechend aus.

Wenn Menschen aus ihrer Heimat flüchten müssen, nur weil andere Volksgruppen Gebietsansprüche anmelden und gewalttätig durchsetzen, sollte das Gott kalt lassen? Nein, „Gott ist reich an Erbarmen"; das heißt, ihm tun die Opfer leid, er macht sich für sie stark.

Gott wünscht, daß auch wir barmherzig werden. Menschen sollen wie Abbilder Gottes sein. Darauf verzichtet er nicht. Dies durchzusetzen ist sein Programm mit der Menschheit.

Davon handelt der heutige Predigttext. Er umfaßt einige Sätze aus dem 2. Kapitel des Epheserbriefes, nämlich die Verse 4 bis 10:

> *„Gott, der reich ist an Erbarmen, hat in seiner großen Liebe, mit der er uns geliebt hat, auch uns, die wir tot waren in den Übertretungen, mit Christus lebendig gemacht – durch Gnade seid ihr gerettet worden –, er hat uns mit auferweckt und mit in den Himmel versetzt in Christus Jesus; er wollte den kommenden Zeiten den überströmenden Reichtum seiner Gnade beweisen in seiner Güte gegenüber uns in Christus Jesus.*
>
> *Aus Gnade seid ihr gerettet worden durch Glauben, und das nicht aus euch: Gottes Gabe ist es, nicht aufgrund von Werken, damit sich nicht jemand rühme. Wir sind sein Werk, geschaffen in Christus Jesus zu guten Werken, die Gott zuvor bereitgestellt hat, daß wir darin wandeln sollen."*

„Wir waren tot"

„Wir waren tot in unseren Übertretungen", stellt der Epheserbrief lapidar fest. „Tot", das heißt, es war nichts mehr zu hoffen. Jeder Eingriff kam zu spät. So nimmt sich unsere Situation unter dem Blickwinkel Gottes aus. Unsere Lebenswirklichkeit ist zu beklagen wie ein Todesfall.

Gott ist traurig darüber. Welten liegen zwischen dieser ernsten Sicht und den heiteren Phantasien eines Alexis Sorbas, die unserer Neigung entgegenkommen, die Dinge von der lustigen Seite zu nehmen. Sorbas betrachtet die Übertreter als quicklebendig und stellt sich Gott in schmunzelndem Einverständnis mit ihnen vor. Ihre Sündenbekenntnisse langweilen mich! Er „gähnt". Dann greift er nach einem Schwamm,

„und schwups!" fährt er damit durch die Luft „und löscht alle Sünden aus. ‚Mach, daß du weiterkommst! Ins Paradies!' sagt er."[2]
Aber was sollen die Überlebenden aus den KZs davon halten. Oder Stasi-Opfer zum Beispiel?
Das Urteil der Bibel ist realistischer. Sündenbekenntnisse sind eine bitter ernste Angelegenheit; denn die Übertretung der Gebote Gottes wirkt sich grausam aus. Oft hat sie tödliche Folgen.
Täglich „gibt es Tote", weil das Fünfte Gebot übertreten wird. Gefallene in Kriegsgebieten. Sogar Transporte mit Waisenkindern werden erbarmungslos beschossen. Der Terror nimmt kein Ende. Aber auch im Straßenverkehr kommen viele um durch verantwortungsloses Fahren. Und die Zahl der Drogenopfer steigt.
Und ehe es so weit kommt, ist längst schon das Vertrauen zwischen den Menschen gestorben, die Liebe erkaltet; die Rücksichtnahme hat aufgehört. Die zunehmende menschliche Kälte in unserer Gesellschaft wird beklagt. Jesus sagte, daß schon die gehässige Art, wie wir miteinander oder übereinander reden, so etwas wie töten sei. Und daß „Blicke töten können", ist mehr als eine Redensart. Wir sind daran beteiligt. „Wir waren tot in unseren Übertretungen." Wir „waren" tot, sagt die Bibel: Es „war" so; es blieb nicht dabei.
Denn, so könnte man sagen, das Morgenrot des Auferstehungstages ist über der Erde aufgegangen. *„Gott hat auch uns, die wir tot waren in unseren Übertretungen, mit Christus lebendig gemacht."*
Das feiern wir Christen an Ostern. Sonntags erinnern wir uns daran. Und an jedem Morgen richtet sich der Glaube an dieser Botschaft auf.
Gott erbarmt sich über den Zustand der Erde. Das heißt, er schaut weder gelangweilt noch mit Bedauern zu, wie der Tod triumphiert. Er unternimmt etwas dagegen. Er will, daß die Übertretung seiner Gebote aufhört. Die menschliche Kälte darf nicht weiter zunehmen. Der Rücksichtslosigkeit muß Einhalt geboten werden. Herzliche Barmherzigkeit soll auch unser Zusammenleben bestimmen. Aber wie kommt diese Belebung zustande?

Arm an Erbarmen

Tatsache ist, daß unsere Welt an Erbarmen arm ist. Den eigenen Besitzstand anderen zuliebe zu mindern, ist nur selten jemand bereit. Daher konnte das gute Motto des Deutschen Gewerkschaftsbundes zum 1. Mai „Teilen verbindet" nicht populär werden; denn Teilen bedeutet natür-

---
2 Ebd. S. 90.

lich, daß man „nachher weniger hat". Aber auch wenn man dazu bereit wäre, sind doch die Möglichkeiten begrenzt. Die Mittel sind knapp. Auch nur 0,7 Prozent des Bruttosozialproduktes für Entwicklungshilfe abzuzweigen ist kaum durchführbar. Es fehlt Wohnraum für Flüchtlinge und Asylanten. Und die Sorge um den eigenen Arbeitsplatz läßt die Fremden wie Eindringlinge und Rivalen erscheinen. Auch wenn Mitgefühl aufkommt, man sieht keine Möglichkeit zu helfen. Dem Erbarmen fehlen die Mittel.
Ich kenne nur ein Stichwort, das eine Überwindung dieser Knappheit in Aussicht stellen könnte. Dieses Stichwort heißt „Liebe". Wenn Liebe aufkommt, wird erfahrungsgemäß möglich, was ohne sie als undurchführbar erschien. Liebe verändert das Verhalten und weckt Fähigkeiten, von denen man vorher kaum träumen konnte. Da hat jemand zum Beispiel auf einmal Zeit; er bringt sie auf, das heißt, er schöpft sie gleichsam aus verborgenen Quellen. Er ist nicht mehr vor allem darauf bedacht, sich selbst zu schonen, sondern setzt sich unermüdlich ein. Wenn die Bibel ausdrücken will, wie Gott mit der Welt verfährt, dann führt sie das Stichwort „Liebe" ein. „In seiner großen Liebe, mit der er uns geliebt hat, hat er auch uns lebendig gemacht." Auf eine vergleichbare Weise, wie Liebe verborgene Kräfte wachruft, macht Gott Menschen, die tot waren in ihren Übertretungen, lebendig. Barmherzigkeit kommt auf. Der Gedanke an Gott motiviert einen. Das Erbarmen bleibt nicht arm und ängstlich, sondern „traut sich etwas" und wird herzlicher. Liebe bringt unerwartete Kräfte auf. Man findet Wege, wo vorher „nichts möglich" schien.
„Durch Gnade seid ihr gerettet worden", stellt der Epheserbrief fest. *„Gerettet"* – also nicht dem Tod überlassen.
„Hoffnungen, die keine Flügel mehr haben," sagt Nikos Kazantzakis, sind „wie Schmetterlinge, denen nur noch der Leib verblieb, ein Wurmleib. Und ein solcher Wurm sitzt nun im tiefsten Winkel des Herzens und nagt."[3]
Gottes Wort aber, so könnte man sagen, läßt den Hoffnungen Flügel wachsen.
Aber trotz des Ostergeläuts und dessen, was es verheißt, erlebt man Enttäuschungen.
Neulich stand ich wieder an unserer Gartentür, schüttelte den Kopf und öffnete nicht. „Was wollen Sie denn schon wieder?", so fragte ich und hätte doch nicht so zu fragen brauchen. Groll stieg in mir auf, sobald ich das Gesicht erblickte. Ich hatte mich um diesen Menschen sehr bemüht. Wie viele Telefongespräche habe ich geführt, wie viele Briefe geschrieben!

---

3 Ebd. S. 78.

Ich habe einen Arbeitsplatz für ihn gesucht. Und es gelang sogar, eine Stelle zu finden, wo man ihn „genommen" hätte. Aber dieser Mensch ist nicht hingegangen. Und jetzt stand er wieder da und erzählte unverfroren Geschichten, denen man anmerkte, daß sie erlogen waren, von der „Fahne" nicht zu reden. Ich war mit meiner Geduld am Ende: Jetzt reicht es! Schluß! Ich kümmere mich nicht mehr um ihn. Mein Erbarmen ist mißbraucht worden. Jetzt ist es erschöpft.
Trotzdem weiß ich, daß dem Mann an der Gartentür geholfen werden müßte. Vielleicht sollte ich ihn ins Haus aufnehmen. Ich dürfte ihn nicht aus den Augen lassen, müßte ihn auf Schritt und Tritt begleiten, geduldig und streng mit ihm reden, ihn freundlich und bestimmt hindern, zurückzufallen in seine Gewohnheiten.
Aber dazu sehe ich mich nicht in der Lage. Ich habe andere Aufgaben. Mir fehlt die Zeit und Kraft dazu. Ich bringe nicht so viel Geduld auf. Daß sich solche mißliche Situationen wegorganisieren lassen, daran glaube ich nicht mehr, nachdem nun auch das Experiment des Sozialismus gescheitert ist. Aber ein gutes Gewissen habe ich dabei auch nicht.

„In den Himmel versetzt"

Offenbar sind die Verhältnisse auf dieser Welt nicht so, daß sie erlauben würden, barmherzig zu sein. Das ist beispielsweise auch das Ergebnis von Bert Brechts Parabelstück „Der gute Mensch von Sezuan"[4]: Man kann nicht gut sein auf dieser Erde, obwohl es nötig wäre. Dazu bedürfte es einer anderen Welt. Der Epheserbrief gebraucht an dieser Stelle das Wort „*Himmel*". Das hat auch Brecht übernommen. Und jeder weiß, das heißt so viel wie „unzugänglich". Drei Götter setzen im Theater flüchtig den Fuß auf die Erde und ziehen sich dann mit einem Ausdruck des Bedauerns wieder in den Himmel zurück. Den Himmel erreichen zu wollen ist, von der Erde her gesehen, vergebliche Mühe. Schon der „Turmbau zu Babel" mißlang. Auch der technische Fortschritt half in dieser Hinsicht nicht weiter, im Gegenteil. In einem Treppenhaus fiel mir neulich ein Poster auf, auf dem ein Gemälde des niederländischen Malers Brueghel mit einem modernen Foto kombiniert war. Der Turm zu Babel als Ziegelbau ragte unvollendet in die Wolken; da wächst aus ihm ein riesiger, glatter, weißqualmender Betonzylinder heraus: das Bild eines Kernkraftwerkes. Die Fortsetzung des himmelstürmenden Turmbaus weckt Angst vor unabsehbaren Katastrophen. Auf diesem Weg erreicht man den Himmel nicht.

---

4 Bertolt Brecht: Gesammelte Werke 4, Werkausgabe Suhrkamp, Frankfurt/M. 1967.

Epheser 2,4–10

Doch der Epheserbrief behauptet, wir, die wir tot waren in unseren Übertretungen, seien durch Gottes Liebe *„in den Himmel versetzt"*. Das würde bedeuten, daß wir Zugang haben zu einer Welt, in der das Ergebnis von Brechts Parabelstück nicht gilt. Dort wäre es möglich, barmherzig zu sein. – Was ist damit gemeint?
„In Christus Jesus", heißt es, habe uns Gott *„in den Himmel versetzt"*. Der unerreichbare Himmel, wo das Erbarmen reichlich ist, sei also in Christus zugänglich geworden. Wer mit Christus verbunden ist, könne also unter den Bedingungen dieser Erde aus den Kräften des Himmels schöpfen. Jesus sagte, er sei gekommen, den Menschen, die tot waren in ihren Übertretungen, Leben zu bringen, und zwar in Fülle. An einem Haus auf den Philippinen, wo, eng gedrängt, Stipendiaten wohnen, denen Mitchristen aus Deutschland eine Ausbildung finanzieren, steht dieses Wort Jesu wie ein großes Versprechen angeschrieben: *„Ich bin gekommen, daß sie das Leben und volle Genüge haben sollen"* (Johannes 10,10).

Eine Spur von Liebe

So versuche ich mir das vorzustellen. Mehr ist es vorerst nicht. Eine Ausbildung für fünfzig junge Leute. Ihnen wird eine Lebensperspektive vermittelt. Das ganze Unternehmen ist nicht mehr als der armselige „Tropfen auf den heißen Stein". Doch wohin er fällt, schafft er für einen Augenblick Erfrischung, und man wird an das große Wort Jesu erinnert. Eine Spur von Liebe ist zu erkennen. Man bemerkt „gute Menschen". Sie halten sich darauf nichts zugute. Sie finden es kaum erwähnenswert, was sie tun. Doch angesichts des Urteils, man könne auf dieser Erde nicht barmherzig sein, jeder Hoffnung in dieser Hinsicht seien die Flügel abgefallen, erscheinen sie wie Menschen aus einer anderen Welt, die aus den Quellen des Himmels schöpfen.
Eine betagte Lehrerin in Bielefeld, die ihr Leben lang äußerst anspruchslos gelebt hat und nun mit dem Krebs kämpft, hat ihre Ersparnisse zielstrebig angelegt. Durch ein Kalenderblatt erfuhr sie von dem Hilfsprojekt auf den Philippinen. Sie freute sich herzlich, hier ihr Erspartes großzügig anwenden zu können.
Ich erkenne darin ein kleines Abbild jenes himmlischen Reichtums an Erbarmen. So setzt Gott in einer menschlich immer kälter werdenden Gesellschaft einzelne instand, aus Liebe Kräfte des Erbarmens aufzubringen, mit denen nicht zu rechnen war.
Der Epheserbrief sagt, Gott will in der Geschichte den Beweis dafür führen, daß sein Erbarmen an dieser Welt nicht abprallt, sondern Spuren des Himmels auf ihr hinterläßt. In seiner Güte, uns gegenüber,

wollte Gott *„den kommenden Zeiten den überströmenden Reichtum seiner Gnade beweisen".*
Ich glaube, daß diese Beweisführung gelungen ist. Im Kreis der Glaubenden, den man auch als die „Gemeinschaft der Heiligen" bezeichnet, bringen schwache, sterbliche Menschen oft eine Liebe auf, die man ihnen nicht zugetraut hätte. Der Epheserbrief betont, daß das nicht aus ihnen kommt. In der Menschenseele „steckt es nicht drin". „Gottes Gabe ist es." Ich habe eine Frau kennengelernt, die, wie man bedauernd sagen würde, nie dazu kam, ihr eigenes Leben zu führen. Zuerst hat sie ihre leidende, über viele Jahre bettlägerige Mutter gepflegt. Und seit die Mutter gestorben ist, betreut sie ihren inzwischen schwerkranken Ehemann. Sie stöhnt nicht unter dieser Dauerbelastung, begehrt nicht auf, sondern wirkt ausgeglichen und scheint Erfüllung zu finden in ihrem Dienst. Ich empfinde es als wohltuend, ihr zu begegnen. In stiller Selbstverständlichkeit und ohne Klage tut sie das, wovon man annehmen möchte, daß es menschliche Kraft übersteigt.

Gott auf die Finger sehen

„Wir sind sein Werk", sagt der Epheserbrief, *„geschaffen in Jesus Christus zu guten Werken."* Daran kann man nur glauben. Mit anderen Worten: Man nimmt es nur wahr, wenn man sozusagen Gott auf die Finger sieht. Wer nur mit menschlichen Möglichkeiten rechnet, bemerkt es nicht. Aber wer daran glaubt, daß Gottes Erbarmen eine Liebe erweckt, die aus himmlischen Kräften schöpft, übersieht ihre Anzeichen nicht.
Selbst die Geschichte der Missionierung und Kolonisierung Amerikas, die gegenwärtig sehr kritisch bewertet wird,[5] weist Spuren davon auf. Zwar könnte nur ein pseudobarmherziger, in Wirklichkeit aber menschenverachtender Gott, wie ihn Alexis Sorbas sich ausdachte, großzügig verzeihend über die Greuel dieser Geschichte hinweggehen und in diesem Zusammenhang Sündenbekenntnisse als langweilig empfinden. Aber neben dem Wüten grausamer Eroberer, die, mit dem Epheserbrief zu sprechen, *„tot",* ja todbringend waren *„in ihren Übertretungen",* übten doch auch von Christus erweckte Menschen Barmherzigkeit. Pedro Claver wartete bereits am Hafenkai von Cartagena in Kolumbien, wenn die Sklavenschiffe anlegten, und trug auf seinen Schultern die ermatteten, erkrankten und sterbensschwachen Afrikaner heraus, um sie zu pflegen. Es wäre ein Verleugnen des Wirkens Christi, wenn man in der Geschichte nur die Spuren der Übertretung registrieren wollte. Gott

---

5 500 Jahre Entdeckung Amerikas.

Epheser 2,4–10

hat auch im Rahmen der Kolonisierung Amerikas an einigen Stellen den Beweis geführt, daß der Reichtum seines Erbarmens die erbarmungslose Gier nach Geld überwinden kann.

In diesem Sinn hat zum Beispiel Teresa von Avila an ihren Bruder Lorenzo de Cepeda in Quito mahnende Briefe geschrieben: „Ich weiß oft nicht, was ich sagen soll", schrieb sie. „Wir sind schlimmer als Bestien. Verstehen wir denn nicht die Würde der menschlichen Seele?" – „Mir liegt viel an diesen Indios." – „Wir müssen für das Wohl der Seelen sorgen. Welch ein Jammer, daß so viele umkommen!" – „Unausgesetzt beten wir, daß du das Ziel siehst, Christus zu dienen."[6] Solche Briefe haben offenbar Lorenzos Gewissen nicht unberührt gelassen. Auf solche Weise erweckt Gott Menschen aus ihren Übertretungen. Wer an Christus glaubt, wird von seinem Geist vereinnahmt. Gott haucht ihm Liebe ein. Dem nagenden Wurm wachsen Flügel der Hoffnung.

Dann liegen die guten Werke da wie Selbstverständlichkeiten. Gott hat sie vorbereitet. Man braucht nur sozusagen „einzusteigen". Auf die eigene Phantasie ist man nicht angewiesen. Man braucht nicht einmal kreativ zu sein. Was Menschen sich ausdenken, „wird" oft „nichts". Gott ist schöpferisch.

Dem Gefährten des Alexis Sorbas gingen eines Tages die Augen auf. Er fand sich irregeführt und klagte über sein „verpfuschtes Leben": „Könnte ich doch alles, was ich gelesen, gesehen, gehört habe, mit einem Schwamm auslöschen und ... mit dem wirklichen ABC wieder von vorne anfangen!"[7]

Der Epheserbrief würde antworten: Das kannst du; denn Gott, der reich ist an Erbarmen, will auch dich, der tot war in seinen Übertretungen, mit Christus zu einem neuen Leben erwecken.

Amen.

---

6 Toledo, 17.1.1570. Zit. N. Santa Teresa de Jesus: Obras Completas Edicion Manual. Transcripcion, Introducciones y Notas de Efren de la Madre de Dios O. C. D. Y Otger Steggink O. Carm. Biblioteca de Autores Cristianos 212, Madrid 1972³, S. 690–696.
7 Nikos Kazantzakis, a. a. O. S. 66.

13. Sonntag nach Trinitatis, 13. September 1987
Das Ende der Einsamkeit
Markus 3,31–35

„Wenn wir nicht mitleidige Nachbarn hätten", klagte mir ein pensionierter Firmenvertreter, „wenn uns die Nachbarn nicht manchmal an sonnigen Tagen einladen würden, in ihrem Garten zu sitzen, wären wir nur auf unsere kühle Mietwohnung angewiesen, in die kein Sonnenstrahl fällt. Aber wenn wir dann bei den Nachbarn im Garten sitzen, schauen wir wehmütig hinüber zu dem Grundstück, das wir einmal erworben haben, und zu dem sonnigen Häuschen, das wir vor Jahrzehnten mit viel Mühe aufgebaut haben. Seit unser jüngster Sohn es bewohnt, haben wir dort nichts mehr zu suchen. Meine Frau ist darüber ganz depressiv geworden."
Wie bitter, wenn man sich etwas aufgebaut hat, und hat, wenn man es nutzen möchte, keinen Zutritt mehr dazu! Wie bitter, wenn man Kinder hat, und hat, wenn man Hilfe bräuchte, dann doch niemanden! Wie bitter, wenn man einen Sohn hat, und der Sohn sagt: „Wer ist meine Mutter?" „Laß mich in Frieden; ich habe keine Zeit für dich; du siehst doch, daß ich beschäftigt bin!" Und ein Bruder schrieb seinem Bruder in einem Brief: „Es ist so, als ob ich keinen Bruder hätte."
Bei einer Umfrage unter Jugendlichen las man auf den Fragebogen: „Bei uns gibt es kein Familienleben." „Es besteht kein Vertrauensverhältnis zu meinen Eltern." „Ich lebe in einer Familie von Einzelgängern." Wie bitter!
Der kolumbianische Nobelpreisträger für Literatur, Gabriel García Márquez, hat das große Epos der Einsamkeit beschrieben: „Hundert Jahre Einsamkeit"[1]. Darin ist die bittere Erfahrung vieler, vieler Menschen zu einem Roman verdichtet. Menschen sind wie „Einsiedlerkrebse", schreibt er, auch wenn sie „gleichen Geblütes"[2] sind.
Handelt von der gleichen Erfahrung auch der Text aus dem Evangelium, den ich heute auslegen soll? Oder beschreibt er vielmehr das Gegenteil dieser Erfahrung?
Ich lese aus dem Evangelium nach Markus, Kapitel 3, Verse 31 bis 35:
„Es kamen Jesu Mutter und seine Brüder und standen draußen, schickten zu ihm und ließen ihn rufen. Und das Volk saß um ihn. Sie sprachen zu ihm: ‚Deine Mutter und deine Brüder und deine Schwestern draußen fragen nach dir.' Er antwortete ihnen und sprach: ‚Wer ist meine Mutter und meine Brü-

---
1 Gabriel García Márquez: Hundert Jahre Einsamkeit. Roman. Aus dem Spanischen von Curt Meyer-Clason, Kiepenheuer und Witsch (KiWi 3), Köln 1982.
2 S. 428.

Markus 3,31–35

der?' Und er sah ringsum auf die, die um ihn im Kreis saßen, und sprach: ‚Siehe, das ist meine Mutter, und das sind meine Brüder! Denn wer Gottes Willen tut, der ist mein Bruder und meine Schwester und meine Mutter.'"

Ein Wartezimmer voll Kranker

Zunächst sollten wir einen Blick auf diese Versammlung werfen. „*Das Volk saß um ihn.*" Wegen ihm waren diese „Einsiedlerkrebse" aus ihren Gehäusen hervorgekommen. Und nun saßen sie, Menschen, die sich nicht kannten, Schulter an Schulter, und einer spürte den Atem des anderen. Was Jesus sagte, wollten sie sich nicht entgehen lassen. Sie liefen weit, um ihn zu hören. Das war ihnen auch einen Arbeitsausfall wert. Auf diese Weise kamen sie also zusammen. Sie hingen an seinen Lippen, als hinge ihr ganzes Leben davon ab.

„Das Volk"? Das wäre zuviel gesagt. Natürlich war nicht alles Volk versammelt. Es waren ganz bestimmte Leute. Zwar wählte Jesus nicht aus, er stellte keine Bedingungen. Aber die Auswahl ergab sich ganz von selber. Das Evangelium schlüsselt nicht auf, wer die waren, die um Jesus herumsaßen, und aus welchen Verhältnissen sie kamen. Es heißt einfach: „Eine Menge Leute" war da; offenbar ein bunt zusammengewürfelter Haufen.

Aber in anderen Berichten des Evangeliums lernen wir einzelne kennen. Zum Beispiel einen Vater, dessen krankes Kind die Ärzte aufgegeben haben. Er wußte sich nicht zu helfen. Das Geheul zu Hause! Er rannte zu Jesus. Oder eine Frau, die das Attest hatte: „Nichts zu machen. Unheilbar." Wie nach dem letzten Hoffnungsfaden griff sie buchstäblich nach Jesu Gewandsaum. Ein Blinder ließ sich in Bethsaida zu Jesus führen. Aussätzige, denen der Zugang verwehrt war, schrien von ferne nach ihm. Leidende waren es also vorwiegend, die sich um Jesus drängten, die von bitteren Erfahrungen beinahe erdrückt wurden.

Oder aber Personen, die in der Gesellschaft schief angesehen waren. Die einen allzu lockeren Lebenswandel geführt hatten; und nun waren sie gebrandmarkt, und es führte sie kein Weg in das ehrenhafte Leben zurück. Sie riskierten das Spießrutenlaufen unter den Blicken derer, die sie allzu gut kannten, um nur in Jesu Nähe zu gelangen. Unvergeßlich war die peinliche Situation, als während eines Essens und seriöser Gespräche eine einschlägig bekannte „Dame", natürlich ungeladen, ins Zimmer stürzte und zu Jesu Füßen in Tränen ausbrach. Eine Menge ähnlicher Begebenheiten ließe sich aufzählen. Solche Leute waren das also.

Wiederholt wird von Jesus berichtet, daß ihm die Menschen „unheimlich leid" taten. „Ihn jammerte des Volkes"; *„denn sie waren verschmachtet"* (Mat-

thäus 9,36). Sie hatten nicht, was sie brauchten. Sie waren schlecht dran. Und niemand kümmerte sich um sie. Da entschloß er sich, sie einzuladen. „*Kommt her zu mir*", rief er, „*die ihr mühselig und beladen seid! Ich will euch erquicken*" (Matthäus 11,28). Und nun kamen sie. Allen fehlte etwas. Was dieses zusammengelaufene „*Volk*" verband und was die Leute miteinander verwandt machte, war lediglich ihre Hilfsbedürftigkeit. Es sah aus wie im Wartezimmer eines Arztes. Solche, die sozusagen einen Arzt brauchen, weil vieles krank ist in ihrem Leben, waren hier versammelt. Jesus saß in der Mitte und sie im Kreis um ihn. Und in ihren Augen stand ein stummes, einstimmiges „Kyrie eleison".
Ich erinnere mich an eine Versammlung in einem entlegenen, man könnte meinen: „gottverlassenen" Fischerdorf auf den Philippinen, Naocondiot, wo das Meer durch Trawler fast leergefischt ist und die Menschen an Mangelkrankheiten leiden. Was sie sich erhoffen? „Daß ihr uns helft", sagten sie. Da senkten wir, Besucher aus Deutschland, die Köpfe und wußten nicht wie. Vielleicht „Brot für die Welt" dachten wir.

Der Blick auf „die im Dunkeln"

Jesus dagegen hielt den bittenden Blicken stand. Er wich diesen Augen nicht aus. Er sah sie an. Er schaute im Kreis herum, heißt es. Er übersah die Leidenden nicht, schaute auch nicht aus Verlegenheit weg. Sein Blick machte die berühmte Schlußstrophe des Dreigroschenfilms ungültig, wo „die im Dunkeln" bitter klagen: „Und man sieht nur die im Lichte, / die im Dunkeln sieht man nicht." Jesus sah sie.
Da schien auf einmal Gott eingetreten zu sein. Gott, von dem alte, tröstliche Geschichten erzählten, daß er die Elenden sehe. Hagar zum Beispiel, die von ihrer Vorgesetzten fast zu Tode gedemütigte schwangere Magd, die kopflos in die Wüste geflohen war; und dann war es, als wäre ihr ein Engel nachgegangen. Und aufatmend betete sie: „*Du bist ein Gott, der mich sieht*" (1. Mose 16,13). Oder Abraham, der in eine verzweifelte Situation getrieben war, in der er keinen anderen Ausweg mehr sah, als seinen eigenen Sohn zu opfern. Auf einmal fiel ihm ein Bote vom Himmel in den Arm. Die Lösung war gegeben. Da bekannte Abraham: „*Der Herr sieht*" (1. Mose 22,14).
Und nun hat sein suchender Blick uns gefunden. In jedem Gottesdienst empfangen wir den Segen: „*Der Herr erhebe sein Angesicht auf euch.*" Ja, das wäre Segen, das Aufblicken Gottes: daß Gott herschaut.
Und nun schaut er her. Aus diesen Menschenaugen schaut einen Gott an. Kein Wunder, daß sie aus dem „Dunkel" kamen, die Zurückgezogenen, Verbitterten, Verlorenen – Menschen wie „Einsiedlerkrebse". Daß eine

Versammlung entstand von solchen, die sich sonst verborgen hielten. Hier konnten sie die Maske abnehmen. Hier kann man über seine Infektion reden. Und wie Gottes Wort kommt es aus Jesu Mund: „Ich verurteile dich nicht" (vgl. Johannes 8,11). Hier konnten sie aufhorchen: der Altkommunist im schwedischen Gefängnis[3] oder der Häftling in Spandau.[4] Hier dürfen sie aufblicken, sich in die Augen sehen lassen, ihr Herz aufschließen. *„Dieser nimmt die Sünder an"* (Lukas 15,2), sagte man Jesus nach. Das war kritisch gemeint. Aber die hämischen Kommentare, die draußen abgegeben wurden, verwandelten sich innerhalb des Kreises in das Loblied:

„Jesus nimmt die Sünder an;
mich hat er auch angenommen" (EG 353,8).

Oder sie verwandelten sich in den begeisterten Gruß, den viele von Kind auf als Luthers Weihnachtslied kennen:

„Sei mir willkommen, edler Gast!
Den Sünder nicht verschmähet hast
und kommst ins Elend her zu mir:
Wie soll ich immer danken dir?" (EG 24,8).

So ungefähr stelle ich mir diese Versammlung vor. Fragwürdige Gestalten. „Eine negative Auswahl", könnte man sagen. Aber dann bricht diese einschlägig bekannte „Dame" in Tränen aus. Und es zeigt sich: Es sind Tränen der Dankbarkeit, weil ihr soviel vergeben wurde. Oder ein notorischer Betrüger wird still und rechnet mit gesenktem Kopf. Dann legt er einen durchdachten Plan vor, der alles umwirft, worauf er bisher in seinem Leben aus war. Man erkennt den Mann nicht wieder. Er will das viele Geld zurückgeben, alles in Ordnung bringen und den Rest für soziale Zwecke aufwenden. Solche Leute sind das. „Hinfort nicht mehr", tönt es über ihrem Leben; wie Jesus zu einer gerade noch vor der Todesstrafe bewahrten Frau gesagt hat: *„Sündige hinfort nicht mehr!"* (Johannes 8,11). Welche Wandlungen gehen hier in der Stille vor sich! Menschen, die sich nicht mehr zu helfen wußten, sind zusammengekommen, sitzen hier und hoffen. Und Jesus sieht sie an. Da beginnt etwas Neues.

Der Anspruch der Familie

Aber nun kommt Unruhe in diese Versammlung. Sie beginnt von außen. Eine Nachricht geht durch die Reihen: „Weitersagen!" Nun bringen sich die in Erinnerung, mit denen man normalerweise mehr Kontakt hat. „Deine Mutter und deine Brüder suchen dich", übermittelt man Jesus.

---

3 Herbert Wehner.
4 Rudolf Hess.

Das Ende der Einsamkeit

Auch sie sind „gekommen". Aber sie kamen nicht so, wie die anderen gekommen sind. Sie setzten sich nicht dazu. Sie nahmen nicht Platz im Kreis. Sie blieben „*draußen*" stehen.
Das hat der Evangelist zweimal unterstrichen: daß sie „*draußen*" geblieben sind. Damit wahren sie Distanz. Jedenfalls gewinnt man diesen Eindruck. Mit den Leuten, die um Jesus herum saßen, machten sie sich nicht gemein.
Über ihre Köpfe hinweg suchen sie Kontakt zu ihm. – Sie hatten ein Recht dazu. Selbstverständlich haben die nächsten Angehörigen den Vortritt. Sie haben Anspruch auf ihn. Dieser Anspruch ist gewissermaßen exklusiv. So ließen sie ihn also rufen. Er soll, bitte, zu ihnen herauskommen.
Nun wäre zu erwarten, daß er sich kurz entschuldigt: „Sie verstehen, ich muß mich jetzt meiner Familie widmen." Jeder versteht das. Natürlich! Das ist doch klar! Aber in der Zustimmung läge etwas von Resignation. Die aus dem Dunkel gekommen sind, hätten das Gefühl, nun wieder ins Dunkle zurückzufallen. Es war also doch nichts mit dem Neuanfang. Das hätte man sich gleich denken können. Die Welt verändert sich nicht. Jetzt sind andere gekommen. Sie haben den Vorrang. Da müssen wir zurückstehen. Der Blick wendet sich wieder von uns ab. Wir sind nicht mehr „angesehen". Wenn Jesus jetzt hinausgegangen wäre, dann wäre wohl auch Gott wieder „draußen" gewesen aus dieser Versammlung. Es hätte so ausgesehen, wie man es sich immer vorgestellt hat: Gott ist wie jemand weit Entferntes. Wenn man ihn braucht, ist er nicht zu erreichen.
Aber Jesus hatte doch wunderbare Dinge vom Reich Gottes erzählt, das jetzt bei uns angekommen sein soll. Und daraufhin waren alle diese „Einsiedlerkrebse" aus ihren Schneckenhäusern herausgekommen.
Gabriel García Márquez erzählt von dem Helden seiner „Hundert Jahre Einsamkeit": Er „kratzte ... stundenlang an der harten Schale seiner Einsamkeit, ohne sie indes aufknacken zu können"[5]. Jetzt wird sie aufgeknackt. Die Schale ist dünn geworden. Und sie hat einen Sprung bekommen. Nun ist es so, als ob Jesus sagte: Nun brich sie auf. Und du wirst aus deiner Einsamkeit erlöst.
An einer anderen Stelle schreibt Márquez von Aurelio Buendia: Er „suchte in seinem Herzen den Ort, wo seine Zuneigung vermodert war, konnte ihn aber nicht finden"[6].
Jesus dagegen hat sozusagen diesen Ort gefunden. Er tritt an das Grab des einsamen Herzens heran, wie an Lazarus' Grab und ruft das Tote wieder ins Leben. Wenn Jesus vom Reich Gottes sprach, klang das so, als sagte

---
5 A. a. O. S. 200.
6 A. a. O. S. 204.

er: In deinem erstorbenen Herzen wird die vermoderte Liebe auferstehen. Was in dir tot ist, wird auferweckt. Aber wenn er nun wieder wegsähe von denen, die aus dem Dunkel kamen, wenn er aufstünde und hinausginge, dann wäre das alles wohl wieder vorbei. Wenn die Angehörigen ihm näherstünden als die Mühseligen und Beladenen, die er aus dem Dunkeln gerufen hat, dann wäre es doch wieder so, daß eben nur „die einen" „im Lichte" sind. Dann würden sich die erfolgreichen und angesehenen, die privilegierten Familien doch wieder abgrenzen gegenüber denen, die nicht dazu gehören. Auf den Philippinen hörte ich einen Pfarrer in einer Predigt sagen, durch Jesus sei auf der Welt eine „universal family" entstanden: eine Familie, zu der alle gehören. Die Abgrenzungen sind hinfällig geworden. Die Ausgeschlossenen bleiben nicht ausgeschlossen.
Wenn Jesus jetzt hinaus gegangen wäre, hätte man meinen können: „Das war zu idealistisch gedacht. So etwas gibt es in Wirklichkeit nicht." Und die herrschenden Clans könnten fortfahren, das fruchtbare Land und seinen Ertrag unter sich aufzuteilen.
Uns es gäbe womöglich selbst im Himmel eine herrschende Familie. Und man müßte sich wohl zuerst mit der Mutter Jesu oder seinen Brüdern verständigen, wenn es einem überhaupt gelingen sollte, Jesus auf sich aufmerksam zu machen. Dann zögen sich die „Einsiedlerkrebse" schnell wieder in ihre Schneckenhäuser zurück.

Das Ende der Familieneinsamkeit

Man war gespannt, wie Jesus reagieren würde. Er rührte sich nicht. Er stand nicht auf. Er dachte offenbar nicht daran hinauszugehen. Er stellte vielmehr eine seltsame Frage: *„Wer ist meine Mutter?"* fragte er, als könnte er sich nicht mehr erinnern – „wer sind meine Brüder?", als hätte er sie vergessen.
Gabriel García Márquez hat den Ausdruck „Familieneinsamkeit" geprägt. Ich kann mir darunter etwas vorstellen. „Indifferent", schrieb ein Jugendlicher auf den Fragebogen, als nach der Beziehung zu seinen Eltern und seinen Geschwistern gefragt wurde. „Wir leben nebeneinander her. Ich weiß eigentlich nicht, wie es in der Seele meiner Angehörigen aussieht." Wissen Sie denn, was Ihre eigenen Kinder im Grunde bewegt? Verstehen Sie, was Ihre Mutter im Altersheim empfindet?
Wie fremd können uns die nächststehenden Menschen sein!
Jesu Frage könnte man auch so hören: „Wer ist eigentlich meine Mutter? Wer ist mein Bruder? Kenne ich sie überhaupt?" Wir bleiben füreinander weitgehend im Dunkeln. Nur weniges wird klar. Und man sieht nur das „im Lichte".

Das Ende der Einsamkeit

Amaranta schließt sich in Márquez' Roman „in ihr Schlafzimmer" ein, „erdrückt von der unerträglichen Last ihrer eigenen Hartnäckigkeit", „um dort ihre Einsamkeit bis zum Tod zu beweinen". Und Gerineldo blickt „auf die verlassenen Straßen, die starren Regentropfen auf den Mandelbäumen" und versinkt in Einsamkeit.[7]

Oder eine Mutter wird depressiv, weil sie es nicht verwinden kann, daß ihr Sohn ihr den Zugang zum eigenen Haus verwehrt.

Aber nun bestünde ja eine andere Möglichkeit. Die neu Hinzugekommenen hätten sich in den Kreis setzen können. Sie hätten aus dem Schneckenhaus ihrer Familienansprüche herauskriechen und sich ins Licht begeben können. Da hätte Gottes Blick sie getroffen. Die harte Schale ihrer Unerbittlichkeit wäre aufgebrochen. Jesus hätte den vergessenen Ort in ihrem Herzen entdeckt, wo ihre Liebe vermodert war. Und er hätte sie dann auferweckt.

Wahrscheinlich hätten sie dann erfahren, was Márquez „das Paradies der geteilten Einsamkeit"[8] nennt. Er beschreibt es als „Annäherung zwischen Einsiedlerkrebsen", die ihnen erlaubt, „die unergründliche Einsamkeit zu überwinden"[9].

Das geschah in dem Kreis derer, die um Jesus saßen. Hier entstand der Eindruck, eine Spur von Paradies sei auf die Erde zurückgekehrt. Jesus bestätigte es. *„Das Reich Gottes ist mitten unter euch"* (Lukas 17,21). Das Übersehene kommt ans Licht. Und etwas wie eine „universal family" beginnt sich abzuzeichnen: eine Geschwisterlichkeit, die niemanden ausschließt.

Jesus suchte die Augen derer, die im Kreis saßen. Er sah jeden an. Dann sagte er: *„Siehe, da ist meine Mutter und meine Brüder."* Alle die, denen Gott die Schale ihrer Einsamkeit aufknackt und in denen er die vermoderte Liebe wieder auferweckt. „Denn wer den Willen Gottes tut, der ist mir Bruder und Schwester und Mutter."

Gott sei Dank fanden sich eines Tages auch Jesu Mutter und Brüder in diesem Kreis ein. Jesu Mutter stand unter dem Kreuz ihres Sohnes. Dadurch war an einer Stelle die „Familieneinsamkeit" beendet.

Amen!

---

7 S. 193.
8 S. 389.
9 S. 428.

15. Sonntag nach Trinitatis, 11. September 1988
Es gibt einen Ausweg
Galater 5,25 – 6,3.7–10

Ein Künstler versuchte, mit Ölfarben auf eine Holztafel zu malen, wie die Welt zur Hölle fährt. Er wollte das Urteil ausdrücken: Die Menschheit ist blind für das Eigentliche. In ihrer Verblendung ist sie toll geworden. Und nun rollt der Ertrag ihres Wirkens in einem wüsten Taumel ins Verderben.

Er malte ein Triptychon, das heißt eine Haupttafel und zwei Seitenflügel. Der linke Flügel erinnert an die Geschichte des Sündenfalls: Wie die Menschheit davon abkam, auf Gott zu hören. Und der rechte stellt die Hölle dar: eine brennende Stadt wie vor Tagen Lissabon, Flammen und Rauch bis zum Bildrand, eine universale Brandkatastrophe. Über die Mitteltafel rollt ein großer Erntewagen, hoch aufgetürmt, der fast die ganze Fläche ausfüllt. Eine Menschenmenge umringt ihn. Der Weg ist von links nach rechts ein wenig geneigt, und gespenstische Figuren rasen wie Zugtiere voran, unaufhaltsam auf das Feuer zu. Aber niemand bemerkt es. Der Erntewagen erscheint wie ein Sinnbild des Erfolges: ein Ertrag, der sich sehen lassen kann. Es ist zwar nur Heu, aber die Sonne scheint darauf: Es glänzt wie Gold.

Der Niederländer Hieronymus Bosch, in der Kunstgeschichte als ein „Surrealist des 15. Jahrhunderts" bekannt, hat dieses Gemälde entworfen. Das Heuwagen-Triptychon hängt im spanischen Königspalast Escorial. Philip II. hat Werke dieses eigenwilligen Meisters gesammelt. Sah er darin einen Trend seiner Zeit bloßgestellt?

Irgendwie scheint dieses Bild aktuell zu sein. Sehen wir es nicht auch so? Ein Meer „kippt um". Allmählich spricht sich herum, was mit dem Begriff „Ozonloch" gemeint ist. Und auch der Laie ahnt, wie verheerend sich eine Veränderung der Erdatmosphäre auswirken kann. Es geht nicht so weiter! Eine Umkehr ist unausweichlich. Neue Werte müssen entdeckt werden. Viele meinen, es sei höchste Zeit, sich der Mystik zuzuwenden. Wir müssen uns auf das Geistige konzentrieren. „Entweder zur Mystik oder zur Bombe", hat einer gesagt. „Im Geist wandeln!" lautet die Parole. Der Bibeltext, den die Kirche an diesem Sonntag bedenkt, sagt das auch: „Laßt uns im Geist wandeln!" Wie ist das gemeint?

So schreibt der Apostel Paulus im Galaterbrief 5,25 bis 6,3.7–10:

„Wenn wir im Geist leben, so laßt uns auch im Geist wandeln! Laßt uns nicht nach eitler Ehre trachten, einander nicht herausfordern und beneiden! Liebe Brüder, wenn ein Mensch etwa von einer Verfehlung ereilt wird, so helft

ihm wieder zurecht mit sanftmütigem Geist, ihr, die ihr geistlich seid; und schau' auf dich selbst, daß du nicht auch versucht werdest.
Einer trage des andern Last, so werdet ihr das Gesetz Christi erfüllen. Denn wenn jemand meint, er sei etwas, obwohl er doch nichts ist, der betrügt sich selbst."
„Irret euch nicht! Gott läßt sich nicht spotten. Denn was der Mensch sät, das wird er ernten; wer auf sein Fleisch sät, der wird von dem Fleisch das Verderben ernten; wer aber auf den Geist sät, der wird von dem Geist das ewige Leben ernten.
Laßt uns aber Gutes tun und nicht müde werden; denn zu seiner Zeit werden wir auch ernten, wenn wir nicht nachlassen. Darum, solange wir noch Zeit haben, laßt uns Gutes tun an jedermann, vor allem aber an den Glaubensgenossen!"

Zwei Möglichkeiten

Der Apostel führt in diesem Briefabschnitt ein einleuchtendes Sprichwort an: „Was der Mensch sät, das wird er ernten." So ist es! Was einer „erntet", hat er ein Stück weit sich selbst zuzuschreiben. Natürlich kann nichts anderes „herauskommen", als was man „hineingesteckt" hat. Es kommt auf das Saatgut an. Was damit gesagt sein soll, ist klar. Mit anderen Worten: „Wie man sich bettet, so liegt man." Paulus denkt jedoch sogleich in eine andere Richtung weiter. Nicht welche „Früchte" unser Handeln trägt, verfolgt er, sondern wohin der ganze Aufwand fällt. Er fragt, „worauf" wir säen. Damit ist das Feld gemeint.
Das Saatgut, versteht sich, sind in diesem Fall wir selber. Es ist unser Leben. Das Leben als Aussaat oder Investition: Ich verausgabe „mich"; ich setze „mich" für etwas ein; ich stürze „mich" in Tätigkeiten. Das zehrt meine Kräfte auf. Man kann das Leben mit einem Weizenkorn vergleichen, das in die Erde fällt, wie Jesus sagte. Aber manchmal frage ich: in welche Erde? Auf welchem Feld verausgabe ich mich? Wofür setze ich mich ein? Ist es denn den Einsatz wert?
Paulus nennt zwei Möglichkeiten. Entweder, sagt er, „säe ich auf mein Fleisch"; dann „ernte ich Verderben". Das ist es, was Hieronymus Bosch bildlich ausdrückte: Wahnsinniges Treiben herrscht um den Erntewagen, der todsicher in die Flammen fährt. Oder, sagt Paulus, „ich säe auf den Geist".
„Fleisch" oder *„Geist"*: Damit ist Paulus oft mißverstanden worden. Auch Widerspruch hat er geerntet. *„Geist"*, so fand manch einer, das ist doch etwas ziemlich Unsicheres. Diese Gedankengebilde, wer weiß, vielleicht sind es nur Träume. Auch das Religiöse. Ich ziehe es vor, mich an das

Greifbare zu halten. Das empfahl zum Beispiel Heinrich Heine, als er 1844 in spöttischen Versen den gutgläubigen „Deutschen Michel" fragte:
„*Michel, fallen dir die Schuppen*
Von den Augen? Merkst du itzt,
Daß man dir die besten Suppen
Von dem Maule wegstibitzt?
Als Ersatz ward dir versprochen
Reinverklärte Himmelsfreud'
Droben, wo die Engel kochen
Ohne Fleisch die Seligkeit."

Das „Fleisch" in der Suppe, da weiß man, was man hat. Die „seligen Geister" dagegen, die durch Glaubenssätze schweben, sieht man nicht. So wurde das „Fleischliche" dem Wort Gottes vorgezogen. „Die pfeifen dir auf'n Glauben", sagte die Mutter Courage im Dreißigjährigen Krieg zu einem Feldprediger, „denen ist der Hof hin!" Die Leute haben ihren Hof verloren. Abgebrannt. Die Szene spielt in einem zerschossenen Dorf in Bayern. Was hilft „der Glaube", wenn die brennenden Balken herunterstürzen und alles, was einem gehörte, ein Raub der Flammen wird, den keine Versicherung ersetzt?
Aber so materialistisch denkt man vielleicht nur im Notfall. Gegenwärtig könnte der Apostel eher Gehör finden. Was meint er mit „*Fleisch*"? Vermutlich etwas in seinen Augen Niedriges und Unwürdiges. Vielleicht eine Abhängigkeit von bestimmten Genüssen: so etwas wie Genußsucht. Oder Habsucht.
Wie sich die Habgier auswirkt, sieht man auf dem Heuwagen-Triptychon. Von allen Seiten greifen Hände nach der goldglänzenden Herrlichkeit, um Büschel davon zu erraffen. Dabei geraten sie aneinander, schlagen, würgen, treten sich, stürzen zwischen und unter die Räder, werden zermalmt. Selbst Leitern legen sie an, die aber natürlich umfallen und zerbrechen. Alle sind dabei, Klein und Groß, auch die Autoritäten der Zeit, Kaiser und Papst, beide zu Pferd: alle Welt. Und es ist doch nur Heu!

Ohne Gott

Aber Paulus hat mit Sicherheit nicht nur an Habgier und Genußsucht gedacht. In der Bibel sind mit dem Ausdruck „alles Fleisch" die Lebewesen gemeint: alles, was atmet, verdaut, altert und einmal sterben muß. „Alles Fleisch ist wie Gras": Das wird vor allem vom Menschen

gesagt. *„Fleisch"* bin ich also selbst. Und wer „auf Fleisch sät", der setzt auf das, was er sich selber zutraut. *„Fleisch"* ist wie die Strebsamkeit des Menschen und alles, was er zustandebringt. *„Fleisch"* ist, was Goethe das „heilig glühend Herz" nannte. „Hast du nicht alles selbst vollendet?" fragt es sich: „Wer half mir" denn? *„Fleisch"* ist alles, was ohne Gott „läuft". Es können auch die großen gemeinsamen Unternehmungen und Ziele sein, für die Millionen Menschenleben buchstäblich in die Erde gesät wurden. Der chilenische Revolutionär Pablo Neruda schrieb in einem Gedicht an die Mütter gefallener Freiheitskämpfer: „Wißt, daß eure Toten unter der Erde lächeln, / über die Weizenfelder ihre geballten Fäuste erheben." Lächeln sie wirklich?
Immer, wenn einer denkt: „Laßt Gott aus dem Spiel!", sät er auf Fleisch. Wenn einer mit Goethes Prometheus trotzig zum Himmel fragt: „Ich dich ehren? Wofür?" Oder wenn er es einfach stillschweigend unterläßt. „Gott? Hm!" Manchmal ist es nur so ein Laut, mit dem man Gott abtut. Man verliert kein Wort über ihn. Und doch steht das Urteil fest. Muß ich Argumente bringen? Das scheint nicht nötig zu sein. Da stößt man nur kurz und scharf den Atem durch die Nasenlöcher aus. Das sagt alles. Man bläst gleichsam mit diesem kurzen Schnauben die ganze Angelegenheit beiseite.
Ich vermute, daß Paulus an so etwas gedacht hat; denn er gebraucht im griechischen Text ein seltsames Wort.
Es heißt „myktaerizo". Im Lexikon fand ich: „verhöhnen, verspotten". Im Gymnasium wurde uns beigebracht, nach den Wortwurzeln zu fragen. Dabei stieß ich auf das Wort „myktaer". Es heißt „Nasenloch". „Spotten", das ist so eine geringschätzige Äußerung, bei der man nicht einmal den Namen in den Mund nimmt. Da sagt Paulus: „Täuscht euch nicht! Gott kann man nicht so abtun."
Wer auf Fleisch sät, dessen Ernte sieht so aus, wie auf dem Heuwagen-Bild. Mord und Totschlag tobt um diese Erntefuhre. Und es ist doch nur trügerischer Glanz. Der Wert ist gleich null. In einem Lied heißt es:

„Hab ich Hoheit, die ist flüchtig;
hab ich Reichtum, was ists mehr
als ein Stücklein armer Erd?
Hab ich Lust, was ist sie wert?"

denn

„in der Welt ist alles nichtig;
nichts ist, das nicht kraftlos wär" (EKG 403,2, nicht im EG).

Da reiße ich nichtige Heubüschel „eitler Ehre" an mich und bin unheilbar gekränkt, wenn jemand anders Lob einsteckt für die Mühe, die ich hatte. Wir provozieren einander und „lassen uns nichts gefallen". Und mancher wird „grün vor Neid", wenn ein anderer ihm die Stelle „wegschnappt", auf die er schon lange „spekuliert" hat. Und wenn einem Konkurrenten ein Fehler unterläuft – das nützt man unnachsichtig aus, um ihn aus dem Rennen zu werfen. Für die eigenen Schwächen aber bin ich blind.

Bleibender Ertrag

Statt dessen, sagt Paulus, sollen wir *„auf den Geist säen"*. Dann würden wir *„vom Geist das ewige Leben erhalten"*; also statt „Verderbens" „Leben". Es heißt aber nicht „Überleben", sondern *„ewiges Leben!"* Mein Blick fällt noch einmal auf die Mitteltafel des Heuwagen-Triptychons. Über dem verrückten Getöse um die Erntefuhre schwebt oben am Himmel eine goldene Wolke, ähnlich leuchtend wie der Heuwagen im Sonnenschein. In der Wolke erscheint Christus. Aber niemand beachtet ihn. Er hat die Arme erhoben. Lädt er noch ein? Oder winkt er schon bedauernd ab? Der Heuwagen aber rollt mit seinem Anhang unaufhaltsam auf die Flammen zu.
Paulus sieht noch eine Möglichkeit, auszusteigen aus dieser Fahrt. Man kann „auf den Geist säen"; dann sieht die Ernte anders aus. Und so schreit er gleichsam in dieses Treiben hinein: „Laßt den Heuwagen fahren! Was nützt euch das Heu? Bringt euch nicht um für Nichtigkeiten! Bemühen wir uns doch um etwas Lohnendes! Um etwas, das bleibenden Ertrag verspricht!"
Mit *„Geist"* meint er natürlich nicht die Engels-Suppe, ohne Fleisch gekocht, wie Heine spottete: wovon man nichts hat. *„Geist"* ist nach Meinung des Apostels nicht „etwas Windiges". Umgekehrt! Das „Fleisch ist wie Gras". Wer „auf den Geist sät", wird nicht geringschätzig durch die Nasenlöcher schnauben, wenn von Gott die Rede ist: „Hm! Gott!" Er wird nicht im Notfall „pfeifen auf den Glauben". Er verspricht sich viel von Gott. Er tröstet sich der geistigen Nähe Christi, die gleichsam wie eine goldene Wolke um ihn ist – statt sich durch einen Heuwagen blenden zu lassen. Wer „auf den Geist sät", nimmt Gott ernst und hält sich an das, was Christus sagte. Paulus schreibt: *„Das Gesetz Christi"*.
Wie würde es um den Heuwagen still, wenn Christus aus der abgehobenen Wolke herunterkäme! Wenn die Blicke zu ihm flögen. Wenn er auf einmal nicht mehr wegzudenken wäre. Die raffenden Hände sänken herab. Nur eine Stimme wäre zu hören und gäbe den Ton an. Und dann käme neue Bewegung in das Bild. Jeder würde sich beugen über die unter die Räder Geratenen, Niedergetretenen, Zusammengeschlagenen, würde sie aufrichten, stützen, versorgen. Er würde Gutes tun jedermann, anfangend bei den Nächststehenden, die gleichfalls zu Christus auf-

blicken. Das Heu könnte abgeladen werden. Man könnte es aufschütten, um Verletzte darauf zu betten.
Wie lautet das *"Gesetz Christi"*? *"Einer trage des anderen Last"*: also nicht nur, was ja auch als Lösung in Frage käme: „Jeder die eigene! Jeder sorge für sich selbst!" Nicht nur, daß ich mich bemühe, niemandem zur Last zu fallen. Sondern: Einer achte auf den anderen, biete ihm an mitzutragen, was ihn belastet, beziehungsweise ihm, wenn möglich, die Last abzunehmen. Im „Geiste" Christi wäre es, die Zeit und Kraft, die mir gegeben sind, für Schwierigkeiten zu verausgaben, von denen ich auch sagen könnte, sie gehen mich nichts an. Auf Boschs Gemälde windet sich ein Mann unter dem Wagenrad, ein anderer ist mit dem rechten Bein zwischen die Speichen geraten; ein Behinderter hat den Krückstock verloren und liegt rücklings auf der Straße. *"Das Gesetz Christi"* gebietet es, nicht seiner Wege zu gehen mit der Ausrede: „Das ist nicht mein Auftrag", sondern sich zu verhalten wie „der barmherzige Samariter". Dadurch käme eine große Zuvorkommenheit in die Welt.

Die zuvorkommende Liebe

Eine Zuvorkommenheit, wie sie für Jesus kennzeichnend war. Wohin er auch kam, er kam immer zu Hilfe. Liebe war das Motiv aller seiner Besuche. Ja, daß er sich überhaupt in diesen mörderischen Heuwagen-Rummel der Welt hineinbegab und nicht „über den Dingen" stehen oder oben in der goldenen Wolke schweben blieb – dazu hat ihn die Liebe getrieben. Die Liebe zu denen, die auf Fleisch gesät haben und nun das Verderben ernten. Die alle Kräfte in die Karriere investierten, nun hat sie Krankheit niedergestreckt: Jetzt ist alles zerstört; Kontakte haben sie nicht geknüpft und über den Sinn des Lebens und über den Tod nie nachgedacht. Wir glauben, wenn sie nur nach ihm rufen, wird Jesus an ihr Lager treten, von dem sie nicht mehr aufstehen, und macht ihre Seele gesund. Und die dem Fortschritt „geopfert" haben, mitunter stolz, es besser zu machen als Gott, nun aber betreten vor den Wracks beschädigter Schöpfung stehen und verantwortlich gemacht werden: Wir glauben, Jesus wird, wenn sie in ihrer Seele Reue aufkommen lassen, sein großes Wort wiederholen: *"Siehe, ich mache alles neu"*, *"fürchte dich nicht!"* Und was Sie belastet, sagen Sie's ihm! Die Evangelien sind eine Sammlung von Hilferufen; und über keinen ging Jesus hinweg. Was sein Leben war, ließ sich zusammenfassen in dem alten Prophetenspruch: *"Fürwahr, er trug unsere Krankheit und lud auf sich unsere Schmerzen"* (Jesaja 53,4a). Unter diesem Gesetz ist Jesus angetreten. Er kam, um unsere Last zu tragen. So trat er an die Krankenbetten und in die Häuser der

Es gibt einen Ausweg

Gemiedenen. Auch wenn man ihn nicht sehen kann, ist er doch auf geistige Weise auch jetzt anwesend und hat Kraft. Rufen Sie ihn zu sich! Eigentlich müßte auf die Mitteltafel des Triptychons, während der trügerische Heuwagen nach rechts aus dem Blickfeld rollt, auf die brennende Stadt zu, wie es auf vielen Flügelaltären der Fall ist, in der Mitte derer, die ihn losgelassen haben, das Kreuz gemalt werden: Das Kreuz, an dem Jesus hängt, ist das kennzeichnendste Bild seiner Zuvorkommenheit. Denn der Wahnsinn rächt sich ja. Einige wurden zusammengeschlagen, viele beraubt. Im Vordergrund stieß einer seinem Konkurrenten ein Messer in den Hals. Da steht er nun mit dem blutigen Messer in der Hand. Man müßte mit vielen Exekutionen rechnen wie üblicherweise nach Revolutionen, wenn nicht zuvorkommenderweise angesichts des gekreuzigten Christus gesagt worden wäre: *„Die Strafe liegt auf ihm, auf daß wir Frieden hätten"* (Jesaja 53,5b). Wer das glaubt, „sät auf den Geist": Wer glaubt, daß Christus selbst, entsprechend seinem „Gesetz", „die Last der anderen", in diesem Fall ihre Sünde, ja, ihr Verbrechen, getragen hat. Wer sich darauf verläßt, so daß ihm sowohl die eigenen Gewissensbisse als auch die wunden Punkte der anderen verheilen, lebt „im Geist". Das ist christlich „spirituelles Leben".
In diesem Geist zu wandeln ist der Ausweg aus dem Befürchteten. Wem die Sünden vergeben sind, der wird auch seinerseits von einem Kollegen, der in eine üble Sache hineingeraten ist, nicht Abstand nehmen, sondern ihm zuvorkommend, Paulus sagt *„sanftmütig"*, wieder zurechthelfen. Neid, Gier, Ehrsucht, Rücksichtslosigkeit – alles, was zu Mord und Totschlag führt –, ich kenne einen Brecht-Refrain, der immer wiederholt: „Beneidenswert, wer frei davon". Jawohl, wer im Geist wandelt, wird davon befreit! Das ist möglich. Herzliche Einladung, nicht länger sozusagen, „auf Fleisch zu säen", aber auch nicht auf eine vermeintliche Spiritualität, die Christus übersieht und auf die Vergebung der Sünden verzichtet, sondern auf diesen Geist!
Wenn es einmal zum Sterben kommt, möchte ich beten, wie es in einem Choral heißt:
„Jesu, sterb ich, sterb ich dir,
daß ich lebe für und für."
Und solange ich noch zu leben habe, möchte ich mit dem gleichen Choral beten:
„Jesu, dir ich lebe hier,
dorten ewig auch bei dir."
Und wenn ich leiden muß, will ich sagen:
„Jesu, hier leid ich mit dir,
dort teil deine Freud mit mir!" (EG 384,3.4.2).
Amen.

15. Sonntag nach Trinitatis, 23. September 1990
Gottes gute Schöpfung
1. Mose 2,4–9.15–17

Heute möchte ich mich zuerst einmal an Gott wenden, mir vergegenwärtigen, was ich Ihm verdanke, und daran erinnern, daß man ihm alles vortragen kann, was einem Sorgen macht: Ich möchte mit einem Gebet beginnen:
Lieber Gott, die Schöpfung ist zu groß, als daß wir sie bewahren könnten.
Wir haben sie ja auch nicht geschaffen.
Auf Dein Geheiß ist sie entstanden. Wir nehmen sie aus Deiner allmächtigen Hand. Es wird uns bewußt, daß wir Schaden angerichtet haben.
Wir wissen nicht, wie wir ihn beheben sollen.
Es ist anzunehmen, daß Du uns sehr zürnst.
Da atmen wir auf, wenn uns Dein Wort wissen läßt, daß Du die Welt unverändert liebst und daß Du keinen Menschen verloren geben willst.
Auf den Füßen Deines Sohnes, Jesus Christus, hast Du diese verstörte Erde betreten, mit seinen Händen hast Du heilend ihre Wunden berührt, mit seiner Stimme hast Du tröstende, lösende Worte gesprochen, mit seinem Tod das Böse gesühnt und in seiner Auferstehung der sterbenden Welt eine erlösende Zukunft gezeigt. Ich bin sehr froh darüber und danke Dir herzlich.
Ich möchte Dir zu Ehren singen und mit Deiner Gemeinde Dich rühmen.
Amen.

Der Urlaub ist nun für die meisten um. „Und wo waren Sie?" wird man gefragt, „braun schauen Sie aus!" Ich möchte Ihnen aus meinem Urlaub etwas erzählen: Die letzte Ferienwoche habe ich auf einer griechischen Insel verbracht. Wie es war? Nun ja, recht schön. An einer belebten Bucht wurde ich mit Gepäck und Hotelgutscheinen ausgeladen. Da war „viel los". Aber „mir liegt" dieser laute Badebetrieb nicht so. Ich hatte es mir anders vorgestellt. Schließlich fand ich einen schmalen Pfad durch ein Feld trockener Disteln, auf dem ich dieser lebhaften Bucht entkommen konnte. Ich stieg über eine Anhöhe und ließ die Kette niedriger Hotels hinter mir, die geschlossene Dreierreihe der Liegestühle, den Wald von Schirmen, unter denen ein Hauch von Sonnenöl sich mit dem Duft naher Souflaki-Brateraien mischte, wo verwehte Radiomusik und zerrissene Ausrufe japanischer, griechischer, schwedischer Zungen sich dem Gehör aufdrängten; ich verließ den Strand, wo leere Hautcremedosen auf den Wellen tanzten und im Sand Plastikflaschen lagen, wo Motorboote über das aufspritzende Meer jagten.

1. Moses 2,4–9.15–17

Jenseits der Anhöhe fand ich eine einsame Bucht. Da war nur Kies und Meer und Felsen: baumlose Berge. Ein Hotel war hier nicht erbaut, Liegestühle fehlten. Wenn nicht gerade ein Flugzeug den Himmel kreuzte, war nur der Rhythmus der Brandung zu hören. Dann und wann schnellte ein Fisch aus den Wellen, und eine kleine Eidechse glitt ruckartig über die Kieselsteine. Nahezu unberührte Natur.
Ich versuchte mir vorzustellen, wie es war, bevor die Insel für den Tourismus entdeckt und in ein Ferienparadies mit seinen Schattenseiten verwandelt wurde. Kleine Ansiedlungen weißgetünchter Häuser mit blauen Fensterkreuzen, Windmühlen und geschmückte Kapellen in einer herben Natur. Und indem ich nachsann, versuchte ich, auch diese Ansiedlungen wegzudenken. Wie war es, ehe vor Jahrtausenden die ersten Boote hier anlegten und Menschen die Insel betraten? Und weiter, weiter zurück: Wie war es, als diese Inseln entstanden, vor Jahrmillionen, als sie aus dem Meer auftauchten? Da merkte ich, daß meine erdgeschichtlichen Kenntnisse nicht ausreichen. Ich weiß nicht genau Bescheid. Und bevor ich mir etwas Falsches ausdachte, brach ich meine Überlegungen lieber ab.
Ich dachte statt dessen an eine vertraute Geschichte, Jahrtausende alt, aus der Bibel, die auch davon erzählt, wie es war, als die Welt, die wir jetzt erleben, noch nicht bestand. Diese Geschichte kam mir in den Sinn beim Blick auf die einsame Bucht, die baumlosen Höhen und den leeren Horizont über dem Meer. Im 1. Buch Mose steht sie, Kapitel 2 von Vers 4 an:
„Also ist Himmel und Erde geworden, da sie geschaffen sind zu der Zeit, da Gott der Herr Erde und Himmel machte.
Und allerlei Bäume auf dem Felde waren noch nicht auf Erden, und allerlei Kraut auf dem Felde war noch nicht gewachsen; denn Gott der Herr hatte noch nicht regnen lassen auf Erden, und es war kein Mensch, der das Land baute.
Aber ein Nebel ging auf von der Erde und feuchtete das Land.
Und Gott der Herr machte den Menschen aus einem Erdenkloß, und er blies ihm ein den lebendigen Odem in seine Nase. Und also ward der Mensch eine lebendige Seele.
Und Gott der Herr pflanzte einen Garten in Eden gegen Morgen und setzte den Menschen hinein, den er gemacht hatte.
Und Gott der Herr ließ aufwachsen aus der Erde allerlei Bäume, lustig anzusehen und gut zu essen, und den Baum des Lebens mitten im Garten und den Baum der Erkenntnis des Guten und Bösen."
„Und Gott der Herr nahm den Menschen und setzte ihn in den Garten Eden, daß er ihn baute und bewahrte. Und Gott der Herr gebot dem Menschen und sprach: Du sollst essen von allerlei Bäumen in dem Garten;
aber von dem Baum der Erkenntnis des Guten und Bösen sollst du nicht essen; denn welchen Tages du davon issest, wirst du des Todes sterben."

Die geschundene Schöpfung

An diese Geschichte habe ich gedacht. Ich erlebte ein Stück fast unberührter Natur. Aber wir kennen sie kaum mehr, die unberührte Natur. Fast überall hat der Mensch seine Spuren hinterlassen. Dabei sind Strände, wo Plastikflaschen auf den Wellen treiben und der Sand von Zigarettenkippen übersät ist, nur die harmlose und angenehme Ferienseite.

Gleichzeitig zog sich an den Grenzen des Irak ein unheimliches Aufgebot von Streitkräften zusammen, mörderisch bewaffnet. Und innerhalb der Grenzen: haßfunkelnde Augen, wogende Wälder geballter Fäuste und heiseres Geschrei von „Heiligem Krieg". Ein hochexplosives Pulverfaß. Und in der „Hafenstraße" in Hamburg sollen menschliche Gehirne beschäftigt gewesen sein, in Menschenverachtung heimtückische Mordpläne in allen Einzelheiten auszuhecken. Und in der Zeitung war von Kinderkliniken zu lesen, in die Säuglinge eingeliefert wurden: eine auffallende Häufung von Nierenbeschwerden. Und was war die Ursache? Eltern sollen ihren Kindern, um sie für eine paar Wochen los zu sein und unbeschwert in den Urlaub fahren zu können, Salz in die Flasche geschüttet haben. Daher die Beschwerden. Kann das wahr sein? fragt man sich. Aber wer erfindet solche Nachrichten? Und muß ich mich nicht manchmal wundern, wozu ich selber fähig bin, wozu ich mich hinreißen lasse?

Kein Zweifel, es ist so, wie die biblische Geschichte sagt: Der Mensch hat vom Baum der Erkenntnis gegessen. Und das hätte er nicht tun dürfen. *„Baum der Erkenntnis"*, das heißt in der Bibel: Jeder pflückt sich das Urteilsvermögen selber ab, setzt eigenmächtig fest, was gut und böse sein soll, als hätte er die Weisheit mit Löffeln gefressen, und verdaut die Erfahrungen auf seine Weise. Was dabei herauskommt, ist das, worüber wir bei anderen den Kopf schütteln. Kreidet man es aber mir selber an, so werde ich offensichtlich böse. Was gut und böse ist, das will ich selber entscheiden; da hat mir niemand etwas dreinzureden. Ist es nicht manchmal so bei uns, in unseren eigenen vier Wänden? Auch nach Gott wird dabei nicht gefragt.

Wie wäre es sonst denkbar, daß ein Vater von einem Menschenkind, das zwar noch winzig klein, aber schon als Mensch erkennbar ist und dessen Herz im Mutterleib schlägt, sagen kann: „Laß es wegmachen!", und daß er trotzdem das Gesicht eines Ehrenmannes behält, als ob das gut und nicht böse wäre? Wie wäre es möglich, daß Terroristen das Wort „Gerechtigkeit" in den Mund nehmen und so tun, als würden sie für eine gute Sache morden? Wie könnte sonst ein arabischer Diktator als sein gutes Recht verteidigen, worüber sich alle Welt als einen unerhörten

Übergriff empört? Und nehme nicht auch ich selber mir manchmal heraus, was ich keinem anderen zugestehen würde?
Ganz offensichtlich ist das Urteil darüber, was gut und böse ist, durcheinandergeraten. *„Vom Baum der Erkenntnis des Guten und Bösen sollst du nicht essen"*, hat Gott gesagt. Aber andere Stimmen meinten: „Doch, doch! Gerade das muß man sich aneignen. Wir wollen mündig werden, selbständig, niemanden über uns haben!" Daraufhin hat man Gott nicht mehr gefragt, sich über sein Wort hinweggesetzt und das Gespräch mit ihm abgebrochen. Dann konnte man zum Beispiel auf den Gedanken kommen, es sei ernstlich zu erwägen, ob nicht unter bestimmten Umständen Töten doch gut sein könnte. So riß das Töten ein: Kain erschlug seinen Bruder Abel. Und noch heute steckt uns der Schrecken darüber in den Gliedern, daß vor einem halben Jahrhundert in unserem Land das Leben kranker, gebrechlicher und angeblich minderwertiger Menschen als lebensunwert beurteilt und zur Tötung freigegeben wurde. Es ist so, wie Gott gesagt hat: Wenn du vom Baum der Erkenntnis ißt, *„mußt du des Todes sterben"*. Das qualvolle Ringen um Atem, bis er endgültig aussetzt, das Röcheln Sterbender, die gebrochenen Augen – das gehört nun zum Leben, beziehungsweise darauf läuft es hinaus. Das weiß man ja.

Die erlöste Schöpfung

Daß es nicht dabei geblieben ist, sondern daß Gott etwas Neues getan hat, darüber will ich predigen. Dieses Neue war in der Geschichte, als Gras und Bäume noch nicht gewachsen waren, weil es noch nicht geregnet hatte, und als es noch keine Menschen gab, die die Erde bebauen und zerstören können, noch nicht in Sicht. Und als sich noch niemand in den Kopf gesetzt hatte, selber festzulegen, was gut und böse ist, ohne Gott danach zu fragen, war davon noch keine Rede.
Als aber die Auffassungen durcheinandergeraten und Mord und Totschlag eingerissen waren, als die Erde stöhnte und das Blut Abels und vieler anderer trank, als die Welt verworfen zu sein und die Menschheit sich selbst zu zerstören schien, da zeigte Gott, daß er die Schöpfung unverändert liebt. Da betrat der Erlöser die Welt und fing an, aus dem Toten neues Leben zu wecken. Da erschien Jesus Christus.
Ich habe von meinem Urlaub erzählt, von der griechischen Insel. Es wurde Sonntag. Sonntagmorgen! Ich ging ortseinwärts und gelangte zu einem unauffälligen weißen Gebäude mit einer kleinen Kuppel. Die hohen Türen standen offen, und vor den Türen waren viele Menschen versammelt; sie standen dicht beieinander, schweigend oder höchstens leise Melodien summend. Durch die geöffnete Tür schimmerten Kerzen,

ich sah Ikonen. Johannes der Täufer war zu erkennen, das Jesuskind mit seiner Mutter und Christus, der Allherrscher, eine ganze Bilderwand. Die Tür in der Mitte der Bilderwand war geöffnet und gab den Blick frei auf den Altar und das Bild des gekreuzigten Christus. In griechischer Sprache wurde gesungen: Kyrie eleison, Herr, erbarme Dich. Sie kennen's ja. Wir singen es in unseren Gottesdiensten auch. Das Evangelium wurde verlesen, das Gebet des Herrn gesprochen. „Herr, erbarme Dich." Da habe ich eingestimmt; und ich habe weitergebetet: Erbarme Dich, Herr, über diese Welt, wo Gut und Böse so heillos durcheinandergeraten sind und wo der Tod überall mittanzt und manchmal mitten im Urlaub zuschlägt. Erbarme Dich über den Garten, den, wie es heißt, Du selbst gepflanzt hast: Eden, *„im Osten"*; und jetzt entarten die Pflanzen im Umkreis von Tschernobyl, und auch hierzulande verkümmern Bäume. Erbarme Dich über die Meere, in die giftige Abwässer geleitet werden, so daß Fische sterben. Manche Arten gibt es schon nicht mehr.
In der Schöpfungsgeschichte hieß es: *„noch nicht."* Wir müssen feststellen: „nicht mehr". Erbarme Dich über uns Menschen, die das alles angerichtet haben. Kyrie eleison.
Gott hat den Menschen in den Garten gesetzt, daß er ihn baue und bewahre. Und wie haben wir ihn doch verwüstet! Wie ist schon der Sand zugerichtet am Urlaubsort! Und wie gären die Abfallhalden der Großstädte! Schlimmer ist, was man nicht sieht: giftige Abwässer und tödliche Strahlungen. Und am schlimmsten, was in den Gehirnen der Menschen vorgeht, die töten wollen oder Tötung in Kauf nehmen und meinen, es sei gut so.

Wir sind Gottes Garten

Jetzt klagen wir, daß sich Gott erbarme. Und Gott erbarmt sich. Er tut es nicht so, daß er die Erde direkt in seine Pflege nimmt und Luft und Meere reinigt. Sein Feld sind zunächst einmal die Menschen.
Nun hörte ich in diesem Gottesdienst vorlesen, was der Apostel Paulus an eine Gemeinde in Griechenland geschrieben hat (1. Korinther 3,9) und was für uns alle in der Bibel steht: *„Ihr seid Gottes Ackerfeld und Gottes Bau."* Wir sind also das Feld, das er selber bebaut. Wir sind der Garten Gottes. Diese still zuhörende und andächtig betende Versammlung in der Kirche und vor den geöffneten Türen: *„Ihr seid Gottes Ackerfeld."* Auf eure Seelen, auf euer Gehirn will Gott einwirken, damit eure Vorstellungen von Gut und Böse wieder normal werden.
Er redet uns ins Gewissen. Wer kein Erbarmen kennt, sagt er, der bringt nichts Gutes zuwege. Wer nicht Liebe walten läßt, der tut nichts Rech-

tes. „*Selig sind die Barmherzigen; denn sie werden Barmherzigkeit erlangen.*"
„*Ihr sollt vollkommen sein wie euer Vater im Himmel.*" Was gut ist, das sollt ihr an Ihm ablesen. Er ist die Liebe. Und was aus Liebe geschieht, das kommt von Gott. So pflanzt Gott in den Garten unserer Seele sein göttliches Erbarmen, das schwaches Leben schont, Schuldigen verzeiht und Feinden versöhnlich begegnet.
Noch einmal gestaltet Gott Menschen, diese sterblichen Leiber, und nimmt den Haß aus ihren Augen, aus ihrer Stimme die heisere Wut und aus den Händen die zuschlagende Grobheit. Noch einmal beugt sich Gott nahe über uns. Noch einmal haucht er uns an. Das ist die Inspiration zu einem neuen Leben: zu einer neuen Aufmerksamkeit für Gott, so daß wir endlich diesen Baum der Erkenntnis stehen lassen. Und uns von Gott die Erkenntnis geben lassen, was wirklich gut und böse ist: die bessere Einsicht, die wahre Erkenntnis. Daß die Verwirrung aufhört, in der einer seine Aggression für berechtigt hält und der andere seinen Mordplan als etwas Gutes ansieht und ich meine Rücksichtslosigkeit als mein gutes Recht ausgebe. Was gut und böse ist, das sagt die Stimme Jesu, die Gott uns ins Ohr haucht.
Mitten im Räsonieren widersprechender Stimmen hören wir Gottes Wort. Mitten in der teilweise verwüsteten Landschaft steht das Kreuz Christi wie ein neuer Baum des Lebens. Wir finden sein Abbild auf dem Altar der Kirchen, wo Brot und Wein gereicht wird, Brot des Lebens und der Kelch des Heils. Wer davon ißt, dem werden die Vorstellungen von Gut und Böse zurechtgerückt, so wie es wirklich ist, wie Gott es meint. Da darf man dann seine Sünden ablegen am Kreuz und anfangen, wie es in der Bibel heißt, in einem neuen Leben zu wandeln.

> *Lieber Gott, ich danke Dir, daß Du mir und anderen nicht nachträgst, was wir in unserer Verwirrung oder auch aus blanker Bosheit an Schaden angerichtet haben. Wir sind sehr froh, daß Du mit Jesus auf dieser Erde einen neuen Anfang gesetzt hast.*
> *Bitte, nimm nun Einfluß auf uns! Ich will auf Dein Wort achten.*
> *Aber ich weiß, wie schwach meine Vorsätze sind. Die schöpferische Macht Deines Geistes kann jedoch Macht über uns gewinnen.*
> *Darum bitten wir Dich durch Jesus Christus, unseren Herrn.*
Amen.

16. Sonntag nach Trinitatis, 22. September 1996
„Werft euer Vertrauen nicht weg!"
Hebräer 10,35–39

„Werft euer Vertrauen nicht weg, welches eine große Belohnung hat"! Das ist ein Bibelwort aus dem Hebräerbrief. Darüber wird heute in allen evangelischen Kirchen gepredigt. – „Gebt das Vertrauen nicht auf! Es lohnt sich."

Ich möchte Ihnen eine Geschichte erzählen aus einem neuen Roman des peruanischen Schriftstellers Mario Vargas Llosa.[1] Der Roman hat den Titel: „Tod in den Anden". Das ist ein düsteres Buch. Aber durch dieses Buch zieht sich wie ein lichter Faden die Geschichte von Tomás Carreno. Das Motto seines Lebenslaufes könnte dieser Satz aus dem Hebräerbrief sein: *„Werft euer Vertrauen nicht weg, welches eine große Belohnung hat"*!

Tomás Carreno ist ein junger Polizist. Er wurde als Amtshelfer in ein Straßenbaucamp in einer gottverlassenen Gegend, hoch in den peruanischen Anden, abkommandiert. Dort soll er den Fall einiger Personen aufklären helfen, die spurlos verschwunden sind. In langen Nächten erzählt er dem Korporal Lituma seine Liebesgeschichte.

Tomás Carreno liebt eine Frau, die seine Liebe nicht erwidert. Schließlich ist sie mit seinem Geld, seinem ganzen Ersparten, verschwunden. Er liebt sie noch immer. Er will sie nicht vergessen. Er kann es sich nicht anders vorstellen, als daß sie eines Tages gestehen wird, daß auch sie ihn liebt. Darauf vertraut er, obwohl alle sagen: „Da kannst du lange warten! Du hast keinen blassen Schimmer, von Gott und der Welt keine Ahnung!" Trotzdem hält er an seiner Liebe fest. Er träumt davon und hofft darauf, daß die Frau zurückkommt, ja, daß sie ihn, so unwahrscheinlich es ist, in der unwegsamen und gefährlichen Gegend, wohin es ihn verschlagen hat, ausfindig macht.

Am Ende bekommt er recht, so daß ein kleines Happy-End den finsteren Roman aufhellt, der im ganzen von Entsetzen und Empörung diktiert ist. Terroristen des Sendero Luminoso[2] steinigen aufs Geratewohl Entwicklungshelfer, Forscher und Touristen, „nur wegen dieses Märchens von der Revolution"[3]. Und verängstigte Indios opfern den Berggeistern, „von denen keiner weiß, ob es sie gibt"[4], wie in alten Zeiten heute noch heimlich Menschen. So wächst die Zahl der spurlos Ver-

---
1 Mario Vargas Llosa: Tod in den Anden. Roman. Aus dem Spanischen von Elke Wehr. Suhrkamp, Frankfurt/M. 1996.
2 „Leuchtender Pfad", Terroristenbewegung in Peru.
3 Ebd. S. 31.
4 Ebd. S. 381.

Hebräer 10,35–39

schwundenen. Und alle Nachforschungen prallen an dem mißtrauischen Schweigen der Indios wie an einer undurchdringlichen Wand ab. Ein ungeheurer Erdrutsch begräbt schließlich den Plan des Straßenbaus.
Als die letzten Arbeiter das Camp verlassen haben, trifft tatsächlich Carrenos Geliebte ein. Lituma sagt: „Mit Recht hast du so um sie geweint, Tomasito." Nun weiß er seinen Freund „im siebten Himmel". Die Liebe hat Recht behalten. Das Vertrauen wurde belohnt.

Enttäuschtes Vertrauen

Diese schöne Geschichte klingt leider ziemlich unwahrscheinlich. Man macht im Leben oft andere Erfahrungen. So manches Mal ist man hereingefallen. Da wird man vorsichtig.
Schließlich sind ganze Generationen durch politische Propaganda irregeführt worden. Und nachher werden sie dafür belangt, daß sie so gutgläubig waren. Dann wirft man die Orden und das Parteibuch weg, vernichtet Akten und übergeht stillschweigend ein Stück des eigenen Lebenslaufs. Mancher hatte sich zugetraut, einen klaren Blick zu behalten, und ist dann doch geblendet worden. Man kann sich sogar auf das eigene Urteil nicht ohne weiteres verlassen.
So verliert man alles Zutrauen und wirft Überzeugungen weg wie entwertete Fahrscheine oder veraltete Zeitungen.
Die Bibel sagt: Vertrauen wird nicht enttäuscht. Im Hebräerbrief steht diese Ermutigung: *„Werft euer Vertrauen nicht weg"*! Haltet es vielmehr fest! Es wird sich lohnen.
Der Hebräerbrief ist vor langer Zeit geschrieben worden. Er war an Christen gerichtet, die bittere Erfahrungen machen mußten. Aufgrund dieser Erfahrungen sind ihnen Zweifel gekommen, ob das mit dem Glauben eigentlich alles so stimmt. Was man gehofft hat, davon ist nichts eingetreten. Da fragt man sich schon, ob man nicht einer Story aufgesessen ist, von der am Ende kein Wort zutrifft. Ich erlebe heute mit, wie über eine junge Frau ein Unglück nach dem anderen hereinfällt, so daß sie meint: „Ich trau' mich schon gar nicht mehr, irgend etwas zu hoffen." Ich verstehe nicht, warum ihr das alles zugemutet wird. Da könnte man schon den Glauben verlieren.
Der Hebräerbrief sagt im 10. Kapitel, Verse 35 bis 39:
„Werft euer Vertrauen nicht weg, welches eine große Belohnung hat.
Ihr habt Geduld nötig, damit ihr den Willen Gottes tut und das Verheißene empfangt. Denn ‚noch eine kleine Weile, so wird kommen, der da kommen soll, und wird nicht lange ausbleiben. Mein Gerechter aber wird aus Glauben leben. Wenn er aber zurückweicht, hat meine Seele kein Wohlgefallen an ihm.'

(Habakuk 2,3 f.). Wir aber sind nicht von denen, die zurückweichen und verdammt werden, sondern von denen, die glauben und ihre Seele erretten."

Der Herr sorgt

Ich habe vorhin aus einem Roman erzählt, weil es mir scheint, daß die Liebesgeschichte des jungen Polizisten Carreno diese ermutigenden Worte unterstreicht. Ich will damit nicht sagen: „Es ist wie in einem Roman." Das wirkliche Leben schreibt auch solche Geschichten.
Ein Mann, der auf dem Bau arbeitet, die Wände verputzt, hat Jahr um Jahr geschuftet, Überstunden gemacht und an freien Tagen an einem eigenen Häuschen gebaut, für später. Jetzt kann er nicht mehr. Er bringt den rechten Arm nicht mehr hoch. Eine Abnutzungserscheinung, wird ihm gesagt. Da kann man nichts machen. Die Kur hat auch nichts geholfen. – Er ist über fünfzig und hat drei Kinder in Ausbildung. Außerdem ist die Familie kürzlich, den Kindern zuliebe, in eine größere Wohnung umgezogen. Natürlich ist der Mietpreis jetzt höher.
Nun fragt er sich: Wie soll es weitergehen? Denen, die sich besorgt und anteilnehmend erkundigen, antwortet er: „Der Herr wird schon sorgen. Das glaube ich. Und darauf verlasse ich mich." So sagt dieser Mann.
So eine Haltung meint der Hebräerbrief: Daß man so reden und diese Überzeugung festhalten und ausdrücken kann; daß man sich nicht in eine Panik treiben läßt. *„Werft"* dieses *„Vertrauen nicht weg"*!
Das heißt nicht, daß man sich nicht umtun soll; nicht, daß man seine Hände in den Schoß legt. Vielleicht ist eine Umschulung möglich oder eine wirksamere Behandlung. Aber wer weiß schon, ob sich etwas findet? Es wird schwierig.
Doch „der Herr wird schon sorgen".
Das ist Vertrauen. Dieser Mann hält daran fest. Er bleibt gelassen und heiter und läßt sich durch nichts und niemanden davon abbringen zu sagen, was er glaubt. Er spricht ungeniert von Gott, mögen die Leute reden, was sie wollen.
Daß Gott für ihn sorgen wird, ist für ihn nicht fraglich; denn darin besteht ja der christliche Glaube, daß es keinen Zweifel gibt: Gott ist uns zugetan. Das hängt nicht davon ab, ob genügend Opfer gebracht wurden und ob wir im Blick auf unser eigenes Leben ein gutes Gewissen haben. In dieser Hinsicht hat Christus alle Mängel wettgemacht und alle Bedenken zerstreut. Der Hebräerbrief sagt: Wir sind ein für alle Mal durch ihn geheiligt. Folglich können wir uns aus jeder Lage heraus, zu jeder Zeit und an jedem Ort an Gott wenden. Diese Freiheit dürfen wir uns nehmen. Wir haben Zugang zu ihm.

Hebräer 10,35–39

Dieser Brief ist ursprünglich in griechischer Sprache geschrieben. An dieser Stelle steht ein griechisches Wort, das im Deutschen mehrere Bedeutungen hat. Es kann „Vertrauen" heißen, aber auch „Freiheit". Der Hebräerbrief sagt: Wir haben die „Freiheit", an Gott heranzutreten. Und er fordert auf: *„Werft dieses Vertrauen nicht weg."* Das *„Vertrauen"*, das wir nicht wegwerfen sollen, ist also nichts anderes als diese „Freiheit", uns jederzeit und mit allem an Gott zu wenden. Das griechische Wort bezeichnet eigentlich „das Recht, alles zu sagen". Das ist Meinungsfreiheit und Redefreiheit. Wir haben das Recht, alles, wovon wir überzeugt sind, offen auszusprechen. Da dürfen wir uns von niemandem einschüchtern lassen.

Diesen Begriff wendet der Hebräerbrief auf die Christen an: Was Christen auszeichnet, ist das Recht, Gott alles zu sagen; durch Christus steht ihnen das unbedingt zu. Macht also davon Gebrauch! Gebt dieses Recht auf keinen Fall preis! Laßt euch nicht davon abbringen, euch in jeder Situation an Gott zu wenden! Und was der Bauarbeiter sagt, der Mauern verputzt und nun seine Arbeit nicht mehr machen kann: „Der Herr wird schon sorgen" – ja, das kann man so sagen. Das soll er sich durch niemanden ausreden lassen.

Ähnliche Formulierungen finden wir in vielen Kirchenliedern: „Auf meinen lieben Gott / trau ich in Angst und Not" (EG 345,1), beginnt eines; und ein Student, der im Dreißigjährigen Krieg auf der Reise zu seinem Studienort überfallen und ausgeraubt worden war, wegen der Kriegswirren nicht nach Hause zurückkehren konnte und nun völlig mittellos dastand, bis er endlich eine Hauslehrerstelle antreten konnte, schrieb danach:

„Wer nur den lieben Gott läßt walten
und hoffet auf ihn allezeit,
den wird er wunderbar erhalten
in aller Not und Traurigkeit.
Wer Gott, dem Allerhöchsten, traut,
der hat auf keinen Sand gebaut" (EG 369,1).

Das konnte er nur bestätigen. Und Paul Gerhardt dichtete das bekannte:

„Befiehl du deine Wege
und was dein Herze kränkt
der allertreusten Pflege
des, der den Himmel lenkt.
Der Wolken, Luft und Winden
gibt Wege, Lauf und Bahn,
der wird auch Wege finden,
da dein Fuß gehen kann" (EG 361,1).

Diese Reime hat sich die Gemeinde seit Jahrhunderten ins Gedächtnis gesungen, damit niemand im Ernstfall in Versuchung kommt, sein Vertrauen wegzuwerfen.

Geduld habt ihr nötig

Es gibt Tage, an denen man das Gefühl hat, alles spreche dagegen, an seinem Vertrauen festzuhalten. Daher sagt der Hebräerbrief: „Geduld habt ihr nötig"; das heißt, ihr müßt einiges aushalten können.
Daß jemand so redet wie jener Bauarbeiter und es auch ernstlich so meint, ist heutzutage die Ausnahme. Es heißt, Christen werden verlegen und finden nicht Worte, wenn sie erklären sollen, was sie wirklich glauben. Daher weichen sie lieber auf Themen aus, über die man leichter sprechen kann. Dann diskutiert man über das Asylrecht, den Umweltschutz und soziale Gerechtigkeit. In diesem Zusammenhang muß man nicht unbedingt aussprechen, was von Gott zu erwarten ist. Aber wenn sich das Angestrebte nicht erreichen läßt, was sagen wir dann den Abgeschobenen, den beispielsweise an Allergien Leidenden oder um ihren Arbeitsplatz Gebrachten? Klingt es nicht billig und leer, wenn wir da mit Gott kommen? Wer traut sich in so einem Fall, so zu reden wie zum Beispiel der erwähnte Bauarbeiter? Haben wir dieses Vertrauen nicht längst weggeworfen? So ein unmittelbarer Zugang zu Gott scheint uns verbaut zu sein. Sind wir nicht fast peinlich berührt, wenn wir jemanden, für dessen Problem keine Lösung in Sicht ist, lachend sagen hören: „Der Herr wird schon sorgen"?
Der Hebräerbrief gibt ihm recht: Halte an diesem Vertrauen fest! Wirf es nicht weg! Laß dich nicht beirren! Es wird sich bewähren. Zieh das durch! Gott will es so. Wir sollen tun, was Gottes Wille ist, und geduldig warten, wann er das Versprochene erfüllt. Wenn wir vorzeitig aufgeben, werden wir das Verheißene nicht empfangen.
Die Empfänger des Hebräerbriefes hatten seinerzeit wohl den Eindruck, daß es nicht so ist. Trotzdem bekannten sie sich zu ihrem Glauben. Diesen Glauben „hatten" sie; aber sonst wurde ihnen alles weggenommen. Gott sorgte anscheinend nicht dafür, daß ihnen das, was sie sich mühsam erarbeitet hatten und was ihnen gehörte, erhalten blieb. Ausdrücklich wird der „*Raub*" ihrer „*Güter*" erwähnt. Man kann annehmen, daß ihnen alles Hab und Gut genommen wurde. Hinzu kamen Schikanen und öffentliche Diffamierung, „*Bedrängnisse*" und „*Schmähungen*". Es war ein „*großer Kampf des Leidens*".
Aber „*ihr habt*", so steht es in dem Brief, „*den Raub eurer Güter mit Freuden erduldet, weil ihr wißt, daß ihr eine bessere und bleibende Habe besitzt. Darum werft euer Vertrauen nicht weg!*" Es wird sich sehr lohnen. Ich kenne eine leidende, querschnittsgelähmte Frau, die alle paar Tage von schmerzhaften Koliken heimgesucht wird. Wenn man sie fragt, wie es ihr heute geht, ist die Antwort: „Ich habe es gut." Davon sieht man allerdings nichts, nur das gelöste Lächeln überrascht einen, der Anschein inneren Friedens

und die Fähigkeit, sich um andere Menschen zu kümmern und deren vergleichsweise geringe Probleme wichtiger zu nehmen als die eigenen Schmerzen. Da bekommt man eine Ahnung von der geheimnisvollen *„besseren und bleibenden Habe"*, von der im Hebräerbrief die Rede ist. Sie befähigt einen, Einbußen und Nachteile *„mit Freuden"* zu verschmerzen. Was ist das für eine *„Habe"*, die einerseits völlig ungreifbar ist und andererseits ganz öffentlich spürbare Freude weckt? Diese *„Habe"* besteht zunächst einmal im Besitz des unmittelbaren Zugangs zu Gott. Dieses Recht, das Jesus erwirkt hat, kann mir niemand mehr absprechen. Ein Psalmgebet sagt zu Gott: „Wenn ich nur dich habe, so frage ich nicht nach Himmel und Erde." Zur Not kann ich alles entbehren; und ich werde es ja auch einmal zurücklassen müssen. Von bleibender Bedeutung ist, daß ich dir alles sagen kann und daß du für mich sorgen wirst. Denen, die in dem *„großen Kampf des Leidens"* mürbe werden, hat der Verfasser des Hebräerbriefes wahllos Bibelsprüche hingeschrieben, die das bestätigen, kreuz und quer aus dem Alten Testament. Wir könnten noch viele andere hinzufügen. Habt Geduld, es dauert nicht mehr lange! *„Nur noch eine kleine Weile, so wird kommen, der da kommen soll, und wird nicht lange ausbleiben."* Gott läßt einen nicht mit seinem Glauben untergehen. Die Hoffnung wird nicht enttäuscht. „Mein Gerechter wird aus dem Glauben leben." Martin Luther hat nach diesem Vorbild eine Sammlung von Bibelsprüchen zusammengestellt, die er als Trostworte bezeichnete. Er empfahl, sie zu lesen und sich vorzusagen, wenn belastende Erfahrungen einen niederdrücken, sie sozusagen in die Waagschale zu werfen, damit die Seele wieder hochkommt aus ihrer Depression.

Wir ziehen nicht die Segel ein

Wer zurückweicht, an dem hat Gott keinen Gefallen. So heißt es im Hebräerbrief. Wer das Vertrauen wegwirft und von der Möglichkeit, Gott alles zu sagen, nicht Gebrauch macht, wer es für naiv hält zu bekennen: „Der Herr wird schon sorgen" – den läßt Gott dann eines Tages auch fallen.
Daher spricht der Hebräerbrief seinen Lesern ein Bekenntnis vor, das sie mit- und nachsprechen sollten: „Wir sind nicht von denen, die zurückweichen und verdammt werden, sondern von denen, die glauben und die Seele erretten."
Ich habe gelesen, daß das Wort *„zurückweichen"* in der griechischen Sprache ursprünglich bedeutet: „die Segel einziehen". Wie das geht, konnte ich in diesem Sommer am Ammersee häufig beobachten. Wenn Wolken aufzogen und der Himmel schwarz wurde, die Wellen ans Ufer schlugen

„Werft euer Vertrauen nicht weg!"

und rings um den See die Sturmwarnung blinkte, wie dann auf zahlreichen Booten die Segel gelöst wurden, wie sie zuerst schlaff im Wind flatterten und dann heruntergeholt und eingerollt wurden. Die motorgetriebenen Boote steuerten eilig den nächsten Yachthafen an; einzelne wurden abgeschleppt.

Wer dann noch auf See blieb, mußte seiner Sache sicher sein und mit äußerster Wendigkeit die Segel nach der wechselnden Windrichtung setzen.

Mit wurde klar, daß der Hebräerbrief das Leben nicht als eine sorglose Spazierfahrt bei leichter Brise schildert. Man muß sich vielmehr auf jähe Witterungsumschwünge einstellen und versuchen, sein Ziel zu erreichen. „Wir geben nicht auf", sagt er, „wir ziehen die Segel nicht ein. Woher der Wind auch wehen mag, wir setzen die Segel so, daß er uns dem Ziel näher bringen muß."

Das Vertrauen, zu dem der Hebräerbrief einlädt, ist nicht ein schlaffes Sich-treiben-Lassen. Es gleicht vielmehr der Wendigkeit, flink die Segel so zu drehen, daß jeder Windstoß mich näher zu Gott treibt.

Noch einmal möchte ich zurückkommen auf den Roman von Vargas Llosa „Tod in den Anden". Der junge Polizist Tomás Carreno, von dem er erzählt, hatte in Wirklichkeit „nichts als Angst und Schrecken" erlebt, aber er erzählte davon wie von „Flitterwochen". Unbeirrbar hielt er an seiner Liebe fest und bekannte sich dazu, obwohl er nur Kopfschütteln und Spott damit erntete. Er warf sein Vertrauen nicht weg. Am Ende gibt ihm in einer Welt voller Angst, Aberglaube, Gewalt und Grausamkeit, in der „Liebe" nur ein schmutziges Wort zu sein scheint, – am Ende des Romans gibt ihm der Dichter recht.

Das Camp ist aufgelöst. Der junge Gendarm holt sich Order bei der nächsten Polizeistation. Da sieht Lituma über die einsamen Berge, durch die Schlucht, über das Geröll des Erdrutsches langsam eine Frau näherkommen. Als sie endlich die Baracken erreicht, fragt sie nach Carreno: „Geht es ihm gut?" „Ist er sehr böse auf mich?" Lituma sagt: „Er liebt Sie sehr." „Ich liebe ihn auch sehr", antwortet sie, „aber er weiß es noch nicht. Ich bin gekommen, um es ihm zu sagen."

Das ist wie ein Gleichnis zu diesem Aufruf: *„Werft euer Vertrauen nicht weg, welches eine große Belohnung hat"*! Jesus hat der Welt bewiesen: Gott hat uns wirklich sehr lieb.

Daher darf ich damit rechnen: „Der Herr wird schon sorgen. Das glaube ich. Und darauf verlasse ich mich."
Amen.

21. Sonntag nach Trinitatis, 20. Oktober 1991

Das Besondere tun

Matthäus 5,38–48

Die glocken läuteten
als überschlügen sie sich vor freude
über das leere grab
Darüber, daß einmal
etwas so tröstliches gelang
und daß das staunen währt
seit zweitausend jahren
Doch obwohl die glocken
so heftig gegen die mitternacht hämmerten –
nichts an finsternis sprang ab (Reiner Kunze).

„Darüber, daß einmal / etwas so tröstliches gelang" – „vor freude" daran überschlagen sich die Glocken schier in der Osternacht, staunt Reiner Kunze. Vor allem Osteuropa feiert die Osternacht mit Begeisterung – und nach der Befreiung vom Kommunismus doppelt. Bei uns ist es eher Weihnachten, die Christnacht, wo die meisten weich gestimmt sind und erstaunt. Aber auch jeden Sonntag, ja, fast täglich hört man das festliche Hämmern der Freude. Der Grund ist, „daß einmal / etwas so tröstliches gelang": daß ein Heiland geboren wurde, wie es die Weihnachtsgeschichte sagt, daß an Ostern sein Grab leer war; daß etwas Außerordentliches eingetreten ist, etwas, das den Rahmen des Gewohnten sprengt; daß es einmal gelungen ist, was sonst nur ein Wunsch und Traum war. Die Freude darüber ließ sich nicht unterdrücken. Auf ein Redeverbot antworteten die Apostel: „Wir können's ja nicht lassen", wirklich, wir können das nicht für uns behalten, „etwas so tröstliches" läßt sich nicht verschweigen, unmöglich!

Daß der Lauf der Welt an einer Stelle gleichsam unterbrochen wurde; daß der Himmel die Erde berührte, ja, in sie einbrach beziehungsweise daß das, was man vom Himmel erzählt, auf einmal bei Menschen vorkam; daß der geschlossene Zusammenhang, das Zwangsläufige, nun Sprünge aufweist und daß man daraus schließen kann, daß nichts so bleiben muß, wie es immer war – ja, „das staunen währt / seit zweitausend jahren", stellt Reiner Kunze fest, sichtlich berührt.

Trotzdem muß man zugeben, daß diese Botschaft, so erstaunlich und tröstlich sie lautet, in eine Krise geraten ist. Die Nachricht vom leeren Grab – muß man so etwas nicht anzweifeln? Und daß der Heiland gebo-

ren ist – wie wirkt es sich denn aus? Das Tröstliche, ist es nicht doch nur erwünscht und erträumt und verkündigt worden, aber eben leider nicht gelungen? Wenn es wirklich gelungen wäre, müßte es doch Spuren hinterlassen haben.
Aber wo sind Spuren des Himmlischen auf der Erde? Wo kommt, was vom Himmel erzählt wird, bei Menschen vor? Wo geschieht das Unerwartete, Ungewohnte? Wo gelingt einmal Tröstliches?
Die Glocken läuten zwar noch, aber laufen nicht schon Beschwerden ein, daß sie die Ruhe stören? Das Staunen ist vielen vergangen. Ach, es läßt sich doch alles erklären! Wunschträume sind es eben, die nur so erzählt werden, als wären sie erfüllt. Tatsächlich ist das Tröstliche eben doch nicht gelungen. Denn wenn es gelungen wäre, dann müßten wohl außer dem Geläut auch sonst noch Spuren davon auf der Welt zu finden sein. Aber wo sind sie?

Die Krise der christlichen Botschaft

Reiner Kunze schloß sein Gedicht mit der betrübten Bemerkung: „Doch obwohl die glocken / so heftig gegen die mitternacht hämmerten – / nichts an finsternis sprang ab."
Damit hat er die Krise der christlichen Botschaft benannt: Das heftige Hämmern der Glocken, die starken Worte der Predigt verändern nichts. Man hört nur reden vom Licht der Welt, von Frieden, Liebe und Erlösung. Aber daß man davon redet und die Rede mit Geläut einleitet, beweist noch nicht, daß das Behauptete auch wirklich gelungen ist. Es müßte sich zeigen, daß etwas an Finsternis abspringt. Und das würde sich dann zeigen, wenn nicht immer und überall wieder „dasselbe" geschähe. Wenn sich wenigstens zwischendrein etwas Überraschendes ereignete: Nicht „nur" das Übliche, sondern etwas „darüber hinaus".

Licht der Welt

Mir scheint, daß Jesus in der berühmten Bergpredigt davon redet; in der Bergpredigt, die vor einigen Jahren so viele Menschen faszinierte und deren Wortlaut damals sogar in Tageszeitungen abgedruckt wurde.
Ich erinnere daran, daß Jesus zu den Hörern der Bergpredigt sagte: *„Ihr seid das Licht der Welt."* Das heißt doch: Wo ihr seid, da springt etwas an Finsternis ab. Es kann nicht anders sein. Ihr müßt auffallen. Denn ihr habt gehört und glaubt, daß das Tröstliche gelungen ist. Indem ihr es bezeugt, stellt ihr es dar. Daher kommt es nicht in Frage, daß ihr *„nur"*

„dasselbe" tut wie andere Leute auch. Diesen Ausdruck gebrauchte Jesus: Nicht *„nur" „dasselbe"*.
Er sagte damals: nicht *„nur" „dasselbe"* wie die Zöllner und die Heiden. „Wenn ihr nur die liebt, die euch lieben", das ist ja nicht der Rede wert. *„Dasselbe"* tun auch die Zöllner. Es ist nichts Besonderes. Es ist das Übliche, wodurch sich die Welt aufrechterhält. Es stellt kein Zeichen dar und enthält keine Botschaft. Es ist *„dasselbe"* wie überall; immer *„dasselbe"*. Aber es soll nicht immer *„dasselbe"* sein. Denn *„ihr seid das Licht der Welt"*. Wo ihr auftaucht, muß etwas an Finsternis abspringen.
Dazu seid ihr auf der Erde. „Wenn ihr euch nur zu eueren Brüdern freundlich verhaltet", wenn ihr *„nur"* sie herzlich grüßt, was tut ihr Besonderes? Tun das nicht auch die Heiden?
Allen Ernstes: Ihr könnt nicht *„nur" „dasselbe"* tun wie alle anderen, die sich natürlich auch an Ordnungen halten und anständig zu leben versuchen. Als Christ kann man sich nicht darauf beschränken, daß man sich Mühe gibt, niemandem etwas zuleide zu tun und ein ordentlicher Mensch zu sein.
Alles, was recht ist, ist von allen Menschen gefordert. Niemandem darf man Unrecht durchgehen lassen. Wer gewalttätig wird, muß bestraft werden; daher legt das Strafrecht fest: *„Auge um Auge, Zahn um Zahn"*. Strafrecht ist nichts Unchristliches. Es muß sein. Gott hat dies angeordnet. Es ist „zu den Alten gesagt" worden.
Die Rechtsentwicklung unterliegt Wandlungen. Unsere Justiz ist wahrscheinlich humaner geworden. Aber im Grunde ist es dabei geblieben: Jeder Übergriff auf das Lebensrecht und den Lebensraum eines anderen muß angemessen bestraft werden. Wohin würde es führen, wenn man darauf verzichten wollte? Niemand darf zu weit gehen. Gottes Gebot und das staatliche Gesetz ziehen Grenzen.
Aber wenn sich jemand an diese Grenzen hält, ist das kein Anlaß, um Mitternacht oder sonntags früh, wenn die Leute ausschlafen könnten, Glocken zu läuten, als ob etwas Tröstliches gelungen wäre.
Christen müssen etwas „Besonderes" tun, sagte Jesus. Das Besondere, wovon sie reden und wozu sie einladen, muß durch etwas Besonderes in ihrem Verhalten bestätigt werden. Nur so ist ihr Geläut zu rechtfertigen. Andernfalls, wenn immer *„nur" „dasselbe"* geschieht und nichts an Finsternis abspringt, wird das Hämmern der Glocken zur festlichen Mitternacht, aber auch der missionarische Anspruch der Christen überhaupt durch den ununterbrochenen Fortbestand der Finsternis unglaubwürdig.
Jesus sagte also in der Bergpredigt folgendes (Matthäus 5,38–48):

„Ihr habt gehört, daß gesagt ist: ‚Auge um Auge, Zahn um Zahn.'
Ich aber sage euch, daß ihr nicht widerstreben sollt dem Übel, sondern, wenn

Matthäus 5,38–48

dich jemand auf die rechte Backe schlägt, dem biete die andere auch dar. Und wenn jemand mit dir rechten will und deinen Rock nehmen, dem laß auch den Mantel. Und wenn dich jemand nötigt eine Meile, so geh mit ihm zwei.
Gib dem, der dich bittet, und wende dich nicht ab von dem, der dir abborgen will.
Ihr habt gehört, daß gesagt ist: ‚Du sollst deinen Nächsten lieben und deinen Feind hassen.'
Ich aber sage euch: Liebet eure Feinde. Segnet, die euch fluchen. Tut wohl denen, die euch hassen. Bittet für die, die euch beleidigen und verfolgen.
Auf daß ihr Kinder seid eures Vaters im Himmel. Denn er läßt seine Sonne aufgehen über die Bösen und über die Guten und läßt regnen über Gerechte und Ungerechte. Denn wenn ihr nur die liebt, die euch lieben, was werdet ihr für Lohn haben? Tun dasselbe nicht auch die Zöllner? Und wenn ihr euch nur zu euren Brüdern freundlich verhaltet, was tut ihr Besonderes? Tun nicht die Heiden ebenso?
Darum sollt ihr vollkommen sein, wie euer Vater im Himmel vollkommen ist."

Die Bergpredigt ist ein anspruchsvoller Text; wer wird ihr gerecht? Aber wenn man ihr nicht gerecht wird, daran ließ Jesus keinen Zweifel, dann trägt das dazu bei, den Eindruck zu verstärken, das Tröstliche sei in Wirklichkeit nicht gelungen; wie Reiner Kunze feststellte: „nichts an finsternis sprang ab."

Etwas Besonderes tun

Jesus regte an, etwas „*Besonderes*" zu tun. Das ist unumgänglich. Wenn es ausbliebe, dann hinge die ganze christliche Botschaft in der Luft.
Was soll durch dieses „*Besondere*", das Jesus verlangt, bezweckt werden? Auf diese Frage finde ich in der Bergpredigt eine klare Antwort: Was dadurch bezweckt werden soll, ist, daß hier auf der Erde Kinder des Vaters im Himmel auftauchen. Daß man nicht nur eine Botschaft hört, nicht nur Worte, die von Gott handeln, sondern daß man Menschen sieht, die von ihm stammen. Menschen, bei denen das vorkommt, was von Gott erzählt wird. Menschen, die von Gott geprägt sind. Menschen, an denen man Gott erkennt wie an Kindern die Eltern: „damit ihr Kinder seid eures Vaters im Himmel". Damit, wer euch begegnet, erinnert wird an das, was man von Gott gehört hat. Damit man im Umgang mit euch immer wieder gewahr wird, „daß einmal / etwas so tröstliches gelang". Daß das Himmelreich, von dem ihr redet, irgendwo einmal einen Fuß auf die Erde bekommt.

Das Besondere tun

Die christliche Verkündigung sagt, daß Gott, der Schöpfer, *„gnädig und barmherzig"* ist, *„geduldig und von großer Güte"*. „Er handelt nicht mit uns nach unseren Sünden", er „vergilt uns nicht", wie wir es verdient hätten. Über das Gesetz *„Auge um Auge, Zahn um Zahn"* oder geltendes Strafrecht setzt er sich hinweg. Mit Güte antwortet er auf Verfehlungen, mit Liebe auf Bosheit. Das klingt unglaublich in einer Welt, wo dergleichen nicht vorkommt. Man kann es sich kaum vorstellen. Es erscheint unrealistisch. Eben deshalb, sagt Jesus, müßt ihr etwas *„Besonderes"* tun: damit man sich das vorstellen kann. Damit man es wagen kann, an Gottes Güte zu glauben. Deshalb müßt ihr euch ähnlich verhalten, damit es vorkommt auf Erden. Damit es im Leben erfahrbar wird, das, was der Vater im Himmel tut. So *„wie euer Vater im Himmel"* ist, so sollt ihr auf der Erde sein. Ihm sollt ihr ähneln. Auf diese Weise soll es beginnen, daß sein Wille, *„wie im Himmel, so auf Erden"* geschieht: indem ihr nämlich nicht *„dasselbe"* tut wie alle anderen, sondern etwas *„Besonderes"*, wodurch man an Gott erinnert wird.

Das kann natürlich nicht durchgängig gelingen. Denn wir leben eben nicht im Himmel, sondern auf der verstörten und beschädigten Erde. Da herrscht nun einmal kein Friede. Manchmal ist es kaum zu begreifen, daß erneut ein Krieg vom Zaun gebrochen wird; manchmal aber erscheint es auch als durchaus begreiflich. „Wenn es dem bösen Nachbarn nicht gefällt", kann auch „der Beste nicht in Frieden leben". Daher muß man das Böse bekämpfen, Übergriffe abwehren durch Gesetze, Strafandrohungen und Gegenschlag.

Aber das ist trostlos. Hört es denn nie auf?

Nun läuten die Glocken, überschlagen sich schier vor Freude; sie erinnern daran, daß einmal etwas ganz Tröstliches gelungen ist. Und zwar auf dieser Erde.

Amen.

21. Sonntag nach Trinitatis, 5. November 1995
„Bleibt in meiner Liebe"
Johannes 15,9–12

„Eine kleine Aufmerksamkeit", sagen wir, wenn wir etwas mitgebracht haben, eine Kleinigkeit von der Reise oder auch ohne besonderen Anlaß. „Das freut mich", hören wir dann, „du hast an mich gedacht. Wie schön!" Es tut gut, Zeichen zu sehen, daß einen jemand schätzt und mag. Zeichen der Anerkennung und Zuneigung. Das braucht man gelegentlich. Ein ermunternder Blick, ein Lächeln, ein zustimmendes Wort, wie wohltuend, wie ermutigend kann das wirken, wenn man unsicher und kleinmütig ist!

Wer am Arbeitsplatz auf eisige Gleichgültigkeit oder gezielte Ablehnung seitens seiner Kollegen stößt, wer zu spüren bekommt, daß er nicht geschätzt, nicht gern gesehen wird, der leidet darunter; er kann davon krank werden. Erst recht, wenn sich das zu Hause wiederholt: kein Zeichen der Freude, wenn die Tür aufgeht; unwillkommen in den eigenen vier Wänden. Wozu bin ich denn überhaupt da, wenn niemand Wert auf mich legt?

Wie unerquicklich und lieblos es in manchen Büros zugeht, erlebt der Besucher am Rande mit. Vor lauter Hektik kommt keine Andeutung von Sympathie auf. Die Stimmung ist gereizt. „Mobbing" ist neuerdings ein Zeitungsthema: Mobbing am Arbeitsplatz. Da werden Mitarbeiter durch Schikanen fertiggemacht. Insgesamt ist das soziale Klima kälter geworden.

Es sieht so aus, als hätte Jesus das seinerzeit schon kommen sehen. Jedenfalls sagte er voraus: „Die Liebe wird in vielen erkalten" (Matthäus 24,12). Das hängt damit zusammen, daß sein Einfluß auf die Menschen zurückgeht. Jesus führt die soziale Abkühlung darauf zurück, daß „der Unglaube" überhandnimmt (Matthäus 24,12).

Jesus hat Wärme verbreitet

Wenn der Glaube an Gott lebendig wäre, so könnte diese Kälte nicht aufkommen. Jesus hat Wärme verbreitet. Wer ihm begegnete, bekam sie zu spüren. Daher wurde er für viele überaus anziehend. Sie merkten, daß er sie beachtet, auf sie eingeht, sie versteht. Sie fühlten, daß ihm an ihnen lag. Und was sie bei sich selbst nicht in Ordnung fanden, wo sie mit sich nicht klar kamen, sondern sich immer gezwungen fühlten,

Johannes 15,9–12

etwas zu ihrer Entschuldigung vorzubringen, das traf bei ihm auf große Nachsicht. Er zeigt ein außerordentliches, unerwartetes Interesse, ihnen weiterzuhelfen.
Kein Wunder, daß sich viele zu ihm drängten: alle, die Probleme hatten und unter der Kälte litten, die ihnen entgegenschlug. Von Gott geht Wärme aus, und bei Jesus war sie zu spüren.
Das Johannes-Evangelium berichtet, daß Jesus einmal seinen Zuhörern auf den Kopf zusagte: „Ich liebe euch." Er scheute sich nicht, in der Öffentlichkeit so eine Liebeserklärung auszusprechen: Damit drückte er nicht eine momentane Stimmung aus oder ein allgemeines Wohlwollen ohne weiteren Hintergrund. Er offenbarte darin vielmehr seine grundsätzliche Einstellung. Dieser Satz charakterisierte zusammenfassend seinen gesamten Lebenslauf. Sein Leben ist als ein einziger Liebesbeweis zu verstehen.
Die altbekannten Geschichten von Zöllnern und Sündern und Schächern veranschaulichen dies: Wo Korruption und Gewalt herrschten, wurde von Gott her schlagartig klar, daß das Leben nicht so weitergehen muß. Das Mißliche kann aufhören. Liebevoll zeigte Jesus neue Wege.
Manche empfanden die Begegnung mit Jesus so, als ob sie schon ins Paradies schauen könnten. Sie fühlten sich momentan schon wie im Himmel. Daß Jesus gekommen ist, daß er überhaupt lebte, wurde als Liebeserklärung Gottes an die Erde aufgenommen. Alle Lebensäußerungen Jesu bestätigen dies. Es war seine Freude, Menschen zu retten; das war auch der Sinn seiner Leiden und der Grund allen Tuns, Redens und Betens. Wer dies erfuhr, dem wurde das Herz warm.
Der Philosoph Friedrich Nietzsche wollte in einem Gedicht die Sehnsucht nach solcher innerer Erwärmung ausdrücken. Er wählte dafür das Bild des Feuers, an dem man sich wärmen kann. Er dachte an ein Kohlenbecken, über dem man sich im Winter die froststarren Hände reibt. So ähnlich müßte das Herz warm werden können. Er gebrauchte den Ausdruck „Herzens-Kohlenbecken". Ich möchte Ihnen kurz erzählen, wie Nietzsche im vierten Teil seiner Dichtung „Also sprach Zarathustra" die Begegnung mit einem Zauberer beschreibt.
Zarathustra wandert im Gebirge, biegt um einen Felsvorsprung und trifft auf einen Zauberer. Der liegt am Boden, zuckt und schreit. Er fühlt sich mutterseelenallein und gottverlassen, jammert über die tödliche Kälte in der Welt und wünscht sich etwas, das ihn wärmt. Er ruft nach Gott und fleht: „Gib heiße Hände, gib Herzens-Kohlenbecken!"
Als gäbe er Antwort auf diesen Schrei, sagt Jesus im 15. Kapitel des Johannes-Evangeliums, Verse 9 bis 12:
 „Wie mich mein Vater liebt, so liebe ich euch. Bleibt in meiner Liebe! Wenn ihr meine Gebote haltet, so bleibt ihr in meiner Liebe, wie ich die Gebote mei-

nes Vaters halte und in seiner Liebe bleibe. Das habe ich euch gesagt, damit meine Freude in euch sei und eure Freude vollkommen werde. Das ist mein Gebot, daß ihr euch untereinander liebt, wie ich euch liebe."

Die Gefahr des Fundamentalismus

Der Zauberer, von dem Nietzsche erzählt, fühlte sich unbeobachtet, als Zarathustra zufällig um den Felsen bog und sah, wie er sich am Boden wälzte und jammerte. Er schrie: „Wer wärmt mich, wer liebt mich noch?" Er flehte: „Gib Liebe mir", „du unbekannter Gott!" Als Zarathustra ihn zur Rede stellte, war es ihm peinlich. Er sprang vom Boden auf und versicherte: „Das war nur gespielt. Es ist nicht ernst gemeint." Zarathustra aber durchschaute: „Es war auch Ernst darin."
Friedrich Nietzsche, der diese Szene gedichtet hat, mißbilligte dieses Flehen als Schwäche. Zwar sehnt sich das Menschenherz nach Wärme, Liebe, Geborgenheit, nach Gott und Religion. Aber es sollte darauf verzichten. Denn die Religion hat sich überwiegend schädlich ausgewirkt. Nietzsche empfahl, auf Jesu Aufforderung: *„Bleibt in meiner Liebe"*, nicht einzugehen; man sollte davon Abstand nehmen.
Wenn sich jemand an Gott bindet und wenn er aus dem, was er glaubt, praktische Konsequenzen zieht, wird diese Haltung rasch mit „Fundamentalismus" in Zusammenhang gebracht. Dies ist ein negativer Begriff geworden.
Als eine der größten Gefahren für die Zukunft der Menschheit gilt heute der sogenannte „Fundamentalismus". Was genau unter diesem Wort zu verstehen ist, wird selten erklärt. Man stellt sich unter „Fundamentalisten" unfreundliche, unduldsame Menschen vor, die eine Abneigung gegen Andersdenkende hegen, auf Abgrenzung bedacht sind und sich in einen unvernünftigen Haß hineinsteigern können. Häufig hat dieser Haß einen religiösen Hintergrund. Glaubensunterschiede werden mit Feindseligkeiten aufgeladen. Offenbar liegt es unheimlich nahe, gegen Andersgläubige eine Abneigung zu entwickeln.
Taslima Nasrin, eine Schriftstellerin aus Bangladesch, hat ein Buch geschrieben, das von blutigen Krawallen in ihrer Heimat erzählt.[1] Sie hat dieses Buch in Erregung geschrieben. Als es erschien, erregte es wütende Proteste. In den Straßen von Dhaka, berichtet sie, haben „Fundamentalisten" ihren Kopf gefordert. Ihr Buch beginnt mit den Worten: „Ich hasse Fundamentalismus und religiösen Haß." Das sind starke Worte.

---

[1] Taslima Nasrin: Scham (Lajja). Aus dem Bengalischen von Peter K. Lienen. Hoffmann und Campe, Hamburg 1995².

Johannes 15,9–12

Man ist überrascht, daß „Fundamentalismus" und Haß einfach gleichgesetzt werden. Aber das ist ihre Erfahrung. Mit dieser Kampfansage leitet sie ihren erschütternden Bericht über Ausschreitungen aufgeputschter Muslime ein, denen im Jahr 1992 zahlreiche Hindus zum Opfer gefallen sind. Religiösen Haß bezeichnet sie als „Krankheit", die bekämpft werden muß, wo immer sie sich zeigt.
Die Hauptperson des Romans, Suranjan, ein junger Hindu, der ohne religiöse Bindung aufgewachsen ist, macht die Religionen für solche Ausschreitungen verantwortlich. Um Exzesse religiöser Intoleranz zu verhindern, müsse man die Bedeutung der Religion überhaupt zurückdrängen. Angesichts der Radiomeldungen über brennende Tempel, verwüstete Stadtviertel, Verschleppungen von Hindus, Morde, verübt durch aufgebrachte Muslime, fordert er: „Die religiöse Propaganda muß aus den Medien verbannt werden." Ob jemand Hindu oder Moslem oder Christ ist, darf keine Rolle spielen. Es zählt nur, daß er ein Mensch ist. Man muß das Denken in Religionszugehörigkeiten grundsätzlich aufgeben. Er läßt durchblicken, daß er meint, eigentlich sollten die Religionen überhaupt abgeschafft werden.
Suranjan hält den Widerstand aber nicht durch. Er kapituliert am Ende vor der Übermacht des Fanatismus. Verzweifelt gesteht er, daß die Feindseligkeit ihn selber infiziert hat.

Was die Bibel zum Religions-Haß sagt

So ausführlich gehe ich deshalb auf dieses Buch ein, weil ich häufig der Ansicht begegne, religiöse Konflikte seien nur dadurch zu überwinden, daß man die Bedeutung der Religion mindert oder die Religion ganz aufgibt. Ich frage, ob das zutrifft. Wird man dadurch tolerant, daß man zu Gott auf Distanz geht? Was sagt die Bibel dazu? Ich finde, daß sie schon auf den ersten Seiten zum Thema „religiöse Konflikte" Stellung nimmt. Was man heute oft als „Fundamentalismus" bezeichnet und was Taslima Nasrin haßt, ist der Bibel nicht unbekannt. Ich denke an die Geschichte von Kain und Abel. Ist es nicht so, daß sich an der unterschiedlichen Beziehung zu Gott und beim Darbringen der Opfer die Feindschaft Kains gegen seinen Bruder entzündete, die schließlich zu einem Mord führte? Aber diese Feindseligkeit kam nicht von Gott. Unmißverständlich meldet sich Gott zu Wort. Als Kain finster den Blick senkte, redete ihm Gott ins Gewissen. Er warnte: „Die Sünde lauert vor der Tür" (1. Mose 4,7). Aber Kain war aufgebracht. Die andersartige Gottesbeziehung seines Bruders konnte er nicht ertragen. Er ließ sich von Gott nichts sagen. Deutlich ist, daß die Bibel das als *„Sünde"*

bezeichnet. Die Feindschaft geht also nicht von Gott aus, sondern sie kommt da auf, wo das Menschenherz sich gegen Gott verschließt und dabei auch kalt wird gegen den eigenen Bruder. Wer sich von Gott löst, kann in Unduldsamkeit verfallen. Wer sich dagegen an Gott hält, der bleibt in seiner Liebe.
Dringend fordert Jesus auf: *„Bleibt in meiner Liebe!"*
Und er erklärt: „In meiner Liebe bleibt ihr, wenn ihr euch an meine Weisungen haltet." Das setzt aber voraus, daß wir uns von ihm etwas sagen lassen. Dazu müssen wir mit ihm in Verbindung bleiben. Mit Gott in Verbindung stehen, heißt aber, an ihn glauben – und sein Leben dementsprechend einrichten. Das ist eine religiöse Bindung. Jesus erläutert sie so: Wie er sich von Gott beeinflussen läßt, also Gottes Gebote hält und dadurch in der Liebe bleibt, so sollen wir uns unter seinen Einfluß stellen. Der „Fundamentalismus", vor dem Taslima Nasrin warnt und den sie mit religiöser Unduldsamkeit gleichsetzt, aus der Haß erwächst, ist also nur durch Liebe zu überwinden. Die Liebe geht aber von Christus aus. Ich meine, das heißt mit anderen Worten, daß man sich von Christus beeinflussen lassen muß, um den „Fundamentalismus" überwinden zu können. Wir müssen uns enger an Christus anschließen und dem nachkommen, was er geboten hat. Er faßt es so zusammen: *„daß ihr euch untereinander liebt, wie ich euch liebe"*. Dieses Gebot ist nicht zu lösen von der Erfahrung, wie er war. Seine Liebe kam darin zur vollendeten Auswirkung, daß er Leiden und Tod akzeptierte, um damit für alle Feindseligkeit, die Menschen entzweit, zu sühnen. Ob es Mutter Teresa ist oder unbekannte Mitarbeiter der Diakonie, die sich für Leidende aufopfern, ob es Dietrich Bonhoeffer war, der vor fünfzig Jahren in ungebrochenem Glauben zum Galgen ging, oder ein gläubiger Mensch, der heute versöhnt und ohne Groll stirbt, sie haben erfahren: Von Jesus geht Liebe aus. Diese Liebe erwärmt das Herz.

Gute Werke oder Glaube

Von Suranjan berichtet Taslima Nasrin in ihrem Roman, daß er umgekehrt an sich beobachten mußte, wie die blinde Feindseligkeit seiner Umwelt ihn zunehmend beeinflußte. Er sah den verhaßten „Fundamentalismus" in sich selber einsickern. Da bemerkte er in sich eine wachsende Abneigung gegen Muslime, über die er erhaben zu sein gemeint hatte. Das trieb ihn zur Verzweiflung.
In einem plötzlichen Entschluß warf er alle seine Bücher, die von Menschenrechten, Toleranz und Religionskritik handelten, in den Hof, zer-

Johannes 15,9–12

riß sie, kehrte die Fetzen zu einem Haufen zusammen und steckte sie mit einem Streichholz in Brand. Er sagte: „Warum soll ich mir allein zu Herzen nehmen, woran sich sonst niemand hält?" Er stieß seine Ideale von sich. Sein Herz erkaltete. Schwarzer Rauch verdeckte ihn. Seine Mutter meinte, er verbrenne in Wirklichkeit nicht seine Bücher, sondern sich selbst.

Vielleicht werden noch viele, die den „Fundamentalismus" und die Intoleranz hassen und sie mit ihren eigenen guten Werken bekämpfen wollen, an der Ohnmacht ihrer Bemühungen verzweifeln. Taslima Nasrin nennt ihr Buch „Scham" und bezeichnet es als „Dokument unserer kollektiven Niederlage".

Wenn ich daran denke, fällt mir auf, daß Jesus nicht sagte: „Bleibt in der gebotenen Liebe, die ich von euch erwarte!" Er fordert nicht: „Bleibt in eurer Liebe, laßt euch nicht davon abbringen, laßt euch nicht anderweitig beeinflussen!" Ich nehme an, daß er mit Bedacht formulierte: *„Bleibt in meiner Liebe!"* Das heißt, wir sollen uns der Liebe, die er uns entgegenbringt, nicht verschließen. Wir sollen sie uns gefallen lassen. Wir dürfen auf alle Fälle an diese Liebe Gottes glauben.

Heute begeht unsere Kirche das Reformationsfest. Martin Luthers reformatorische Erkenntnis besagte, daß der Mensch vor Gott nicht durch gute Werke gerecht wird, sondern allein durch Glauben. Das Böse ist offensichtlich nicht dadurch zu überwinden, daß man es bekämpft. Nicht unsere Bemühungen schaffen den Haß aus der Welt. Das vermag nur die *„Liebe Gottes, die in Christus Jesus ist, unserem Herrn"* (Römer 8,39). Der Glaube, daß diese Liebe den Haß besiegt, ist das beste Mittel zur Überwindung der feindseligen Unduldsamkeit, die den „Fundamentalismus" begleitet.

Jesus lädt ein: *„Bleibt in meiner Liebe!"* Glaubt an mich! *„Das habe ich euch gesagt, damit meine Freude in euch sei."* Laßt sie euch nicht verderben! Laßt nicht den Unglauben aufkommen! Denn wenn er überhandnimmt, dann erkaltet die Liebe, und stumpfsinniger Haß nistet sich ein.

Man sollte wohl doch mit Nietzsches Zauberer beten:

„Du unbekannter – Gott!"
„Gib Liebe mir – wer wärmt mich noch?"
„Gib Herzens-Kohlenbecken,"
„Gib, ja ergib"
„Mir – dich!"[2]

Weil wir aus dem Mund Jesu die Liebeserklärung Gottes vernommen haben, können wir beten:

---

2 Friedrich Nietzsche: Also sprach Zarathustra, 4. Teil, Der Zauberer, Verlag de Gruyter 1988.

Du menschgewordener, barmherziger, liebender Gott! Erhalte uns in deiner Liebe! Laß uns dir nicht wieder fremd werden. Enttäuschungen und Kränkungen sollen uns nicht bitter machen. Unsere Zuneigung zu den Menschen darf nicht erkalten. Jesus, du hast die Sünden der Welt getragen. Erwärme uns jeden Tag durch deine herzliche Aufmerksamkeit für uns.
Amen.

Drittletzter Sonntag im Kirchenjahr, 9. November 1986
Wofür lebe ich?
Römer 14,7–9

Ich besitze einige Bücher mit Widmung des Verfassers. Sie sind mir besonders lieb. Auf dem Titelblatt steht hineingeschrieben: „für" – dann folgt mein Name. Diese Bücher sind mir eigens zugedacht.
Man kann vieles widmen. Man kann auch „sich selbst" jemandem „widmen", und zwar vorübergehend oder für immer – teilweise oder ganz. In Griechenland ist mir bei orthodoxen Gottesdiensten aufgefallen, wie oft der Chor das Gebet des Vorsängers mit einem vielstimmigen „Si, Kirie" aufnimmt. Diese Silben sagen ins Deutsche übersetzt: „Dir, o Herr". Auch das ist eine Widmung. Der Vorbeter hat zum Beispiel gesungen: „Wir wollen einer den anderen und uns selbst durch Christus Gott anbefehlen." Die Antwort der Gemeinde lautet: „Dir, o Herr" – ja, Dir, o Herr, vertrauen wir uns an. Das ist die größte und umfassendste Widmung, die man sich denken kann. Auch in unserem Gesangbuch ist sie ausgesprochen und lautet etwa so:
„*Meinen Leib und meine Seele*
samt den Sinnen und Verstand",
also mich ganz und gar,
„*großer Gott, ich dir befehle*
unter deine starke Hand.
Herr, mein Schild, mein Ehr und Ruhm,
nimm mich auf, dein Eigentum" (EG 445,6).
„Dein Eigentum", sage ich, das heißt, ich weiß, wohin ich gehöre. Dann weiß ich auch, wozu ich da bin und wofür ich lebe. Es ist gut, wenn man das weiß. Das Elend ist, daß man es oft nicht weiß. Mancher meint, niemanden zu haben, dem er sich widmen kann. Es scheint, daß er nirgend gebraucht wird. Es ist schwierig zu leben, wenn man nicht für etwas oder jemanden „da sein" kann. Aber manchmal hat man ja auch nicht Lust, sich einzusetzen. Warum soll ich immer „geben"? Besser, ich behalte einmal etwas für mich. Dann lebt man für sich selbst. Das ist sehr verbreitet. Jemand zieht die Mauer hoch um seine Villa – oder eine unsichtbare um sich selbst, um nicht gestört zu werden. Doch es könnte sein, daß, was man für sich selbst behält, an Glanz verliert, und, was man allein genießen will, seine Schönheit einbüßt.
Zwei Möglichkeiten bestehen – sagt Jesus in einem Gleichnis aus der Natur. Sehen Sie sich ein Weizenkorn an! Wenn so ein Weizenkorn – darf ich so sagen, als wäre es ein wollendes Wesen, wie unsereiner? –

Römer 14,7–9

wenn so ein Weizenkorn „für sich sein" möchte – gut, so bliebe es erhalten, aber es bliebe eben auch allein, „für sich". Das ist die eine Möglichkeit. „Egoismus" nennt man das. Jeder neigt dazu und sagt, er sei „sich selbst der Nächste" und so weiter.
In einem modernen Theaterstück schreit eine Mutter ihren erwachsenen Sohn an: „Immer nur an dich denkst du. Du denkst immer nur: Ich, Ich, Ich. Ich werd' das jetzt auch tun." Und eine andere Stimme in demselben Stück brüllt: „Dieses Dorf! Wenn's bloß abbrennen würd', das Dorf! In der Hölle kann's auch nicht schlimmer sein!"[1] Das ist die Folge. Aber Jesus sagt: Es besteht eine andere Möglichkeit. Das Weizenkorn kann ausgesät werden. Wenn es sich dazu hergibt, so verliert es gleichsam sich selbst. Es fällt in die Erde. Aber in der Erde, die wie sein Grab ist, keimt es, wächst, bringt Frucht. – Sehnt sich danach nicht jeder Mensch? Daß „etwas herauskommt" bei seinem Leben? Daß es anderen „etwas bedeutet"? Nun stellt sich also die Frage: Wofür lebe ich? Wem habe ich mein Leben gewidmet? Der Apostel Paulus sagt: Bei uns ist das schon entschieden. Ich lese aus dem Römerbrief 14,7–9:
„*Denn unser keiner lebt sich selber, und keiner stirbt sich selber. Leben wir, so leben wir dem Herrn; sterben wir, so sterben wir dem Herrn. Darum: Wir leben oder sterben, so sind wir des Herrn. Denn dazu ist Christus gestorben und wieder lebendig geworden, daß er über Tote und Lebende Herr sei."*

Umstrittene Entscheidungen

Das ist ein großes, alles umfassendes Wort. Entsprechend feierlich wird es zitiert oder gesungen. Aber ursprünglich war der Zusammenhang, in dem es gesagt wurde, alles andere als feierlich. Diese Worte wurden in eine gespannte Situation hinein gesprochen: in scharfe Auseinandersetzungen nämlich. Wenn Sie die Kapitel 14 und 15 des Römerbriefes nachher in Ihrer Bibel lesen wollen, können Sie sich davon überzeugen. Die Streitfragen von damals – das wird vermutlich Ihr Eindruck sein – berühren uns heute kaum mehr. Oder doch? Direkt, meine ich, berühren sie uns nicht. Aber andere Streitfragen sind an ihre Stelle getreten. Und dabei sind die Auseinandersetzungen nicht milder geworden, im Gegenteil: „Mich ärgert an der Kirche", sagte ein Prominenter bei einer Umfrage, daß sie „nur selten eine eindeutige Antwort auf politische Fragen abgibt wie etwa atomare Bewaffnung, Problem Dritte Welt und so weiter". – „Mich ärgert", schreibt ein anderer, „ihre Selbstüberschätzung in politisch kontroversen Fragen."

---
1 Martin Sperr: Jagdszenen in Niederbayern.

Was ist das Richtige? Mehr Entschiedenheit oder mehr Zurückhaltung? Parteilichkeit oder Ausgewogenheit? Christen sind uneinig. Gerade weil sie nicht leichtfertig entscheiden, sondern sich an christliche Wertmaßstäbe beziehungsweise an Christus selbst gebunden wissen, fällt es ihnen schwer anzuerkennen, daß andere anders entscheiden als sie selbst. Beide Seiten ärgern sich über die „Kirche", weil sie nicht eindeutig ihrer Meinung zufällt. Der Streit wird heftig. – Was macht man da?

Paulus empfahl in einer solchen Situation Toleranz. Nachdrücklich mahnte er: „Nicht so fanatisch!" Wer hat dich denn ermächtigt, über deinen Bruder Urteile abzugeben, ihn also gewissermaßen zu richten? Du glaubst, so muß man handeln, so und nicht anders! – Dann handle so! Wer aber anders glaubt – wer bist du, über ihn zu urteilen? – Seid, bitte, ein bißchen toleranter! So oder so – jeder wie er's erkennt! *„Jeder sei seiner Meinung gewiß"*! (V. 5), sagt der Apostel. Keiner verachte den anderen; *„denn Gott hat ihn angenommen"*! (V. 3). Jeder tue, was er tut, *„dem Herrn"* (V. 6). Ist das die verpönte „Ausgewogenheit"? Kann man sich das heute leisten? Jeder nach seiner Fasson? Der Apostel hat sich dafür entschieden. Er war offenbar überzeugt, daß es sich bei diesen umstrittenen Entscheidungen, in denen das Christsein praktisch werden soll, nicht um das Eigentliche handelt.

Wem mein Herz gehört

Das berühmte „Eigentliche"! Was ist dann aber das „Eigentliche"? – Eben das – nach Meinung des Apostels –, was er in diesen großen Sätzen aussagte, die heute unser Text sind: Daß alles *„dem Herrn"* gewidmet sein soll. Das macht „eigentlich" das Christsein aus. Aber ist das nicht sehr abstrakt? Müßte man nicht doch eher sagen, es kommt auf die konkrete Entscheidung an, nicht auf diese allgemeine Widmung? Sie kann doch auch sehr unverbindlich sein! Was besagt sie denn genau? Liebe Hörer, ich vermute, hier scheiden sich die Geister. Der eine wird meinen: Diese Auskunft – „Ich lebe dem Herrn und widme mich ihm" – klingt ja ganz gut, aber was heißt das denn eigentlich? Mir kommt das recht nebulös vor, jedenfalls unbegreifbar. So, wie „der Herr" selbst. Ich weiß nicht recht – aber mir erscheint das alles fast wie unwirklich. Paulus dagegen sagt: „Das ist alles andere als nebulös – das kann ich Ihnen sagen! Das griff nach mir, aus heiterem Himmel. Sie haben vielleicht davon gehört: Als ich nach Damaskus reiste, um etwas gegen das Christentum zu unternehmen – da packte es mich. Warum sage ich „es"? Paulus schrieb: „Er" packte mich – der Herr! Was heißt da „abstrakt"? Eher würde ich ein Engagement für oder gegen die Nutzung der Kernenergie für relativ abstrakt halten. Das sind doch nur gelegentliche Meinungsäußerungen mit unterschiedlichem Nachdruck. Die Frage dagegen, wem ich mein Leben widme, wem ich mich letztlich selber widme, begleitet mich von früh bis spät. Diese Frage beziehungsweise die Antwort darauf bestimmt alles. Aber hier scheiden sich nun eben die Geister. Wenn Paulus *„wir"* sagt, dann sind sie schon geschieden. Dann sind die, die *„den Herrn"* für etwas Unbestimmtes oder gar Unwirkliches halten, schon ausgeschieden. *„Wir"* – können das nicht mehr sagen. Uns hat *„der Herr"* ergriffen. „Nun gehören unsere Herzen / ganz dem Mann von Golgatha", bekannte Friedrich von Bodelschwingh – übrigens ein Christ, der sehr entschieden handelte; aber nicht das ist entscheidend, sagte er, sondern wem mein Herz gehört. Auch Jesus selbst hielt dies für das Allerwichtigste – wichtiger als jede Einzelentscheidung. Das höchste Gebot? „Du sollst den Herrn, deinen Gott, lieben von ganzem Herzen, von ganzer Seele und von ganzem Gemüt" (Matthäus 22,37).

Ehe wir fortfahren, uns an unserer Kirche zu ärgern und kontrovers zu diskutieren, was wir für nötig halten, sollten wir uns zuerst einmal besinnen, wie es bei uns mit diesem „Eigentlichen" steht. Jesus sagte, davon hänge alles weitere ab.

Wie ist das? – Wofür lebe ich eigentlich? Widme ich mich mit aller Kraft dem Kampf gegen die Gefährdung des Lebens? Oder halte ich mich da heraus und widme mich lieber meinem eigenen Fortkommen, meinen klar umgrenzten Aufgaben? Ich habe ja gar nicht Zeit und bin auch nicht fachkundig, um mich mit diesen Dingen zu befassen!

Wie halten Sie es? Ist es eigentlich erlaubt – beziehungsweise darf man es sich erlauben –, sich nur um den engeren Bereich der nahen Aufgaben zu kümmern und das schwer zu Überblickende außer acht zu lassen? Kann es andererseits richtig sein, sich ganz und gar, sozusagen „mit Haut und Haaren" und allen Emotionen in das hineinzusteigern, was man als notwendig zu erkennen meint? Besteht nicht die Gefahr, daß das eine zur Bequemlichkeit und das andere zum Fanatismus verleitet? Die Bibel sagt eindeutig: Es ist geboten, mit ungeteiltem Herzen für Gott dazusein. Dann kann einen nichts anderes mehr „ganz" beanspruchen. Man gewinnt einen gewissen Abstand davon. In jedem Fall „gehören unsere Herzen ganz dem Mann von Golgatha". Was ich tue oder unterlasse – ich tue oder unterlasse es, um damit „ihm zu gefallen" (2. Korinther 5,9). So drückt Paulus sich öfter aus. Das ist das Kriterium: was dem Herrn gefällt.

Aber ist das nicht schwierig? Weiß man denn das so genau? Ob ich das wohl immer treffe? – Eben! Das will Paulus sagen. In den ganz schwierigen Fragen weiß ja kein Mensch, was das Richtige ist. Wir können uns im besten Fall bemühen, möglichst umsichtig zu entscheiden. Und wenn ich nun versuche, mich mit allem, was ich tue, dem Herrn zu widmen, dann kann ich eigentlich nie sicher sein, ob das, was ich ihm darbringe, ihm auch wirklich gefällt. Im Grunde ist nichts gut genug für ihn. „Ich bringe, was ich kann", heißt es in einem Choral, „ach, nimm es gnädig an"! Wir sind darauf angewiesen, daß Gott gnädig annimmt, was wir ihm widmen. Wenn also „dem Herrn zu gefallen" das vornehmste Bestreben ist, dann wird man zwangsläufig bescheiden. Ich bemühe mich zwar, aber daß es mir wirklich gelingt, das Richtige zu treffen, ist recht unwahrscheinlich. Es könnte sein, daß die, die Gott zuliebe anders entscheiden, eher im Recht sind als ich. Wenn ich vor Gott erkenne, wie fragwürdig meine eigenen Entscheidungen sind, dann beginne ich vielleicht, die Entscheidungen anderer zu respektieren. Wer autorisiert mich dazu, meine Mitmenschen zu zensieren? „Also unterlaßt das", rät Paulus.

„... so sind wir des Herrn"

Und nun folgt sein großes, kirchliches Wort. Ich möchte es ein „kirchliches Wort" nennen und sagen: So müßten kirchliche Worte lauten. Das ist die Botschaft der Kirche. Sie steht himmelhoch über dem Meinungsstreit und ermahnt alle Seiten: Ihr, mit euren grundsätzlichen Entscheidungen, gehört alle *„dem Herrn"*. Diese Ergebenheit ist euch gemeinsam. Sie muß „eindeutig" sein. Daran darf kein Zweifel aufkommen. Wenn das klar ist, dann gibt es nichts zu verurteilen. Jeder *„steht oder fällt seinem Herrn"* (V. 4). Jeder tue, was er glaubt, verantworten zu können, und bete: *„Gott, sei mir Sünder gnädig"*. Das macht das Christsein aus: daß wir auf Gnade angewiesen sind. Und das verbindet auch.
Wo dieses umfassende Wort laut wird, da wird der Horizont weit. Und auch das Herz wird dabei weit, so weit, wie die Welt ist; wie Gottes Herz weit ist, der sie ins Leben rief, der sie liebt und sie erlösen wird, wie widersprüchlich und beschränkt sie sich auch gibt. „Jeder sei seiner Meinung gewiß" – aber auch dessen, daß es nur seine Meinung ist! Jeder „nach seiner Fasson". Keiner faßt alles. Nur der Herr. – „Ach, nimm es gnädig an"!
Der eine kämpft für dieses, der andere eifert um jenes – aber jeder ist gefragt, wem sein Herz gehört. Dieses Wort der Kirche ist ein großes Wort des Friedens. Es schließt alle zusammen und öffnet das Herz füreinander. Paulus schreibt in diesem Zusammenhang: *„Nehmt einander an, wie Christus uns angenommen hat"* (15,7). Wenn Streit herrscht, ist es nützlich, öfter einmal an das zu denken. Was todsicher ist: Mein Gegner

wird, wie ich auch, eines Tages mit dem Tode ringen, und möglicherweise sehe ich ihn heute zum letztenmal. Deshalb – obwohl nicht vom Tod, sondern von Richtungskämpfen in der Gemeinde die Rede war – spricht Paulus vom Sterben.

„*Keiner stirbt sich selber*", sagt er, obwohl es so aussieht. Das Sterben ist ein letztes Abschiednehmen. Wir müssen den Sterbenden zuletzt alleinlassen. – Aber soweit wie irgend möglich wollen wir ihn begleiten. Wir möchten, indem wir Sterbenden die Hand halten, bekennen: Du verlierst dich nicht im Tod, sondern der Herr nimmt dich auf. Und das gleiche bekennen wir, wenn wir die Hand des Verstorbenen loslassen. Unser Glaube sagt: „*Sterben wir, so sterben wir dem Herrn.*" Es hat mich immer beeindruckt, daß der frühere italienische Staatspräsident Sandro Pertini wichtige Termine absagte, um auch ans Sterbebett politischer Gegner zu eilen. Er wollte damit bezeugen, daß angesichts des Todes die menschliche Verbundenheit viel mehr zählt als die gegensätzliche Parteinahme. Sagen Sie bitte nicht: „Ich kann das nicht", wenn sich Gelegenheit ergibt, jemanden, der Ihnen nahesteht, in seinen letzten Stunden zu begleiten. Das gehört zu den wichtigsten Diensten, die wir einander tun können. Es geht dabei nicht um Sie, es geht um den Sterbenden. Es kommt darauf an, daß Sie da sind und damit bezeugen: „Du bist nicht allein, und ich glaube, du bleibst nicht allein." Aber vielleicht haben Sie's versäumt. Es kommt vor, daß ein Verstorbener stundenlang in der Wohnung lag, ehe man, nichtsahnend, die Wohnungstür aufschließt. Es schmerzt einen, daß jemand so mutterseelenallein sterben mußte, und man macht sich Vorwürfe. Aber Paul Gerhardt lehrt uns, in solchen Fällen zu beten: „... so tritt Du dann herfür"! *„Keiner stirbt sich selber."* Wir dürfen das glauben, sagt Paulus, wegen der Ostergeschichte. Ostern besagt, daß man beim Sterben nicht abstürzt in die Aussichtslosigkeit, sondern sozusagen in Gottes Hand fällt, die einen dahin setzt, wo man nach seinem Ratschluß hingehört. „Dazu", sagt Paulus, „ist Christus gestorben" – das heißt, der unsterbliche Gott ist in den Tod einmarschiert – *„daß er"* auch über die Verstorbenen *„Herr sei".* Er hat sich das Totenreich erschlossen, hat es besetzt. Jesus als „Tod-Besetzer". Nun hängen sozusagen die Fahnen seines Sieges aus den Fenstern des Totenreiches. „Christus ist hier!" – hört man selbst da noch.

Aber so wichtig es ist, den Tod ins Auge zu fassen und eine Antwort auf die Todesfrage zu finden – zunächst haben wir zu leben. Und *„leben wir, so leben wir dem Herrn"*, stellt Paulus programmatisch fest. *„Keiner lebt sich selber."* Auch dieses Wort richtet sich an uns als Appell: Laßt einander nicht allein! Die Menschenseele braucht Begleitung. Laßt eure Kinder nicht allein, wenn sie schlechte Noten haben und ihr Selbstwertgefühl geknickt ist, wenn sie sich zurückgestoßen fühlen und ihr Leben als leer empfinden. Bezeugen Sie ihnen: „Keiner muß allein leben; auch Du nicht. Wir sind da." Aber das Wort des Apostels ist vor allem Trost, denn oft und oft fühlt man sich eben doch allein. Wenn Sie – aus welchen Gründen auch immer – das Gefühl haben, es ist dunkel um Sie und Sie sind ganz auf sich selbst gestellt – hören Sie, was vor Jahrtausenden ein Psalmbeter sagte: Auch *„im finstern Tal"*, wenn ich ganz unten bin, *„fürchte ich mich doch nicht; denn Du bist bei mir"*. Auch dann weiß ich, wohin ich gehöre. Ich lebe *„dem Herrn"*. Und er weicht nicht von mir. Sein *„Stecken und Stab trösten mich"* – Stecken und Stab des guten Hirten nämlich. Wenn es um Sie sehr dunkel ist, tasten Sie im Dunkeln nach diesem Stab!

Ich stelle mir vor, daß dieses Wort: *„Leben wir, so leben wir dem Herrn, sterben wir, so sterben wir dem Herrn"*, auf jeden Fall *„sind wir des Herrn"* – daß dieses gute Wort wie so ein Stab ist, der fühlen läßt: „Ich bin nicht allein, es ist jemand da, der führt und der weiß wohin." Wie das im Extremfall aussehen kann, zeigt ein Gebet, das ein Schwerkranker am Anfang des 18. Jahrhunderts gesprochen hat. Mit diesem Gebet grüße ich die Kranken, vor allem die Todkranken. Und wer noch nicht in dieser Lage ist, dem sage ich den Fundort, falls er es einmal braucht. Das Gebet[2] steht im Evangelischen Kirchengesangbuch auf Seite 684:

„Leiden ist jetzt mein Geschäfte,
andres kann ich jetzt nicht tun
als nur in dem Leiden ruhn;
leiden müssen meine Kräfte,
Leiden ist jetzt mein Gewinnst;
das ist jetzt des Vaters Wille,
den verehr ich sanft und stille;
Leiden ist mein Gottesdienst."

„Dir empfehl ich nun mein Leben
und dem Kreuze meinen Leib;
gib, daß ich mit Freuden bleib
an dich völlig übergeben;
denn so weiß ich festiglich –
ich mag leben oder sterben –,
daß ich nicht mehr kann verderben,
denn die Liebe reinigt mich."

Amen.

---

2 Von Christian Friedrich Richter (1676–1711), nicht ins Evangelische Gesangbuch (EG) übernommen.

Vita des Autors

Wolfhart Schlichting wurde 1940 in München geboren. Nach dem Abitur in Regensburg studierte er unter anderem in Heidelberg, Basel, Rom und Hamburg; Promotion zum Dr. theol. mit einer Arbeit über Karl Barth.

1969/70 Pfarrer in Quito / Ecuador, anschließend Dozent an der CVJM-Sekretärschule in Kassel. Von 1975 bis 1986 Studentenpfarrer in Regensburg. Im Frühjahr 1982 lehrte er als Gastdozent am Lutheran Theological Seminary in Hong Kong. Von 1986 bis 1989 Spiritual bei der Christusbruderschaft Falkenstein.

Seit 1989 1. Obmann der „Gesellschaft für Innere und Äußere Mission im Sinne der lutherischen Kirche" und seit 1990 Pfarrer an St. Jakob in Augsburg.

Dr. Schlichting war Mitglied der Landessynode der Evangelisch-Lutherischen Kirche in Bayern und der Synode der Evangelischen Kirche in Deutschland (EKD). In Bayern war er lange Jahre ein geschätzter Rundfunkprediger.

Aus dem Freimund-Verlag

WOLFHART SCHLICHTING

Die Erneuerung lutherischen Lebens durch Wilhelm Löhe

„... unter dem Winterschnee hervorgeholt"

150 Jahre „Gesellschaft für Innere (und Äußere) Mission im Sinne der lutherischen Kirche"

62 Seiten kartoniert
ISBN 3 7726 0202 9
DM 7,80   ÖS 57,–   SFr 7,80

Gegen Ende des 20. Jahrhunderts – wie um die Mitte des 19. Jahrhunderts – „trauerten viele Herzen über den Zustand unserer protestantischen Landeskirchen". „Mehr als nur einige ahnten, es müsse irgendwie bald anders werden, ohne sagen zu können, welche Mittel Gott ergreifen würde, um seiner armen Kirche zu helfen."
„Wohl oder übel", schrieb Löhe 1848, „wir warten!"
Aber er fragte: „ Sollen wir deshalb die Hände in den Schoß legen?" Am 12. September 1849 wurde auf Löhes Betreiben die „Gesellschaft für Innere Mission im Sinne der lutherischen Kirche" gegründet. Sie hat die bayerische Landeskirche während 150 Jahren in hohem Maße geprägt. Die Wiedererweckung lutherischen Lebens ging auf ein neues Ernstnehmen des Gottesdienstes zurück. Die Besinnung auf den Gottesdienst und auf die innere Vorbereitung auf ihn kann auch heute dem ermatteten Luthertum zu neuer Frische verhelfen.
Insofern ist Löhe sehr zeitgemäß.

Postfach 48 ■ 91561 Neuendettelsau
Tel. (0 98 74) 6 67 04 ■ Fax 726

Aus dem Freimund-Verlag

ERNST VOLK

Anfechtung und Gewißheit des Glaubens

Die sieben Sendschreiben der Offenbarung des Johannes ausgelegt

171 Seiten gebunden
ISBN 3 7726 0192 8
DM 26,80   ÖS 196,–   SFr 26,80

Die Offenbarung des Johannes, das letzte Buch der Bibel, hat von jeher die Menschen fasziniert. Gerade in Krisenzeiten haben Christen aus diesem Buch Zuversicht und Hoffnung geschöpft.
Der Autor, langjähriger Superintendent, versteht es, die Texte der Offenbarung ins Heute hinein auszulegen. Die Zeitgeschichte der Urchristenheit wird lebendig und tritt auf dem Grund reformatorischer Theologie mit der Gegenwart ins Gespräch. Eine spannende Lektüre!

Postfach 48 ■ 91561 Neuendettelsau
Tel. (0 98 74) 6 67 04 ■ Fax 726

Aus dem Freimund-Verlag

Gott über alle Dinge fürchten, lieben und vertrauen ...

CA – CONFESSIO AUGUSTANA

Das lutherische Magazin für Religion, Gesellschaft und Kultur

Themen der letzten Ausgaben u. a.:

- Kirche als Lebensbegleiterin
- Was wird kommen, was wird sein?
- Christenverfolgung

4 Ausgaben jährlich für 28 DM plus Versandkosten

Überzeugen Sie sich selbst und fordern Sie Ihr kostenloses Probeheft noch heute an!

Postfach 48 ■ 91561 Neuendettelsau
Tel. (0 98 74) 6 67 04 ■ Fax 726

Aus dem Freimund-Verlag

WILHELM LÖHE

Gesammelte Werke

Herausgegeben von Klaus Ganzert

insgesamt 8844 Seiten in 7 Bänden
ISBN 3 7726 0168 5
DM 360,– statt DM 440,–
(ermäßigter Preis bei Abnahme des Gesamtwerks)

Abendmahlspredigten 1866

Gesammelte Werke.
Ergänzungsreihe Bd. 1.
Hrsg. von Martin Wittenberg. 1991

176 Seiten Fadenbroschur
ISBN 3 7726 0157 X
DM 19,80   ÖS 145,–   SFr 19,80

Wilhelm-Löhe-Studienausgabe

Bd. 1 Drei Bücher von der Kirche
ediert und kommentiert von Dietrich Blaufuß,
erscheint voraussichtlich Ende 2000.

Jeder Theologengeneration ist es je neu aufgetragen, sich über das Wesen und die Aufgabe der Kirche klarzuwerden. Wilhelm Löhe, der weitsichtige theologische Lehrer, begnadete Liturg, Seelsorger und Prediger schrieb im Jahr 1845 seine impulsgebenden „Drei Bücher von der Kirche". Auch heute provoziert er hilfreiche Fragen nach dem Fundament der Kirche Jesu Christi. Dieser „Klassiker" der Lehre von der Kirche eröffnet die erläuterte Löhe-Studienausgabe.

Postfach 48 ■ 91561 Neuendettelsau
Tel. (0 98 74) 6 67 04 ■ Fax 726